国家社会科学基金项目"平台企业专利许可契约及其创
河南省高等学校哲学社会科学创新人才计划资
河南省软科学研究计划项目（232

Research on Transaction Mechanism and Se

Enterprises in Supply Ch

平台供应链企业交易机制
和服务支撑研究

谢 博 赵 丹 等／著

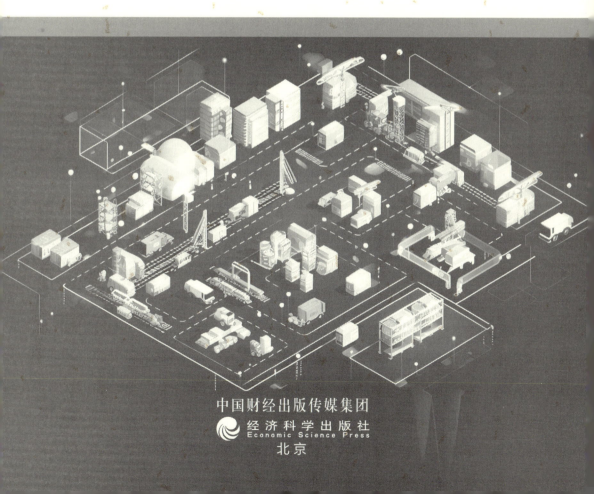

中国财经出版传媒集团

经济科学出版社
Economic Science Press
北京

图书在版编目（CIP）数据

平台供应链企业交易机制和服务支撑研究／谢博等
著. --北京：经济科学出版社，2023.6
ISBN 978 - 7 - 5218 - 4845 - 8

Ⅰ.①平… Ⅱ.①谢… Ⅲ.①企业管理 - 供销管理 -
研究 Ⅳ.①F274

中国国家版本馆 CIP 数据核字（2023）第 107210 号

责任编辑：杨　洋　杨金月
责任校对：李　建
责任印制：范　艳

平台供应链企业交易机制和服务支撑研究

谢　博　赵　丹　等著

经济科学出版社出版、发行　新华书店经销

社址：北京市海淀区阜成路甲 28 号　邮编：100142

总编部电话：010 - 88191217　发行部电话：010 - 88191522

网址：www. esp. com. cn

电子邮箱：esp@ esp. com. cn

天猫网店：经济科学出版社旗舰店

网址：http：//jjkxcbs. tmall. com

北京季蜂印刷有限公司印装

710 ×1000　16 开　18 印张　280000 字

2023 年 6 月第 1 版　2023 年 6 月第 1 次印刷

ISBN 978 - 7 - 5218 - 4845 - 8　定价：65.00 元

（图书出现印装问题，本社负责调换。电话：010 - 88191545）

（版权所有　侵权必究　打击盗版　举报热线：010 - 88191661

QQ：2242791300　营销中心电话：010 - 88191537

电子邮箱：dbts@ esp. com. cn）

前　言

　　《中华人民共和国国民经济和社会发展第十四个五年规划和 2035 年远景目标纲要》明确提出"加快数字化发展，建设数字中国"的发展目标。具体提出了加速数字产业化进程，鼓励企业开放电商和社交等数据，促进平台经济的健康发展，完善共享经济、平台经济和新个体经济的管理规范，支持平台企业的创新发展，增强国际竞争力等要求。随着互联网技术和数字经济的迅速发展，发展创新、协调、绿色、开放、共享的平台供应链，被赋予了极其重要的意义。先进的平台供应链发展理念需要通过协调平台供应链中各成员的行为策略，优化渠道与服务，建立合理的交易机制，推动平台经济的健康发展等一系列措施来实现。本书旨在研究平台供应链中的企业交易机制和服务支撑，共分为十个章节。主要研究内容包括平台供应链中的企业交易机制和服务支撑两个方向，每个方向下又划分为四个专题，研究对象涵盖平台交易费定价、平台消费者偏好定价、平台多产品定价、平台多市场定价、广告服务、专利服务、售后服务和展厅服务八个专题。每个专题都将独立成章，以深入研究相应的对象。

　　本书的结构和主要内容经过了多年的思考、积累以及反复讨论。感谢武汉大学王先甲教授的点评和意见。本书的第 4~6 章由河南科技大学的谢博撰写，第 2 章、第 3 章和第 8 章由河南科技大学的赵丹撰写，第 1 章、第 7 章、第 9~10 章由河南科技大学的徐家宁撰写。谢博统编了全书、矫正了附录，并且撰写了前言。感谢蒋沛谚、程英英提供的技术帮助。本书的出版得到河南省软科学项目"河南省跨境灰色市场中电商企业博弈行为演化与风险决策研究"（编号：232400411173）的支持，特别在第 5 章对跨境电商平行进口产品（灰色产品）售后服务的企业运营策略开展了详细研究。

目录
CONTENTS

平台供应链企业交易机制和服务支撑研究

目
录

第1章

绪 论

1.1 选题背景

随着互联网技术和数字经济的发展以及人们新消费习惯的养成，在线零售业蓬勃发展。2021 年第十三届全国人大四次会议通过的《中华人民共和国国民经济和社会发展第十四个五年规划和 2035 年远景目标纲要》中明确提出了"加快数字化发展，建设数字中国"的发展目标。具体提出了加快推动数字产业化，鼓励企业开放电商、社交等数据，促进平台经济健康发展，健全共享经济、平台经济和新个体经济管理规范，支持平台企业创新发展、增强国际竞争力等要求，平台经济的发展成为关注重点。

在经济全球化的时代背景下，供应链的创新发展问题受到我国政府的重视。国务院办公厅关于积极推进供应链创新与应用的指导意见中提出，供应链已发展到与互联网、物联网深度融合的阶段，并就如何加快供应链创新与应用等方面提出意见。信息技术的进步以及供应链创新发展要求的提出使供应链与平台经济的联系更加紧密，对平台供应链的研究成为当前研究的热点问题。国内电商平台如京东、天猫等蓬勃发展，平台经济成为供应链创新中不可或缺的一部分。平台供应链发展要把创新、协调、绿色、开放、共享的发展理念摆在极其重要的位置，协调平台供应链中各成员行为策略，研究平台供应链企业交易机制和服务支撑，对优化平台供应链中的渠道与服务，建立合理的平台交易机制，促进平台经济健康发展至关重要。

对平台交易机制的研究是平台供应链研究的重要方面。平台交易机制是一个完整的系统，涵盖了交易品种、交易时间、交易规则、交易机制、风险控制、信息披露以及监管要求等多个方面。如我国的电商平台天猫和京东通过向供应商收取交易费获得收益，供应商可以选择单平台或多平台交易。苹果将新产品和再制造产品的生产外包给富士康，并在网站平台上同时销售新的和再制造的 iPhone、iPad 和 MacBook，富士康同时生产苹果公司的新产品和再制造产品，在消费者具有双重偏好的情况下选择不同回收渠道。早在 19 世纪，国际商业机器公司（IBM）就已开展回收废旧产品用于再制造的业务，新产品与再制造产品同时在市场中出售。2013 年顺丰集团开展"海淘转运＋跨境寄递"业务，使境外授权分销商能更容易跨市场销售产品，2015 年上海自贸区平行进口汽车交易中心正式营业。

平台供应链研究的另一个重要方面是服务支撑，包括广告服务、专利服务、售后服务等方面，在电商平台的交易中广泛存在。例如，2015 年以来，天猫与玛莎拉蒂、施华洛世奇等 200 多个品牌建立了广告合作关系，帮助品牌在"超级品牌日"实现品牌与销售双丰收。2018 年，亚马逊宣布了一项新的零售业务广告计划，以与谷歌和脸书（Facebook）竞争。南京钢架作为日本小松的经销商，同时获得日本小松的许可专利技术，负责对该品牌的废旧设备进行再制造。网上购物平台如淘宝、京东等都为顾客提供售后服务。

基于平台供应链成为互联网与经济发展的重要产物以及平台供应链中交易机制和服务支撑普遍存在的实际背景，本书研究平台供应链企业交易机制和服务支撑下的平台交易费定价、平台消费者多偏好定价、平台多产品定价、平台多市场定价、广告服务、专利服务、售后服务和回收服务八个方面。

1.2 研究目的和研究意义

本书旨在通过对平台供应链企业交易机制和服务支撑的研究，分别构建在平台交易费定价、平台消费者多偏好定价、平台多产品定价、平台多市场定价、广告服务、专利服务、回收服务和售后服务不同情况下的博弈模型，通过求解均衡解得到不同模型下的企业最佳决策，揭示平台供应链中参与成员在特定交易和运营环境下的博弈决策行为，通过建立博弈模型和运用实证研究工具，给出企业决策的定量判断准则，对协调平台供应链中各成员行为策略，优化平台供应链中的渠道与服务，建立合理的平台交易机制，促进平台经济健康发展具有理论和实践意义。

在现有的理论研究中，对平台供应链中平台交易费定价策略、企业运营策略、售后服务策略、广告运营策略的研究均存在，但本书较为系统地考虑了平台供应链中的交易费定价策略，研究在网络外部性、消费者双重偏好、服务补救、广告营销、不同专利授权、不同回收渠道下的企业运营策略，再制造产品及考虑再制造产品售后服务的企业运营策略，丰富了平台供应链研究的相关理论。

相对于对平台供应链企业交易机制和服务支撑研究的理论意义，本书研究同样具有现实意义。

通过研究平台供应链中多平台多品类平台交易费定价策略、考虑网络外部性、消费者双重偏好、联合广告营销、不同专利授权、服务质量补救下的企业运营策略，同时分析企业行为决策的内在机理和原因，为企业参与供应链管理，制定合理的服务策略提供理论指导，提出田野实验设计方法和实验室行为经济学实验设计方法等对企业管理具有启示意义的方法，对建立创新、协调、绿色、开放、共享的平台供应链具有重要意义。

1.3 研究内容

本书的研究内容主要包括平台供应链企业交易机制和服务支撑两部分。第一部分由第 2~5 章组成，分别研究平台交易费定价、平台消费者多偏好定价、平台多产品定价、平台多市场定价问题。第二部分由第 6~9 章组成，研究了广告服务、回收服务、专利服务、售后服务四个方面，具体研究思路如下所示。

第1章是绪论部分。依次介绍了平台供应链企业交易机制和服务支撑的选题背景、研究目的和研究意义、研究内容、国内外研究综述、研究方法与技术路线。

第2章平台供应链多平台多品类网络零售平台的交易费定价策略。即使产品价格竞争充分，各网络零售平台在交易费上单独定价的行为仍然可能阻碍卖方跨平台入驻和买方多平台购物的交易现象出现，而网络零售平台间的联合定价策略有助于解决这一问题。本章利用双边市场理论、寡头垄断理论和博弈论，在不同规模报酬下对网络零售平台的交易费定价策略进行了详细而深入的分析。研究发现：在不同规模报酬下，平台间是否能实现联合定价主要取决于运营成本的"加速度"以及进行初始联合定价的平台数量。若规模报酬递减，当初始联合定价的平台数量较小时，平台定价进化方向将随着运营成本"加速度"的增大，从联合定价、混合定价转为单独定价；当初始联合定价的平台数量较大，运营成本"加速度"较大（较小）时，相应地，只有单独定价（联合定价）的现象出现。若规模报酬递增或不变，所有网络零售平台联合定价时平台利润更优。

第3章平台供应链网络外部性与消费者双重偏好的企业运营策略。随着环保意识的提高，消费者在购买产品时往往会考虑产品的环保特性，且产品的网络外部性在平台企业销售过程中，作用更加明显。基于消费者对产品质量和环境友好的双重偏好特征，构建了不同废旧产品回收渠道策略中新产品和再制造产品具有网络外部性的新型闭环供应链。本章讨论了废旧产品回收渠道策略和网络外部性对企业最佳决策的影响。研究发现，新产品和再制造产品的零售价格不受网络外部性和回收渠道策略的影响，即使再制造产品的批发价格在网络外部性的影响下上涨。市场对具有网络外部性和无网络外部性的新产品和再制造产品的需求变化趋势是不同的。当再制造产品的成本在一定范围内，网络外部性的存在使市场对新产品和再制造产品的需求同时增加。即使产品具有正的网络外部性，增加了消费者的效用，当再制造产品的成本在一定范围之外时，产品没有网络外部性时公司的利润将高于产品具有网络外部性时的利润。

第4章平台供应链再制造产品售后服务的企业运营策略。在同时生产新产品和再制造产品的原始制造企业与生产具有替代性产品的企业构成竞争关系下的平台供应链系统中，探讨平台供应链在不同售后服务策略下的运营策略，分析在竞争市场下供应链定价策略和再制造产品的售后服务对定价策略及供应链中各企业利润的影响。本章建立再制造产品有无售后服务供应链的两阶段运营博弈模型，构造了两阶段博弈求解的逆序递推方法，给出了定价策略和供应链各企业最优利润的解析，揭示了再制造产品售后服务对定价策略和供应链各企业最优利润的影响。研究发现，当制造企业为再制造产品提供售后服务时，再制造产品的销售量增加，新产品和竞争替代产品的销售量降低；有趣的是新产品和再制造产品的市场零售价格同时增加，竞争替代产品的市场零售价格降低。制造企业为再制造产品提供售后服务时的利润总是大于没有售后服务时的利润，且不受单位产品生产成本影响。同时当单位产品生产成本较高时，制造企业为再制造产品提供售后服务策略会带来竞争对手企业利润增加。这些结论对再制造产品供应链如何提供再制造产品售后服务具有一定的指导作用和管理启示。

第5章平台供应链跨境电商平行进口产品售后服务的企业运营策略。在两个具有消费者购买意愿差异的市场中，考虑存在两个制造企业和一个平行进口企业的平台供应链系统，研究由领导制造企业和平行进口企业分别为各自产品提供售后服务的运营策略及对供应链各主体利润的影响。分析存在平行进口企业窜货的制造商竞争供应链的市场结构，本章建立了无售后服务模型、平行进口企业提供售后服务模型和领导制造企业提供售后服务模型，给出了不同模型下供应链的运营策略与最优定价策略及各企业的利润，分析了不同售后服务策略对供应链和企业利润的影响。研究发现，领导制造商提供授权产品售后服务策略能够提高授权产品的销售量和零售价格，同时抑制竞争对手和平行进口商的产品销售量与零售价格；领导制造商授权产品销量不受平行进口商提供售后服务策略影响。通过将模型进一步扩展到双售后服务的情形，结果表明平行进口商一味地追随领导制造商提供售后服务并不一定为最优策略。

第6章多阶段平台供应链联合广告营销的企业运营策略。由制造企业和在线零售平台组成的两周期平台供应链的合作广告过程，制造企业在第一周期提供全国广告以建立品牌形象并提高产品的知名度。在线零售平台在两个周期提供平台广告以向消费者销售产品。制造企业和在线零售平台可以为全国广告和平台广告选择不同的合作广告策略，即单向补贴策略、双向补贴策略和收入分享策略。本章建立博弈模型，通过考虑价格和广告效果来研究合作广告问题，并分析不同合作广告策略对企业利润的影响。研究发现，在收入分享策略下，制造商为在线零售平台广告提供的补贴率高于其他合作广告策略。有趣的是，在有些情况下，虽然只有制造商为平台广告承担部分成本，而在线零售平台在全国广告上没有付出任何努力，但总利润会比在收入分享策略中更好，即使在收入分享策略中，制造商与在线零售平台之间的合作关系也更紧密。

第 7 章平台供应链不同回收渠道模式企业运营策略。闭环供应链运营是提高经济与环境双重效益的有效途径。本章借鉴了闭环供应链协调的实践，研究不同回收模式和专利许可策略的供应链运营策略，并考虑政府补贴的影响。本章构建了废旧产品回收模式、专利许可策略和政府补贴制度下的由原始制造企业、再制造企业和零售企业组成的多人博弈模型。提供不同策略组合下平台供应链的企业运营策略，然后分析其差异和各主体的利益。进一步分析了政府补贴对供应链企业运营策略的影响。研究发现，当原始制造商采取固定费专利许可策略时，废旧产品的回收价格更高。当原始制造商采取单位费专利许可策略且零售商与再制造商同时参与废旧产品回收时，原始制造商将提高单位专利许可费。当再制造商单独回收废旧产品时，消费者可以在废旧产品回收市场上获得更大的单位收入。不同的政府补贴对新产品和再制造产品的批发价和零售价有不同的影响。

第 8 章平台供应链不同专利授权的企业运营策略。新发展理念是"十四五"及今后一个时期我国经济社会发展的基本遵循。创新、协调、绿色、开放、共享五大发展理念分别对制造业的高质量发展提出要求。近年来，在新发展理念的引领下，我国制造业发展取得了新的成绩，但在具体工作中存在不适应、不适合甚至违背新发展理念的认识、行为和做法。尤其是对于废旧产品处理不当的问题，不仅会导致资源浪费，更会对环境带来无法估量的损害，而充分利用资源实现可持续发展则成为重中之重。在此背景下，再制造应运而生。本书在不同回收再制造模式下引入专利许可对再制造决策的影响。考虑消费者质量偏好，制造商拥有成本降低型和质量改善型专利技术，并采用固定费对再制造商进行单一专利技术许可或多专利技术许可。从企业、消费者、政府和环境保护的角度更加全面地对不同回收再制造决策和专利许可策略下的市场覆盖率、供应链利润、消费者剩余、社会福利和回收率进行了比较，讨论了制造商和再制造商回收再制造的决策及闭环供应链的协调。研究发现：无论制造商是否参与回收，其利润均随着创新规模的提升而降低。这暗示了在缺乏知识产权保护的环境下，企业更加倾向于进行非显著性创新。同时暗示了在创新规模较大时，其进行专利许可的动机越强烈；无论何种许可策略（不许可、单一专利许可、多专利许可），制造商总是选择回收是其最优决策；制造商在再制造产品市场的竞争，降低了其参与专利许可的动机（创新规模从 0.2876 提升到 0.3274）；生产成本差异直接决定了制造商参与专利许可的激励动机，而产品质量差异则更多决定了制造商、再制造商与消费者、政府乃至环保等各利益相关方是否能够协调一致，但其影响在制造商不参与回收时更大；无论站在何种角度（如制造商和再制造商许可双方、消费者、政府以及环保角度），多专利许可相对于单一专利许可，始终为最优许可策略。这意味着许可先进技术从经济上总是最优的策略。这些结论不仅与新产品市场相关专利许可理论相互补充，同时也为专利再制造产品市场供应链协调相关问题提供了理论支撑。

第 9 章平台供应链服务补救质量对消费者重购意向影响的企业运营策略。当今互联网已经成为消费者进行日常交易的平台，由于网络交易不需要面对面接触，影响消费者购买意愿的因素增多，除了产品本身的价值与效用，服务质量也是影响消费者选择网络购物的一个关键因素。本章将传统行业中的服务补救理论应用到网络平台购物环境中，以服务补救质量为自变量，消费者重购意向为因变量，消费者情绪为中介变量，就服务补救质量对消费者重购意向的影响模型展开研究。研究发现：在服务失误情境下，服务补救质量会正向影响消费者重购意向；消费者情绪与服务补救质量有关，服务补救质量越高，消费者越容易产生积极情绪，消费者情绪在服务补救质量影响顾客重购意向过程中起中介作用。

第 10 章总结与展望。总结前面章节研究的结果与结论，然后提出管理学启示与政策建议；针对前面章节研究过程中的不足，提出后续研究工作的开展方向。

1.4 国内外研究综述

通过阅读整理国内外相关文献，本书从平台收费、网络外部性、专利产权、联合广告、平行进口五个方面进行论述。

1. 平台收费方面

学者们纷纷从平台差异化角度进行研究（Weyle，2010；Mantena & Saha，2012；Jeitschko & Tremblay；2013）：从平台用户的排他性角度，即对单平台接入还是多平台接入的影响进行研究（Hagiu & Lee，2011；Prieger & Hu，2012；Cenamoer et al.，2013）；从平台的一体化特征（Lee，2013；朱晓东和李薇，2021）及平台间兼容性和盈利性特征（Econmomides & Katsamaksa，2006；刘赫等，2019；李佩等，2020）进行分析。与单边市场广泛讨论的问题相似，平台产业的市场结构问题，如垄断性平台和竞争性平台之间的比较及其对社会福利的影响也是许多学者感兴趣并进行详细分析的重要问题之一（Reisinger，2012；Halaburada & Yehezekel，2013；Cennamo & Santalo，2013；邢大宁等，2018）。然而，网络零售平台的运营过程需要大量人力、物力和财力的支持，因此以盈利为目的的网络零售平台往往会向买卖一方或双方收取费用（朱文兴等，2020）。根据向交易方收取费用方式的不同，收费方式分为会员费、交易费以及两者相结合的两部制费用（Armstong & Wright，2007）。罗切特和蒂罗尔（Rochet & Tirole，2003）指出，在双边市场下平台的交易量不仅受总的交易费影响，还会在总的交易费不变的情况下，随着交易双方费用支付比例的变化而改变。阿姆斯特朗（Armstrong，2006）则认为，双边市场所具有的最明显特征是终端用户之间的交叉网络外部性，即一边用户数量的增加会改变另一边用户的效用。因此，除了收费策略（Bernheim & Whinston，1998；Caillaud & Jullien，2003），平台所采取的价格结构也可能对最终的交易量和平台的盈利状况产生重要影响（Rochet & Tirole，2003，2006）。张轩等（2020）以服务平台为视角，研究了平台需求端和供给端不确定情况下服务平台的产品定价与最优激励问题。钟丽等（2021）研究了当平台向消费者提供生产产品，内容开发商为平台开发互补性产品，最终消费者同时购买平台产品和内容的网络双边市场。另外，由于平台高知名度、高流量、良好配套服务（如支付宝等多渠道支付支持等）以及较强的网络外部性（陈宏民，2007）等原因，即使平台交易费率较高，买卖双方仍可能愿意在此类平台开展交易（李静和张玉林，2020）。

2. 网络外部性方面

网络外部性是网络经济传统经济理论的典型特征，本质上是扩大用户群过程中的规模经济（Candogan & Drakopoulos，2020）。关于网络外部性的最早研究可以追溯到卡茨和夏皮罗（Katz & Shapiro，1985）。他们认为，消费者的效用取决于同一网络中其他用户的数量，并将随着产品总需求的增加而增加。社交网络是普遍的，网络外部性在产品销售阶段的影响越来越突出（Zhang et al.，2019）。易等（Yi et al.，2016）从演化博弈的视角，在网络外部性背景下分析有限理性的零售商市场偏好。易和杨（Yi & Yang，2017）进一步结合进化稳定策略发现网络外部性强度直接影响制造商在批发定价方面的决策。易和杨（Yi & Yang，2019）从制造商所提供的产品质量水平讨论，研究表明网络外部性大小和制造商指定的产品质量水平呈正相关。周等（Zhou et al.，2019）研究了内部网络外部性和交互式网络外部性，然后发现，只有当两种类型的网络外部性同时存在时，网络外部性对产品价格、需求和利润的影响才会发生。郭等（Guo et al.，2020）研究了网络外部性对供应商投资策略和竞争性制造商技术选择的影响，发现网络外部性增加了制造商的均衡产出，而不会影响供应商的批发价格。

3. 专利产权方面

日本佳能、爱普生公司多次提起有关再生墨盒的知识产权诉讼案（Zhang，2008）。在美国制造业再制造专利诉讼案中，"帆布车顶案""罐头加工机案"和"刨床案"也被多次引证（Hu，2006）。根据专利法的规定，受法律保护的专利产品具有排他性。在原制造商产品受到专利保护的情况下，再制造商只有取得专利授权许可才能够进行再制造品的生产活动（Hong et al.，2017）。作为授权知识产权的有效手段，专利许可已被原始制造商广泛使用。它可以保护专利产品的知识产权，提高企业的效率和盈利能力（Arora et al.，2013）。奥莱奥普洛斯等（Oraiopoulos et al.，2012）探讨了在二手产品、翻新产品和新产品并存的电子产品市场中，原始制造商如何通过向再制造商收取再制造许可费的方式阻碍电子行业二手市场的发展。在原始制造商产品受到专利保护的情况下，第三方再制造商只有取得专利许可才能够进行再制造产品的生产活动（Xiong et al.，2011；Shen et al.，2012；2013）。易和杨（Yi & Yang，2014）在消费者需求异质的市场中，构建了不同专利许可策略下再制造商负责回收废旧产品再制造的闭环供应链模型——固定专利许可费模型和单位产品专利许可费模型。龙等（Long et al.，2019）通过考虑消费者异质性和不同再制造产品的不同再制造模式扩展了这一研究，以确定制造商的最佳回收和再制造决策。再制造产品的再制造程度会影响消费者在新产品和再制造产品之间的选择（Cao et al.，2020）。曹等（Cao et al.，2020）建立了专利许可机制及政府规制下的制造商与再制造商动态博弈模型，分析无专利许可无政府规制、有专利许可无政府规制、有专利许可有政府规制三种模式下制造商与再制造商的产量、定价和收益情况。政府根据制造商的碳排放量征税，制造商可以回收消费者的废旧产品以降低生产成本和碳排放税，闭环供应链可以通过两部分关税合同进行协调（Yan et al.，2019；Wu et al.，2021；Zhang et al.，2020；Jin et al.，2021）。黄和王（Huang & Wang，2017）在闭环供应链企业再制造不同模式基础上，研究了专利授权对闭环供应链再制造模式的影响。消费者对于产品零售渠道的偏好也会影响双渠道闭环供应链的定价和协调，设计合理的分配机制可以实现企业共赢（Tang & Xu，2019）。收入分享合同可以实现供应链成员之间的利润和环境协调（Zhang et al.，2020；Jan et al.，2021）。高等（Gao et al.，2020）研究了双渠道回收闭环供应链，并研究了再制造专利产品成本降低技术的特许权使用费策略。李等（Li et al.，2020）研究了再制造许可费用对再制造商负责回收的闭环供应链定价策略的影响，且讨论了不同地区不同许可费下再制造产品的定价问题。

4. 联合广告方面

合作广告于20世纪90年代首次在美国使用。由于合作广告计划在实践中很普遍，许多从业者和研究人员更加关注合作广告对需求和利润的影响（Xu et al.，2014）。陈（Chen，2015）从传统零售渠道和在线直销渠道的角度研究制造商和零售商的盈利模式。在陈（Chen，2015）的基础上，陈等（Chen et al.，2016）研究了制造商在线渠道与传统零售渠道同时存在价格和广告竞争下的合作广告问题。陈等（Chen et al.，2016）指出，价格折扣的提高将降低零售商广告投入的积极性。陶和李（Tao & Li，2018）从搭便车效应的视角出发，考虑线上线下（O2O）渠道供应链中成员的定价策略以及搭便车效应对渠道利润的影响，并分析了集中式下和分散式下的最优定价策略。与陶和李（Tao & Li，2018）不同，王和舒（Wang & Shu，2019）考虑了O2O供应链的合作广告策略，研究了三种博弈理论模型，推导出供应链成员之间的广告努力程度和参与率的最优决策。在此基础上，舒和王（Shu & Wang，2020）进一步研究了渠道权力结构对O2O供应链渠道成员合作广告决策的影响，发现集中决策模型中的制造商全国广告投入及供应链整体利润最大。李等（Li et al.，2019）研究人员扩展了合作广告模式，并探讨了"互联网＋"环境下由卖家和在线平台代理商组成的O2O供应链中的合作广告策略。李等建立了关于卖家和在线平台代理商组成的O2O供应链中的合作广告问题的数学模型，提出了三种合作广告模式，通过对供应链合作广告使用定量建模方法，推导出供应链成员之间广告水平和参与率的最优决策。在李等（2019）的基础上，李等（Li et al.，2021）进行了进一步的扩展研究。他们针对一个开展网络直销业务的双渠道制造商供应链系统，构建3种不同情形的博弈决策模型，分析并比较讨论了不同情形下的双渠道商品定价和广告投入最优决策。当制造商通过第三方在线零售平台开展网络直销渠道时，制造商应积极地选择同时与在线零售平台和传统零售商开展合作广告策略（Gao et al.，2020）。在在线零售平台与制造商的合作广告实践中，平台交叉销售效应是影响在线零售平台合作广告计划制定和实施的关键因素，当平台交叉销售效应较大时，在线零售平台获得的利润大于制造商（Shu & Wang，2020）。

5. 平行进口方面

洪定军等（2016，2020）考虑零售商与灰市投机者在市场中受不同决策顺序的影响，并通过引入两部定价合同使供应链利润得到提高；认为正规商品的销售渠道与消费者的价格敏感度有关，针对不同类型的消费者应选择不同的销售渠道。通过提高跨国公司向外国子公司的内部转让价格，增加灰色市场中的产品成本（Autrey，2012）。张（Zhang，2016）认为，灰色市场的存在可以使制造商提供更多折扣，这种折扣对制造商和零售商都有利。胡等（Hu et al.，2013）考虑了零售商批量购买然后将货物转移到灰色市场，以利用供应商的数量折扣。研究发现，数量折扣成为灰色市场活动增长的动力。因此，艾哈迈迪等（Ahmadi et al.，2017）认为，需要更复杂的合同机制来协调供应链，仅依赖零售商的订货数量合同不能协调供应链，并提供了与价格相关的数量折扣合同协调供应链的模型。阿布舍克和阿克姆（Abhishek & Arqum，2020）探讨了灰色市场下批发价格合同、收入共享合同和数量折扣对收费价格、订购数量以及企业利润的影响。奥塔格（Altug，2017）发现灰色市场产品价格会对零售商的库存产生影响，进而影响制造商的净利润，由于灰色市场在授权和未授权零售商之间造成价格竞争，从而导致主要市场价格下跌。艾哈迈迪等（Ahmadi et al.，2015）认为，应从产品定价方面来抑制灰色市场，通过分析平行进口对不确定环境中产品产量和价格的影响，发现制造商降低价格比减少供应量更能抑制灰色市场，且战略性定价比统一定价更有效。苏和穆克霍帕德海（Su & Mukhopadhyay，2012）讨论如何通过协调统一区域中不同的批发价格来管理供应链渠道，从而抑制灰色市场活动。基于灰色市场背景，蒋忠中等（2020）研究产品质量为非对称信息情形下制造商的质量披露及定价策略。在产品质量和低价市场顾客支付意愿较低时，制造商的质量披露策略是向顾客隐藏质量信息，反之则向顾客披露质量信息。降价和价格匹配之类的策略可以减轻灰色市场带来的压力，但是品牌商在其收取费用上做出妥协的程度是有限的。黄福玲等（2020）研究再制造对灰市交易的影响，在跨区域分销系统情形下，同时研究灰市交易决策与再制造决策，探讨灰市交易与再制造的相互关系。丁龙等（2019）将物联网 RFID 技术引入了灰色市场研究，建立了制造商和零售商的策略博弈模型，找到了博弈的纳什均衡策略，解释了现实经济活动中 RFID 技术和灰色市场的诸多现状。夏和吉尔伯特（Xia & Gilbert，2006）认为，通过售后服务增加销售渠道的质量可以有效控制灰色市场。伊拉瓦尼等（Iravani et al.，2016）通过建立 Stackelberg 博弈模型来检验售后增值服务对灰色市场的作用，研究发现售后服务可以大大提高制造商的利润，使制造商可以更容易在竞争市场中占据主导地位，并且当制造商提供售后服务，同时授权零售商也提供类似服务时，双方都可以从中获取更多利润。邵等（Shao et al.，2016）认为，在许多行业中存在品牌商的商品通过未授权渠道出售的现象，尽管灰色市场会导致正规渠道中产品评估价值下降，但由于灰色市场售后服务无法得到保证，灰色市场可以通过价格歧视降低产品成本，进而零售商有动机将产品在未授权的情况下转移到灰色市场。胡斌等（2021）将零售商私自"窜货"的情况引入模型，进一步研究售后服务质量在抑制灰色市场和提升制造商利润方面的作用。

1.5 研究方法与技术路线

为保障研究内容顺利完成和上述科学问题正确解决，本书将主要采取建立数理模型的方法来进行研究，并结合数据统计假设检验的实证研究方法设计相关实验，检验模型与结果的科学性与合理性。在模型建模和推理分析中需要用到的具体研究方法如下所示。

（1）非合作博弈论方法：对于平台供应链企业相互博弈的行为，用确定环境下和不确定环境下非合作博弈模型来进行描述。

（2）信息论、随机理论：对于平台供应链企业博弈过程中信息的不完全性与不对称性，用信息论的方法来表述信息量；引入随机理论来描述平台供应链中的不确定因素。

（3）博弈学习理论方法：对于在不完全信息下企业和消费者的行为进化，在周期合作过程中的行为演化，用博弈学习理论来进行描述，结合实验进行研究。

（4）多目标决策理论方法：对于平台供应链企业多目标实现问题，用多目标决策理论方法来讨论每个企业在不同目标之间进行权衡和优化的过程。

（5）机制设计理论方法：对于不完全信息和风险偏好不同情况下的企业运营决策问题，用机制设计理论研究激励关系和合作关系对于企业博弈过程中风险决策的影响。

（6）实证分析：采用管理学中的实证分析工具，对消费者偏好进行描述度量，建立具有偏好机制的数理模型，描述企业运营决策目标函数。

平台供应链的研究受到越来越多学者的关注，本书研究了平台供应链视角下的企业交易机制和服务支撑，主要创新点如下所示。

（1）运用管理学与经济学方法，基于平台理论，在企业博弈环境下分析平台供应链企业运营策略的形成机理与特征表现，考虑平台经济下供应链的特点与创新。

（2）揭示平台供应链中参与成员在特定交易和运营环境下的博弈决策行为，从创新、协调、绿色、开放、共享五个方面研究企业与消费者的行为演化，通过建立博弈模型和运用实证研究工具，给出企业决策的定量判断准则。

（3）引入网络外部性、双重偏好、服务补救、广告营销等平台供应链突出特点，用博弈理论和随机分析方法，分析企业在商品定价、服务支撑、技术创新等方面的行为演化特征，给出企业行为决策的内在原因与机理。

（4）在商品消费中，突出平台供应链商品类型的多样化（新产品、再制造产品、灰色进口产品等），用动力系统模型刻画展厅服务、产品质量、售后服务等因素对平台供应链中动态企业声誉的影响，并刻画出平台供应链中消费者需求特性与需求变化过程。

（5）提出可指导的管理实践或对管理有启示意义的管理实验设计方法，包括田野实验设计方法和实验室行为经济学实验设计方法。

本书为平台供应链企业交易机制和服务支撑研究，共分为十个章节，主要研究内容分为平台供应链企业交易机制和服务支撑两个方向，每个方向下面又设四个专题，研究对象分别是平台交易费定价、平台消费者多偏好定价、平台多产品定价、平台多市场定价、广告服务、回收服务、专利服务和售后服务八个专题。具体技术路线如图 1-1 所示。

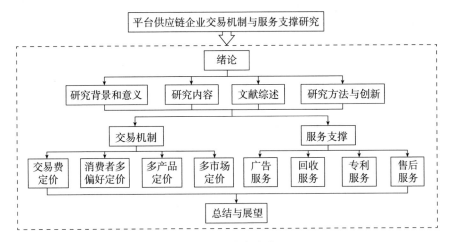

图 1-1 技术路线

第2章

平台供应链多平台多品类网络零售平台的交易费定价策略

2.1 引言

在平台供应链中，即使产品价格竞争充分，各网络零售平台在交易费上单独定价的行为仍然可能阻碍卖方跨平台入驻和买方多平台购物的交易现象出现，而网络零售平台间的联合定价策略有助于解决这一问题。本书利用双边市场理论、寡头垄断理论和博弈论，在不同规模报酬下对网络零售平台的交易费定价策略进行了详细而深入的分析。研究发现：在不同规模报酬下，供应链平台间是否能实现联合定价主要取决于运营成本的"加速度"及进行初始联合定价的平台数量。若规模报酬递减，当初始联合定价的平台数量较小时，平台定价进化方向将随着运营成本"加速度"的增大从联合定价、混合定价转为单独定价；当初始联合定价的平台数量较大，运营成本"加速度"较大（较小）时，相应的只有单独定价（联合定价）的现象出现。若规模报酬递增或不变，所有网络零售平台联合定价时平台利润更优。

平台供应链中基于互联网技术的网络零售平台，突破了时间和空间的限制，减少了买方的搜索成本、买卖双方的交易成本，满足了客户群体多样性的需求，提高了企业交易效率，聚集了大量的买方和卖方。网络零售平台具有双边市场特性，双边市场理论解决了现实中传统经济学无法解释的"免费"问题，研究的对象和重点集中在网络平台最优定价策略及其影响因素上。

现实的平台供应链中，买方往往具有同时购买不同品类、不同商家的多种零部件或者产品的需求。供应链平台的定价策略将在一定程度上影响买方的购买意愿与对供货平台的选择。例如，京东、天猫推出的跨店优惠券定价策略，使其平台上多个商家在一定条件下形成价格合作联盟，通过跨店优惠策略激励消费者购买商品；中国银行推出刷卡积分兑换策略，可以实现出行、餐饮、购物等多品类平台的联合定价，激励更多的持卡人刷卡消费或潜在消费者成为持卡人。

事实上，卖方通常有强烈的意愿入驻多个网络零售平台，从而使消费者更容易发现与了解其产品。若卖方可在多个供应链平台上销售其产品，买方则有更多机会获得产品信息和购买产品。但由于平台供应链中各网络零售平台在交易费上的单独定价行为和较高会员费策略，导致卖方多平台入驻的愿望难以实现，买方多平台购买产品的需求无法满足，从而形成了较高产品价格、较低平台交易量以及平台利润存在改善空间等情况。在上述现实问题基础上，本书引入双边市场理论、寡头垄断理论以及博弈理论等，建立由多个网络零售平台组成的在线零售平台供应链，其中买卖双方通过平台完成产品交易；在不同规模报酬情况下，考虑不同交易费定价策略对供应链平台产生的影响及其实践价值，且扩展讨论价格结构和收费方式等对供应链平台定价策略的影响。本书研究表明，网络零售平台之间是否能在交易费上达成联合定价，主要受到规模报酬、运营成本"加速度"和初始联合定价的平台数量等因素影响。当规模报酬递增或不变时，所有平台联合定价会降低最优交易费；随着平台产品交易量的提升，平台利润将得到提高，消费者剩余和社会福利增加。因此平台联合定价行为对平台和消费者都有益。

2.2 基本模型

2.2.1 问题描述

考虑多个网络零售平台组成的供应链中存在卖方、买方（消费者）和平台三种类型参与者。买方在一次完整的购买过程中购买 i 种品类产品，例如，购买手机的同时需要购买手机壳、购买咖啡的同时往往需要购买咖啡伴侣等，这样消费者才能充分享受购物所带来的愉悦。在价格竞争机制作用下，买方会通过比价从多个供应链平台购买不同品类产品，从而获得整体价值和购买效用的最大化。考虑买方会从最具有价格优势的平台购买产品，且供应链中每个平台上最具有价格优势的产品品类是唯一的。因此，买方需通过 i 个平台实现完整购买所有品类产品的交易过程，其中 $i = 1, 2, \cdots, n$。各个供应链平台间各品类产品自由竞争充分，使在自由价格竞争机制下各产品自身定价与其生产成本 c_i 相同。然而由于各个平台对卖方所收取的交易费 p_i 不同，供应链平台上产品的最终销售定价为 $c_i + p_i$。其中，当 $p_i = 0$ 时表示供应链平台对平台上的卖方不收取交易费。买方可以通过 i 个供应链平台购买到 i 个产品以实现整个购买过程的消费价值最大化，其中整个购买过程中买方所购买产品的总单价 $P = \sum_{i=1}^{n} c_i + \sum_{i=1}^{n} p_i$。进一步简化计算，考虑对供应链平台 i 而言，产品 i 的生产成本 c_i 为 0（陈宏民，2007），此时，各平台上产品的交易价格仅与平台收取的交易费有关，总单价变为 $P = \sum_{i=1}^{n} p_i$，即平台的总交易费。另外，假定产品的需求函数 $Q(P)$ 为关于总单价 P 的凹函数，保证其二阶导数连续且可微；$Q(P)$ 表示买方完整购买过程的市场需求量。例如，消费者通过滴滴订车和美团订餐完成了一次完整的出行就餐过程，只有当消费者出行就餐时获得的消费效用大于总支出时，消费者才会选择出门就餐；出门就餐的市场需求量与消费者在滴滴平台和美团平台的总支出费用有关。同时可知，在产品交易过程中，平台可获得的产品交易收益为 $p_i \cdot Q(P)$。

2.2.2　模型假设

假设一：在收费方式上，各供应链平台仅收取交易费，其为平台的收益来源。在价格结构上，各供应链平台仅向卖方收取交易费，而不向买方收取交易费。

假设二：当供应链平台单独定价时，卖方需要向不同平台分别支付交易费。当所有平台联合定价时，卖方向所有平台支付统一的交易费，此时卖方可实现跨平台销售产品。

基于上述假设，网络零售平台可能的定价行为如图 2 – 1 所示，其中 P^k 表示平台联合定价时收取的统一交易费。

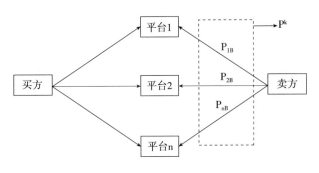

图 2 – 1　网络平台定价

本书中从假设供应链平台只向卖方收取交易费的基本模型入手，研究不同规模报酬下，平台单独定价策略、平台联合定价策略以及平台混合定价策略时的均衡结果，并对不同策略中得到的均衡结果进行对比分析，得出不同定价策略下平台利润、消费者剩余和社会福利的变化。其中，平台联合定价并非一定以平台合并的形式出现，可通过平台的平台，即"超平台"或联盟的形式出现。在"超平台"上呈现不同平台的产品，满足了买方多平台购买产品的需求；同时，也实现了卖方跨平台入驻的意愿。而当所有平台中有部分平台联合定价，其余平台单独定价时，平台混合定价情况出现。在模型扩展部分，通过将基本模型扩展，研究价格结构、收费方式发生变化以及可从单平台购买多种品类产品的情况，并讨论平台利润与其他结果的变化情况。其中，基本模型参数说明如表 2 – 1 所示。

表 2－1	参数符号及说明
参数符号	参数符号说明
$F(i)$	i 个平台联合定价时的总运营成本
f_i	平台 i 的运营成本
p_i^k	k 定价策略下平台 i 的最优交易费用
p^k	k 定价策略下 n 个平台最优交易总费用
Π^k	k 定价策略下平台总利润
CS^k	k 定价策略下消费者剩余
W^k	k 定价策略下社会福利
ΔF	平台运营成本的割线斜率
$k \in \{*, **, ***\}$	＊表示平台单独定价策略中的均衡结果，＊＊表示平台联合定价策略中的均衡结果，＊＊＊表示平台混合定价策略中的均衡结果
$i \in \{1, 2, 3, \cdots, n\}$	表示平台数

注：书中扩展模型中的符号将在分析中具体说明。

2.3　不同规模报酬下的均衡分析

规模经济（规模报酬）的概念，起源于对工业企业在生产端由于规模的扩大而导致长期平均成本下降的经济现象的解释（金亮等，2021；Wang et al.，2016）。本书提出针对供应链平台企业规模经济（规模报酬）的假设，考虑网络零售平台以收取交易费作为主要盈利来源。当平台的平均总运营成本随着参与联合定价的平台数量（相当于生产端的规模）的增加而降低，则称为规模报酬递增，反之，则称为规模报酬递减。由于规模报酬可能对网络零售平台的定价行为产生影响，因此书中将分别在规模报酬不变、规模报酬递减和规模报酬递增三种情况下对平台在交易费上采取单独定价策略、联合定价策略以及混合定价策略时的结果进行分析。

2.3.1　规模报酬不变

假设在规模报酬不变的情况下，平台联合定价时平台数量的增加不会导致总运营成本的提高，即有 $F(n) = F(m) = F(1)$。

1. 平台单独定价策略

在规模报酬不变的情况下，平台 i 单独定价时，可知其最优的交易费 p_i^*，是通过求解以下最优化问题得到的：

$$Max_{p_i} p_i \cdot Q(P) - f_i \qquad (2-1)$$

其中，f_i 为平台 i 的运营成本，n 个平台的总运营成本 $F(1) = \sum_1^n f_i$。

在给定其他平台交易费 p_{-i} 的情况下，平台 i 利润最大化时需满足一阶条件：

$$Q\left(\sum_{i=1}^n p_i^*\right) + p_i^* \cdot Q'\left(\sum_{i=1}^n p_i^*\right) = 0 \qquad (2-2)$$

其中，$i = 1,2,3,\cdots,n$。

由式（2-2）可得到 n 个平台的反应函数。进而得到 Nash 均衡状态下平台 i 最优的交易费 p_i^*。而 Nash 解的稳定性和唯一性则由需求函数的凹特性保证。从而得到各平台单独定价时，总的最优交易费 $P^* = \sum_{i=1}^n p_i^*$。

2. 平台联合定价策略

由于规模报酬不变，当 n 个平台联合定价时，总的运营成本 $F(n) = F(1)$，即平台联合定价时总的运营成本与平台单独定价时平台运营成本的总和相同。这时最优交易费可从下面最优化问题得到：

$$Max_P P \cdot Q(P) - F(n) \qquad (2-3)$$

令 P^{**} 为 n 个平台联合定价时的最优交易费。此时联合平台利润最大化时需满足的一阶条件为：

$$Q(P^{**}) + P \cdot Q'(P^{**}) = 0 \qquad (2-4)$$

3. 平台混合定价策略

在规模报酬不变的情况下，不妨令 $m(1 < m < n)$ 个平台联合定价，其余 $n-m$ 个平台单独定价。则这 m 个联合定价平台和 $n-m$ 个单独定价平台需各自求解最优化问题为：

$$\text{Max}_P P \cdot Q(P) - f(m) \tag{2-5}$$

$$\text{Max}_{p_i} p_i \cdot Q(P) - f_i \tag{2-6}$$

其中，$f(m)$ 为 m 个联合平台总的运营成本，f_i 为平台 $i(i = m+1, m+2, \cdots, n)$ 的运营成本，则 n 个平台中 m 个平台联合定价时总的运营成本为 $F(m) = f(m) + \sum_{i=m+1}^{n} f_i$。

令 $P^{***} = p^{***} + \sum_{i=m+1}^{n} p_i^{***}$ 为 m 个平台联合定价，其余 $n-m$ 个平台单独定价时的最优交易费，其中 p^{***} 表示 m 个联合定价平台的最优交易费，此时联合定价平台和单独定价平台各自利润最大化时需满足的一阶条件为：

$$Q(P^{***}) + p^{***} \cdot Q'(P^{***}) = 0 \tag{2-7}$$

$$Q(P^{***}) + p_i^{***} \cdot Q'(P^{***}) = 0 \tag{2-8}$$

对于上述三种定价策略得到的均衡结果，考虑在规模报酬不变的情况下，定价策略如何影响平台利润、消费者剩余以及社会福利，命题 2-1 和命题 2-2 将给出结论和证明。

命题 2-1 规模报酬不变时，与单独定价相比，平台供应链中网络零售平台在联合定价和混合定价时交易费更低，而平台利润、消费者剩余以及社会福利均更高。

证明：令单独定价、联合定价、混合定价时平台总利润分别为 Π^*、Π^{**} 和 Π^{***}，消费者剩余分别为 CS^*、CS^{**} 和 CS^{***}，社会福利分别为 W^*、W^{**} 和 W^{***}。比较平台单独定价和平台联合定价时的情况。由式（2-2）累加可得到 $nQ(P^*) + P^* Q'(P^*) = 0$，进而有 $Q(P^*) + P^* Q'(P^*) = -(n-1)Q(P^*) < 0$。而由式（2-4）可知，平台联合定价时，在交易费为 P^{**} 时平台的利润最大化，即 $P < P^{**}$ 时，有 $Q(P) + PQ'(P) > 0$；当 $P > P^{**}$ 时，有 $Q(P) + PQ'(P) < 0$。又因为 $Q(P^*) + P^* Q'(P^*) < 0$，故有 $P^* > P^{**}$，因此可知，平台在联合定价时，均衡交易费低于平台单独定价时的均衡交易费 $P^{**} < P^*$，而平台联合定价时的均衡利润高于单独定价时的均衡利润 $\Pi^{**} > \Pi^*$，同时还可以得到两种定价策略下消费者剩余的大小关系 $CS^{**} > CS^*$，和社会福利大小关系 $W^{**} > W^*$。

在平台单独定价和混合定价时，由式（2-7）和式（2-8）所得到的部分平台联合定价和部分平台单独定价时的一阶条件，可得$(n-m+1)Q(P^{***})+P^{***}Q'(P^{***})=0$。同理由式（2-2）可得$(n-m+1)Q(P^*)+P^*Q'(P^*)=-(m-1)Q(P^*)<0$。由于混合定价时平台在总交易费为$P^{***}$时利润最大化，即$P<P^{***}$时，有$(n-m+1)Q(P)+PQ'(P)>0$；当$P>P^{***}$时，有$(n-m+1)Q(P)+PQ'(P)<0$。又因为$(n-m+1)Q(P^*)+P^*Q'(P^*)=-(m-1)Q(P^*)<0$，故有$P^*>P^{***}$。由此可知，平台在混合定价时的均衡交易费低于平台单独定价时的均衡交易费$P^{***}<P^*$，而平台混合定价时的均衡利润高于单独定价时的均衡利润$\Pi^{***}>\Pi^*$，同时还可以得到两种定价策略下消费者剩余的大小关系为$CS^{***}>CS^*$，社会福利的大小关系为$W^{***}>W^*$。综上所述，相比平台单独定价，平台联合定价和混合定价时的均衡交易费更低，而平台利润、消费者剩余以及社会福利均更高。命题2-1得证。

命题2-1表明，对跨平台的卖方收取统一的交易费有助于吸引更多的卖方参与平台交易。根据双边市场理论，平台交易存在显著的交叉网络外部性，即更多卖方的参与会对平台的买方产生正向网络外部性，吸引更多潜在消费者进入平台，提高平台交易量，增加平台利润。同时与平台单独定价相比，较低的交易费提高了消费者剩余。而平台利润的增加以及消费者剩余的提高，最终改善了社会福利。

命题2-2 规模报酬不变时，随着联合定价平台数量的增加，交易费降低，而平台利润、消费者剩余以及社会福利均增加。

证明：为证明命题2-2的结论，需要比较平台联合定价与混合定价的情况。由于平台联合定价时，其利润在交易费为P^{**}时最大化，且一阶条件满足$P<P^{**}$时，有$Q(P)+PQ'(P)>0$；当$P>P^{**}$时，有$Q(P)+PQ'(P)<0$。而平台混合定价时，有平台总利润满足$Q(P^{***})+P^{***}Q'(P^{***})=-(n-m)Q(P^{***})<0$。同理得到均衡交易费关系：$P^{***}>P^{**}$。说明随着联合定价平台数量增多（$m\to n$），均衡交易费降低；由于均衡交易费降低，消费者剩余增加；同时由于平台利润增加，社会福利也会提高。

命题2-2表明，平台之间应尽量达成合作，采取联合定价的方式，即使交易费会减少，但由于消费者剩余增加，更多买家将涌入平台进行交易，从而平台利润将会提高，社会福利也会增加。

2.3.2 规模报酬递减

考虑平台运营效率的不同及平台本身建设需要大量的人力、物力以及财力，同时由于多平台协同成本的出现，可能导致平台在联合定价下出现规模报酬递减。因此，在规模报酬递减的情况下，考虑联合定价平台数量的增加将导致运营成本的提高，即 $F(n) > F(m) > F(1)$。且假设在平台联合定价时，总的运营成本相比平台收益相对较少，总有 $\Pi^{**} - F(n) > 0$ 成立。

若平台采用单独定价策略与联合定价策略时的净利润相等，可得到：

$$\Pi^* - F(1) = \Pi^{**} - F(n) \qquad (2-9)$$

若平台采用单独定价策略与混合定价策略时的净利润相等，可得到：

$$\Pi^* - F(1) = \Pi^{***} - F(m) \qquad (2-10)$$

若平台采用联合定价策略与混合定价策略时的净利润相等，可得到：

$$\Pi^{**} - F(n) = \Pi^{***} - F(m) \qquad (2-11)$$

由式（2-9）、式（2-10）和式（2-11）可知，设平台运营成本的割线斜率为 ΔF，则其将影响平台的净利润，进而影响各网络零售平台在交易费上的定价行为。以下命题 2-3 给出了可能出现的结果。

命题 2-3 （1）当初始联合定价平台数量 $m < m^*$ 时，若 $\Delta F < \Delta F_3$，则所有平台联合定价；若 $\Delta F_3 < \Delta F < \Delta F_2$，则平台混合定价；若 $\Delta F > \Delta F_2$，则各平台单独定价。（2）当初始联合定价平台数量 $m \geqslant m^*$ 时，若 $\Delta F < \Delta F_1$，则所有平台联合定价；若 $\Delta F > \Delta F_1$，则各平台单独定价。其中，$\Delta F_1 = [F(n) - F(1)]/(n-1) = (\Pi^{**} - \Pi^*)/(n-1)$，$\Delta F_2 = [F(m) - F(1)]/(m-1) = (\Pi^{***} - \Pi^*)/(m-1)$，$\Delta F_3 = [F(n) - F(m)]/(n-m) = (\Pi^{**} - \Pi^{***})/(n-m)$ 和 $m^* = [n(\Pi^{***} - \Pi^*) + (\Pi^{**} - \Pi^{***})]/(\Pi^{**} - \Pi^*)$。

证明：由式（2-9）、式（2-10）和式（2-11）可得到，平台运营

成本临界值 $\Delta F_1 = [F(n) - F(1)]/(n-1) = (\Pi^{**} - \Pi^*)/(n-1)$，$\Delta F_2 = [F(m) - F(1)]/(m-1) = (\Pi^{***} - \Pi^*)/(m-1)$，$\Delta F_3 = [F(n) - F(m)]/(n-m) = (\Pi^{**} - \Pi^{***})/(n-m)$。由命题 2-1 可知 $\Pi^* < \Pi^{***} < \Pi^{**}$，可知以上临界值均大于 0。从而得到：当 $\Delta F > \text{Max}\{\Delta F_1, \Delta F_2\}$ 时，各平台单独定价；当 $\Delta F < \text{Min}\{\Delta F_1, \Delta F_3\}$ 时，所有平台联合定价。而对于是否存在部分平台联合定价，其余平台单独定价的混合定价情况，取决于初始参与联合定价平台数量 m。证明只有当 $m < m^*$ 时，$\Delta F_2 > \Delta F_3$ 成立。可得当 $\Delta F_3 < \Delta F < \Delta F_2$ 时，平台将选择混合定价策略。与此同时，有 $\text{Max}\{\Delta F_1, \Delta F_2\} = \Delta F_2$ 以及 $\text{Min}\{\Delta F_1, \Delta F_3\} = \Delta F_3$。把相关临界值代入，命题 2-3（1）的结论得证。而当 $m \geqslant m^*$ 时，介于单独定价和联合定价之间的平台混合定价局面不会出现，且有 $\text{Max}\{\Delta F_1, \Delta F_2\} = \Delta F_1$ 以及 $\text{Min}\{\Delta F_1, \Delta F_3\} = \Delta F_1$。于是得到当 $\Delta F > \Delta F_1$ 时，各平台单独定价；当 $\Delta F < \Delta F_1$ 时，所有平台联合定价。命题 2-3（2）的结论得证。

命题 2-3 表明，平台供应链中联合定价平台数量的临界值决定了平台合作可能的进化方向。当初始参与联合定价的平台数量打破临界值时，只有两个极端的进化方向出现，而这时的进化方向依赖于平台运营成本的"加速度"（ΔF）。当"加速度"较小时，整个系统中所有平台将联合定价；当"加速度"较大时，每个平台将各自单独定价。而当初始联合定价平台数量小于临界值时，处于"中间"状态的平台混合定价方式出现，即部分平台联合定价，而其余每个平台单独定价。在这种情况下，具体哪种进化方向出现，同样取决于平台运营成本的"加速度"。

在实际运营过程中，当希望更多的平台企业加入平台联合定价，则要控制好平台运营成本的增加幅度，当平台运营成本增加速度过快时，会打击平台企业加入联合定价合作联盟的积极性。

事实上，结合命题 2-1、命题 2-2 和命题 2-3 的结论可知，在规模报酬递减的情况下，若规模报酬递减的速度较大（即有较大的 ΔF），则平台在交易费上的最优定价会更高，可能远高于社会最优定价。

推论 2-1 规模报酬递减时，若平台运营成本的"加速度"ΔF 较大 $[\Delta F > (\Pi^{***} - \Pi^*)/(m-1)$ 或 $\Delta F > (\Pi^{**} - \Pi^*)/(n-1)]$，则各平台在交易费上偏好单独定价，而消费者却偏好平台联合定价。

证明：由命题2-3可知，在平台运营成本 ΔF 较大的情况下，即 $m < m^*$ 时的 $\Delta F > (\Pi^{***} - \Pi^*)/(m-1)$ 或 $m \geqslant m^*$ 时的 $\Delta F > (\Pi^{**} - \Pi^*)/(n-1)$，这时各平台选择单独定价可以最大化其利润，平台偏好于单独定价。由命题2-1可知，在各平台单独定价时，总的交易费高于平台联合定价时的情况，即消费者更偏好平台联合定价。当平台运营成本"加速度" ΔF 较大时，随着参与联合定价的平台数量增多，平台的运营成本会快速增加，这使平台在收益不变的情况下，利润持续减少，因此平台偏好于单独定价；但是由于平台联合定价时的交易费较低，因此消费者则偏好于平台的联合定价。因而在这种情况下，平台与消费者在最优交易费定价策略上出现偏好矛盾。

推论2-1表明，在实际运营过程中，当平台联合时，运营成本增加速度过快时，平台应积极采取措施，通过平台间整合和优化，努力降低运营成本"加速度"，促成平台间的联合定价，吸引更多的潜在消费者。

2.3.3 规模报酬递增

在规模报酬递增的情况下，随着联合定价平台数量的增加，总的平台运营成本将会减少，即 $F(n) < F(m) < F(1)$。这同样意味着在平台收益保持不变的情况下，平台利润随着联合平台数量的增加而增大。又由命题2-1和命题2-2可知，当总的平台运营成本不变时，平台利润 $\Pi^{**} > \Pi^{***} > \Pi^*$。因此有 $\Pi^{**} - F(n) > \Pi^{***} - F(m) > \Pi^* - F(1)$ 成立。于是结合命题2-1和命题2-2的结论，可得到推论2-2。

推论2-2 无论是规模报酬递增还是规模报酬不变，与平台单独定价相比，平台联合定价时的交易费更低，而平台利润与社会福利均更高。

结合上述命题与推论发现，在规模报酬不变或递增的情况下，平台联合定价对平台、交易方以及社会有更加积极的正面影响。这意味着网络零售平台将会在交易费上更加倾向于联合定价。但在规模报酬递减的情况下，各网络零售平台将会在交易费上更倾向于单独定价，平台单独定价所产生的负面影响（从社会角度来看）则会被放大，社会与平台在定价策略上偏好的矛盾更加明显。也就是说，在平台选择定价策略的过程中，规模报酬起到了"锦上添花"（正面）或"火上加油"（负面）的作用。从社会角度看，平台联合定价更优，规模报酬递增则增强了这种正面影响；平台单独定价对社会福利最大化不利，而规模报酬递减则加深了这种负面影响。在实际运营过程中，社会应努力为平台企业提供良好的运营环境，制定相关制度与规则来协调平台间的合作，避免在合作过程中使平台间产生过高的运营成本。

在上述基本模型与结论的基础上，考虑网络零售平台收费方式、交易双方支付费用的价格结构发生变化和存在单平台拥有多种品类价格优势产品的情况时，关于网络零售平台联合定价的相关结论是否仍然成立，这些问题将在模型扩展部分给出求解与分析。

2.4 模型扩展

2.4.1 收费方式变化时

前面的分析中考虑了供应链各平台的收费方式为平台收取单一交易费的情况。实际运营过程中，各平台还可能采取会员费（如年费等）收费方式或会员费加交易费的两部制收费方式。假设在规模报酬不变的情况下，考虑各平台采用两部制的收费方式。令 l_i 为平台 i 向卖方收取的会员费，则平台单独定价时各平台的利润表达式为 $p_i \cdot Q(P) + l_i - f_i$，平台联合定价时的利润表达式为 $P \cdot Q(P) + L(n) - F(n)$，其中 $L(n) = \sum_{i=1}^{n} l_i$。

命题 2－4 当平台采取两部制收费方式时，在均衡状态下各平台在交易费上单独定价还是联合定价不受平台会员费的影响。

证明：当平台单独定价时，通过求解式（2－12）最优化问题可得到均衡交易费：

$$\text{Max}_{p_i} p_i \cdot Q(P) + l_i - f_i \qquad (2-12)$$

当平台联合定价时，通过求解下面式（2－13）最优化问题可得到均衡交易费：

$$\text{Max}_P P \cdot Q(P) + L(n) - F(n) \tag{2-13}$$

因为 $L(n) = \sum_{i=1}^{n} l_i$，所以上述利润求解问题可以转化为前面讨论的规模报酬不同情况下的利润求解问题。于是，在均衡状态下各平台在交易费上单独定价还是联合定价不受会员费的影响，即 2.3 节中关于平台联合定价的相关结论仍具有稳健性。但平台收取过高会员费的行为可能会使平台 i 上产品利润小于零（$c_i + p_i - l_i/Q \leq 0$）的卖方放弃入驻平台 i。

命题 2-4 表明，网络零售平台收取会员费会增加平台进入门槛，淘汰规模较小、资金实力较弱的企业（Bernheim & Whinston，1998，Caillaud & Jullien，2003）。以天猫商城为例，其收取的高昂年费仅在入驻商户销售额达到规定数额时才会进行部分或全部返回。这就意味着天猫采用的会员费政策可能产生诸如大企业越大、小企业越小甚至被淘汰的"马太效应"。同时，无论是规模较大还是规模较小的企业入驻平台后，均会有转嫁入驻平台成本给买方的动机。而这推高了产品的价格，损害了消费者剩余，显然不利于社会福利的提高。在实际运营过程中，平台采取两部制收费时，不可因为平台拥有高流量而过度提高会员入驻门槛。平台会员费可以在一定程度上激励卖方提供更加优质的产品和服务，但是过于高昂的会员费会让一些小企业卖家没有能力进驻平台。

2.4.2 价格结构变化时

当今，线下各种如房产、婚姻、家政等中介机构在经营过程中，同时向交易双方收取会员费或交易费的现象较为普遍；网络平台经营过程中，信息产品平台已开始从下游免费策略过渡到下游部分收费甚至全面收费策略（潘见独等，2020）。随着互联网经济进一步扩宽，在摆脱空间、时间等限制的线上交易中，网络零售平台向交易双方收取费用的情况也将逐渐被消费者接受（桂云苗等，2019）。假设在规模报酬不变的情况下，考虑网络零售平台向买卖双方均收取交易费的情况。为方便分析，不妨假定有两个网络零售平台（n=2）。其中平台 $i(i=1,2)$ 向买方 A 和卖方 B 收取的交易费分别为 p_{iA} 和 p_{iB}（见图 2-2），上标"－"表示平台单独定价时的均衡结果，上标"～"表示平台联合定价时的均衡结果。

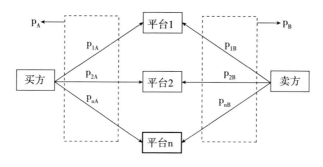

图 2 - 2   双方收费结构

各平台在买方和卖方的交易费上均单独定价时，通过求解式（2 - 14）得到平台 i 利润最优化：

$$\text{Max}_{p_{iA}, p_{iB}} (p_{iA} + p_{iB}) Q(P) - f_i \qquad (2 - 14)$$

其中，$P = p_{1A} + p_{1B} + p_{2A} + p_{2B}$ 为买卖双方所支付的交易费总和。

根据式（2 - 14）所满足的一阶条件，可得到均衡交易费 $\bar{P}$ 满足：

$$Q(\bar{P}) + (\bar{p}_{iA} + \bar{p}_{iB}) \frac{\partial Q(\bar{P})}{\partial \bar{p}_{iA}} = Q(\bar{P}) + (\bar{p}_{iA} + \bar{p}_{iB}) \frac{\partial Q(\bar{P})}{\partial \bar{p}_{iB}} = 0$$

$$(2 - 15)$$

接下来分析平台在买方和卖方所支付的交易费上分别联合定价时的情况。平台利润最优化问题通过求解式（2 - 16）得到：

$$\text{Max}_{P_A, P_B} (P_A + P_B) Q(P) - F(2) \qquad (2 - 16)$$

其中，$P = P_A + P_B$，P_A 是平台向买方收取的联合交易费，P_B 是平台向卖方收取的联合交易费。同样根据式（2 - 16）所满足的一阶条件，可得到平台在买方和卖方分别联合定价时均衡交易费 $\tilde{P}$ 满足：

$$Q(\tilde{P}) + (\tilde{P}_A + \tilde{P}_B) \frac{\partial Q(\tilde{P})}{\partial \tilde{P}_A} = Q(\tilde{P}) + (\tilde{P}_A + \tilde{P}_B) \frac{\partial Q(\tilde{P})}{\partial \tilde{P}_B} = 0$$

$$(2 - 17)$$

命题 2 - 5   当平台采用双边收费结构时，平台对买卖双方分别联合定价时的均衡交易费低于单独定价时的情况；同时平台联合定价时平台的利润更高，社会福利更优。

证明：在规模报酬不变的情况下，比较双边收费时平台单独定价及平台对买方和卖方分别联合定价时均衡交易费的大小。其中，取 $P_{A^\circ} = p_{1A} + p_{2A}$，$P_{B^\circ} = p_{1B} + p_{2B}$，即平台单独定价时买方和卖方支付的交易费等于单个平台对买方和卖方的交易费之和。考虑在对称均衡下，有 $\dfrac{\partial Q(P)}{\partial p_{iA}} = \dfrac{\partial Q(P)}{\partial p_{iB}}$。

又有 $\dfrac{\partial Q(P)}{\partial P_{A^\circ}} = \dfrac{\partial Q(P)}{\partial p_{1A}} = \dfrac{\partial Q(P)}{\partial p_{2A}}$ 及 $\dfrac{\partial Q(P)}{\partial P_{B^\circ}} = \dfrac{\partial Q(P)}{\partial p_{2B}} = \dfrac{\partial Q(P)}{\partial p_{1B}}$ 成立。于是由各平台单独定价时利润最大化所满足的一阶条件式（2-15）累加可得到 $2Q(\bar{P}) + (\bar{P}_{A^\circ} + \bar{P}_{B^\circ})\left(\dfrac{\partial Q(\bar{P})}{\partial \bar{P}_{A^\circ}} + \dfrac{\partial Q(\bar{P})}{\partial \bar{P}_{B^\circ}}\right) = -2Q(\bar{P}) < 0$。而由式（2-17）可知，平台在买方和卖方分别联合定价利润最大时的极值点需满足 $2Q(\tilde{P}) + (\tilde{P}_A + \tilde{P}_B)\left(\dfrac{\partial Q(\tilde{P})}{\partial \tilde{P}_A} + \dfrac{\partial Q(\tilde{P})}{\partial \tilde{P}_B}\right) = 0$。这就意味着如果取 $P > \tilde{P}$，则一阶条件 $2Q(P) + (P_A + P_B)\left(\dfrac{\partial Q(P)}{\partial P_A} + \dfrac{\partial Q(P)}{\partial P_B}\right) < 0$。由于 $2Q(\bar{P}) + (\bar{P}_{A^\circ} + \bar{P}_{B^\circ})\left(\dfrac{\partial Q(\bar{P})}{\partial \bar{P}_{A^\circ}} + \dfrac{\partial Q(\bar{P})}{\partial \bar{P}_{B^\circ}}\right) < 0$，因此可以得到 $\bar{P} > \tilde{P}$，即在双边收费的情况下，平台单独定价时的交易费高于平台对买方和卖方分别联合定价时的情况，同时联合定价时平台的利润更高，社会福利更优。

命题 2-5 表明，平台即便向买卖双方均收取交易费，关于联合定价时总的交易费更低、平台利润更大、社会福利更优的结论也不会发生变化。事实上，还容易证明在平台联合定价下，无论平台是采取单边收费还是双边收费，其最优总交易费相同。说明了即便在双边收费的情况下，2.3 节中关于联合定价的相关结论仍具有极强的稳健性。在实际运营中，平台在实施双边收费策略时，往往会削弱买方的购买意愿，可以考虑联合定价的方式，通过收取较低的交易费用，吸引更多买卖双方开展产品交易，从而增加平台利润。

2.4.3 单平台销售多品类产品时

为便于分析，在前面分析中假设了买方需分别从 n 个平台来购买 n 种品类产品的情况。现实中，同样存在单个平台拥有多种具有价格优势的产品的情况。在规模报酬不变的情况下，考虑买方一次完整购买过程的产品组成所需产品品类数量为 $j(j=1,2,3)$，即由 3 种产品构成。其中，平台数量设为 2 个（$n=2$），分别为平台 1 和平台 2；卖方在平台 1 销售单品类产品（$j=1$），在平台 2 销售两种品类产品的情况（$j=2,3$），上标"$\wedge$"表示平台单独定价时的最优决策结果，上标"·"表示平台联合定价时的最优决策结果，其中，$\dot{P}$ 表示平台联合定价时的均衡交易费用。

若两个平台单独定价，则对于平台 1 而言，其利润最大化时需解决的最优化问题为：

$$\text{Max}_{p_1} \, p_1 Q(P) - f_1 \tag{2-18}$$

上述问题得到均衡交易费 $\hat{p}_1$ 时，需满足的一阶条件为：

$$Q(\hat{P}) + \hat{p}_1 \frac{\partial Q(\hat{P})}{\partial \hat{p}_1} = 0 \tag{2-19}$$

而对于平台 2 而言，其通过选择交易费 p_2 和 p_3 以最大化平台利润：

$$\text{Max}_{p_2, p_3} (p_2 + p_3) Q(P) - f_2 \tag{2-20}$$

求解式（2-20）的最优化问题，需满足的一阶条件为：

$$Q(\hat{P}) + (\hat{p}_2 + \hat{p}_3) \frac{\partial Q(\hat{P})}{\partial \hat{p}_2} = Q(\hat{P}) + (\hat{p}_2 + \hat{p}_3) \frac{\partial Q(\hat{P})}{\partial \hat{p}_3} = 0 \tag{2-21}$$

两家平台在交易费上单独定价时，总的均衡交易费 $\hat{P} = \hat{p}_1 + \hat{p}_2 + \hat{p}_3$。

若两家平台在卖方支付交易费上联合定价，则两平台需解决的最优化问题为：

$$\text{Max}_P \, PQ(P) - F(2) \tag{2-22}$$

其中，$F(2)$ 为两个平台联合定价时的平台运营成本，均衡交易费 $\dot{P}$ 满足 $Q(\dot{P}) + \dot{P} \frac{\partial Q(\dot{P})}{\partial \dot{P}} = 0$。

命题 2-6 当单平台销售多种品类产品时，相比平台单独定价，联合定价下的均衡交易费用更低，平台利润更大，社会福利更优。

证明：解式（2-22）所得到的最优交易费 $\dot{P}$ 需满足 $Q(\dot{P}) + \dot{P} \frac{\partial Q(\dot{P})}{\partial \dot{P}} = 0$。同时有 $P < \dot{P}$ 时，$Q(\dot{P}) + \dot{P} \frac{\partial Q(\dot{P})}{\partial \dot{P}} > 0$；$P > \dot{P}$ 时，

$Q(\dot{P}) + \dot{P}\ \dfrac{\partial Q(\dot{P})}{\partial \dot{P}} < 0$ 成立。在对称均衡下，由式（2 - 21）可得到

$\dfrac{\partial Q(\hat{P})}{\partial \hat{p}_2} = \dfrac{\partial Q(\hat{P})}{\partial \hat{p}_3}$，又 $\hat{P} = \hat{p}_1 + \hat{p}_2 + \hat{p}_3$。于是结合式（2 - 19）和式（2 - 21），

可得到 $Q(\hat{P}) + \hat{P}\ \dfrac{\partial Q(\hat{P})}{\partial \hat{P}} = -Q(\hat{P}) < 0$，从而可得 $\hat{P} > \dot{P}$，由于 $\dot{P}$ 为平台联合定价利润最大化时的极大值点，因此得到在单平台销售多种品类产品时，平台联合定价策略下的均衡交易费更低、平台利润更大及社会福利更优的结论。

命题 2 - 6 表明，在实际运营过程中，有能力提供多种品类产品的平台应积极与其他平台联合定价，即使降低了平台的交易费用，仍然可以给平台带来较高的利润。能力较小的平台也应该积极寻求与能力较强的平台合作，通过平台联合定价，努力提高自己的利润。

2.5 数值仿真

由于规模报酬递增与不变时结论较为明确，因此本节以规模报酬递减的情况为例，对不同情况下多平台多品类定价策略进行数值仿真。不妨假定供应链系统内平台数量 $n \in [2, 10]$，令 $(\Pi^*, \Pi^{***}, \Pi^{**}) = (1, 2, 3)$。结合命题 2 - 3 得到初始联合定价平台数量的临界值 m^* 和联合定价的运营成本"加速度" ΔF 与平台数量 n 的关系如图 2 - 3 和图 2 - 4 所示。

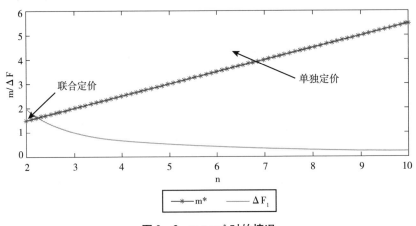

图 2 - 3　$m \geqslant m^*$ 时的情况

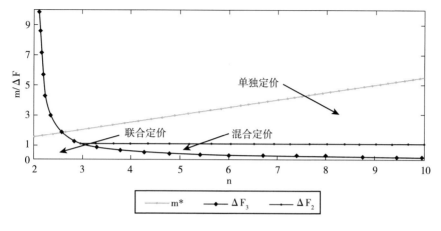

图 2 – 4　m < m* 时的情况

由图 2 – 3 和图 2 – 4 可知，初始联合定价平台数量的临界值 m* 随着供应链系统中平台数量的增加而增大。如图 2 – 3 所示，随着系统内平台数量 n 的增加，联合定价的空间在不断被压缩。这是因为初始联合定价平台数量的临界值 m* 在不断提高，而联合定价的运营成本"加速度"临界值 ΔF_1 在快速降低。易得到，在初始参与联合定价的平台数量较大（如 m ≥ 1.618）的前提下，只有当平台数量 n ≤ 2.236 时，才存在联合定价的可能性（实际上，若平台数量为整数，则联合定价的条件为 m = n = 2，ΔF < 2）。否则，在联合运营效率下降的情况下，各平台单独定价最优。

如图 2 – 4 所示，在平台数量 n ≤ 10 时，初始参与联合定价的平台数量 m ≤ 5.5 时，联合运营效率 ΔF 的高低决定了系统内平台关于品类的定价行为。表 2 – 2 给出了不同定价策略实施的条件。

表 2 – 2　　　　　　　**m < m* 时不同定价策略的实施条件**

名称	m = 2	m = 3	m = 4	m = 5
ΔF_2	1	1/2	1/3	1/4
ΔF_3	1/8	1/7	1/6	1/5
联合定价	0 < ΔF < 1/8	0 < ΔF < 1/7	0 < ΔF < 1/6	0 < ΔF < 1/5
混合定价	1/8 ≤ ΔF < 1	1/7 ≤ ΔF < 1/2	1/6 ≤ ΔF < 1/3	1/5 ≤ ΔF < 1/4
单独定价	ΔF ≥ 1	ΔF ≥ 1/2	ΔF ≥ 1/3	ΔF ≥ 1/4

结合图 2 – 4 和表 2 – 2 可知，当系统内平台数量给定，且初始参与联

合定价的平台数量较少时，随着反映联合运营效率 ΔF 的增加，多平台多品类的定价模式呈现从联合定价、混合定价到单独定价的趋势。

2.6 本章小结

在平台供应链中，即便卖方价格竞争充分，各网络零售平台在交易费上的单独定价，可能导致买方多平台购买产品的需求无法满足以及卖方多平台入驻的愿望难以实现。本章利用双边市场理论、寡头垄断理论以及博弈论，在不同规模报酬下对网络零售平台的定价策略进行了详细而深入的分析。研究结果表明：首先，网络零售平台之间在交易费上是否联合定价，主要取决于规模报酬和初始参与联合定价的平台数量。当规模报酬递减时，若初始参与联合定价的平台数量较小，则随着平台运营成本"加速度"的增大，平台的定价模式从全部联合定价、混合定价转为单独定价；若初始参与联合定价的平台数量超过临界值，则当平台运营成本"加速度"较小时，所有平台参与联合定价；当平台运营成本"加速度"较大时，所有平台将在交易费上单独定价。而对于规模报酬不变或递增的情况，平台在交易费上采取联合定价策略时平台利润最优。其次，平台在联合定价时更低的交易费和更高的平台利润，在提高了消费者剩余的同时，还改善了社会福利。最后，当规模报酬不变时，在两部制收费方式、双边收费价格结构以及单平台销售多品类产品的情况下，平台联合定价对于平台、用户以及社会而言，总是最优的结论并不发生变化。特别地，规模报酬递减的情况下，平台运营成本随着联合定价平台数量的增加而大幅度提高，这时联合定价从消费者剩余的角度仍然最优，但是从平台利润考虑时，平台偏好在交易费上采取单独定价策略。

本章的研究还有助于改善网络零售平台特别是规模较小的平台型企业的竞争态势。早期进入的网络零售平台，由于高知名度、高流量以及平台所特有的内部网络外部性和交叉网络外部性所导致的用户锁定或消费者惯性，使其他后进入的平台型企业难以与之竞争。因此对于后进入的、规模较小的网络零售平台而言，如何在保证自身盈利的情况下吸引更多的卖方

平台供应链企业交易机制和服务支撑研究

入驻成为关键。而这些小平台在交易费上的联合定价则有助于解决这一问题。平台联合定价时交易费更低，这吸引了更多的卖方入驻平台以及跨平台入驻。与此同时，更多的卖方又吸引了更多的买方参与，进而促进交易量的提升，最终提高了平台的利润。因此，在改善运营效率的基础上，小平台的联合定价成为其提高竞争力，与大平台竞争的有效手段。

本章研究结论对政府相关政策的制定也具有参考价值。类似于银行卡产业中价格集中协调的机制，网络零售平台在交易费上的联合定价并不会造成像单边市场上企业串谋所引发的垄断问题的出现。而本章研究的结论也给予了佐证。因此，在政策允许的前提下，为了提高网络零售平台运营效率，政府可以适当鼓励网络零售平台这种增加"兼容性"的定价行为。

本章研究结论的现实意义和创新性非常明显，同时，研究仍然存在不足和进一步拓展的空间。首先，本章在对买方跨平台多品类产品购买需求的处理上，隐含假定消费者所购买的产品具有互补特性。事实上，若消费者所购买的产品具有相互替代或不相关的特征，此时的需求函数以及利润函数如何构建、所得到的结论是否仍具稳健性值得考虑。其次，在现实中，许多网络零售平台为吸引交易双方的注册和入驻，不惜以短期亏损的形式培养用户习惯。这就意味着以多期来考察平台定价对平台利润的影响可能更合适。最后，电商自营、自营＋联营混合模式的出现，对仅采用联营模式的网络零售平台定价策略以及运营情况产生的影响也值得关注与研究。

第3章

平台供应链网络外部性与消费者双重偏好的企业运营策略

3.1 引言

随着环保意识的提高，消费者在平台上购买产品时往往会考虑产品的环保特性。基于消费者对产品质量和环境友好的双重偏好特征，构建了平台供应链下不同废旧产品回收渠道策略中新产品和再制造产品具有网络外部性的新型闭环供应链。本章讨论了平台供应链中废旧产品回收渠道策略和网络外部性对公司最佳决策的影响。通过建立 Stackelberg 博弈模型，分析发现，平台供应链中新产品和再制造产品的零售价格不受网络外部性和回收渠道策略的影响，即使再制造产品的批发价格在网络外部性的影响下上涨。市场对具有网络外部性和无网络外部性的新产品和再制造产品的需求变化趋势是不同的。当再制造产品的成本在一定范围内，网络外部性的存在使市场对新产品和再制造产品的需求同时增加。本章研究发现，即使在平台供应链中产品具有正的网络外部性，增加了消费者的效用，但当再制造产品的成本超出一定范围时，产品没有网络外部性时公司的利润将高于产品具有网络外部性时的利润。

当今，许多公司试图开发平台供应链下再制造和翻新产品以支持自然环境的可持续发展（Cannella et al.，2021）。

例如，在2017年苹果公司高调宣布，其未来的所有产品都将由可回收材料制成。2021年苹果宣布，它的目标是未来其所有的产品和包装将只使用可回收和可再生材料。政府和公司不断推广环保和绿色产品（Krug et al.，2021；Zhu et al.，2017）。越来越多的消费者也意识到环境问题的严重性（Zhao et al.，2019；Özçelik et al.，2021；Yu et al.，2016）。环保意识高的消费者会关注产品对环境的影响，为绿色产品支付更高的价格（Sun et al.，2018；Li et al.，2019）。由于消费者收入水平和环保意识的差异，一个平台企业的质量差异化产品战略可以满足更多消费者的需求，从而增加市场份额和利润（Wang et al.，2020；Katz et al.，1985）。由于再制造产品具有更多的价格优势，因此可以帮助企业在市场上快速扩张。可以通过平台新产品的宣传和营销策略来改善消费者对再制造产品的看法，以促进销售。例如，为了获得更大的市场份额和利润，苹果正在积极探索再制造手机和笔记本电脑的市场。苹果同时在它的官方平台上销售新产品和再制造产品，从而满足不同需求的消费者。越来越多的消费者在购买产品时同时考虑产品的质量和环保属性。在销售过程中，它们还受到产品网络外部性的影响。

随着电子商务的快速发展和基于社区的网络营销平台和论坛的兴起，网络外部性对传统产品的销售变得非常重要。网络外部性是网络经济不同于传统经济理论的典型特征，传统经济理论本质上是网络规模增加过程中的一种需求侧规模经济。1985年，卡茨和夏皮罗（Katz & Shapiro）表明，具有网络外部性的产品是其效用随着购买它的消费者数量的增加而增加的产品。这意味着消费者的购买决策不仅受到产品本身价值的影响，还受到平台中用户产品规模和网络外部性强度构成的网络价值的影响（Prasad et al.，2010）。高科技产品往往具有很强的网络外部性（Long et al.，2019）。例如，苹果线上社区的建立让苹果的粉丝能够分享他们的经验和遇到问题的解决方案。因此，随着购买苹果产品并加入社区的消费者数量的增加，他们获得的效用就越高。同样，三星、华为和小米等也建立了线上社区以扩大产品的网络外部性。

基于这些观察，本章考虑以下问题：（1）平台供应链中不同的回收渠道如何影响公司新产品和再制造产品的决策？（2）考虑到网络经济的快速发展，平台企业是否应该继续放大其产品的网络外部性？（3）当平台消费者同时考虑产品质量和环境友好性时，产品网络外部性如何影响公司的决策？

本章中解决这些问题，通过构建一个新颖的闭环供应链，用于平台中具有不同回收渠道策略的新产品和再制造产品，其中新产品和再制造产品都具有网络外部性。消费者对产品质量属性和环境友好属性有双重偏好。然后，研究了回收渠道策略和产品网络外部性对供应链中品牌商和第三方制造商均衡决策的影响。

研究结果表明：（1）平台供应链中新产品和再制造产品的零售价格不受网络外部性和回收渠道策略变化的影响。（2）当平台产品具有网络外部性或没有网络外部性时，市场对新产品和再制造产品的需求变化趋势是不同的。（3）即使平台产品具有正网络外部性，增加了消费者的效用，当平台再制造产品的成本超出一定范围时，产品没有网络外部性时公司的利润将高于产品具有网络外部性时的利润。

本章研究有三个主要贡献。首先，基于成功的实际案例和先前的研究，总结了两个闭环平台供应链模型，它们同时考虑了产品质量和环境友好性属性，即直接和间接回收模型。其次，网络外部性不仅是网络经济中产品的共同特征，也是消费者购买产品的动机之一。本章通过了解公司是否应该无条件地扩大其产品的网络外部性来为文献作出贡献。最后，虽然已经研究了许多闭环平台供应链应用，但本章不仅考虑了消费者的购买决策，还讨论了消费者的购买过程对平台公司新产品和再制造产品销售决策的影响。

3.2 文献综述

收集、回收和再制造程序是闭环供应链的重要组成部分（Savaskan et al.，2004）。渠道管理，特别是废旧产品回收渠道的选择，是逆向平台供应链管理中的一个重要问题（Huang et al.，2013；Chen et al.，2021；Guide & Van，2001）。目前，已有众多学者研究了平台供应链中废旧产品的回收渠道。吉德和凡·沃森霍夫（Guide & Van Wassenhove，2001）提出了产品回收管理的概念，定性分析了如何管理平台回收产品质量的不确定性，并进行了经济价值分析。萨瓦斯坎等（Savaskan et al.，2004）与萨瓦斯坎和凡·沃森霍夫（Savaskan & Van Wassenhove，2006）在三种废旧产品回收渠道模式的基础上，进一步研究了供应链中制造商最佳回收渠道选择与回收成本函数之间的关系。郑等（Zheng et al.，2018）分析了产品再制造、渠道竞争和渠道入侵等复杂关系的两级供应链体系，并进一步研究了平台供应链中制造商回收和零售商回收两种模式下制造商的渠道入侵决策策略及其对零售商、供应链体系和消费者剩余的影响。李等（Li et al.，2021）探讨了回收商损失厌恶和消费者议价能力双重影响下双渠道逆向供应链的回收定价决策。当回收价格与回收竞争系数的比率较大时，由制造商、零售商和第三方回收商组成的混合回收渠道可以更好地保持平台供应链的协调性和稳定性（Guide & Van Wassenhove，2001）。近年来，互联网平台在回收废旧产品和材料方面发挥了重要作用（Li et al.，2021）。互联网技术使在线回收越来越普及，越来越多的企业逐渐采用线下和线上回收渠道模式（Huang & Liang，2021；Candogan & Drakopoulos，2020）。

随着社交网络平台的发展，产品销售出现了新的问题。网络外部性是网络经济理论的典型特征，本质上是扩大用户群过程中的规模经济（Zhang et al.，2019）。网络外部性研究正在逐步深化。

在闭环平台供应链中，平台公司从消费者那里收集二手产品，并通过再制造过程利用产品的剩余价值（Atasu et al.，2008）。二手产品作为投入，恢复到新的状态，然后转售（朱文兴等，2020；桂云苗等，2019；Meng et al.，2021）。一些研究（Chen et al.，2021；Lin & Gao，2014；Hao，2015；Ferguson & Toktay，2009）假设消费者在构建理论模型时是定性的，即消费者对平台新产品和再制造产品具有相同的认知，并且没有偏好。然而，尽管再制造具有经济和环境优势，但平台在再制造产品的转售和再销售方面仍然存在困难。客户对再制造产品有不同的看法，并表现出不同程度的支付意愿（Savaskan et al.，2004）。一些研究（Wang et al.，2014；Cao et al.，2020；Xu et al.，2017）考虑了消费者的异质性，但他们只认为消费者对新产品和再制造产品两种类型的产品有不同的支付意愿，并且通常假设为再制造产品付费的意愿较低（Liu et al.，2011），而没有同时考虑消费者的环保意识。随着环保意识的提高，许多对消费者行为的研究表明，消费者确实考虑了平台产品的低碳属性（Li et al.，2019）。他们在平台购买产品时会注意产品对环境的影响，愿意为环保产品支付一定的费用，甚至为环保产品支付更高的价格（Sun & Xiao，2018），也就是说，他们对产品的环保属性有一定的偏好（朱晓东和李薇，2021）。奥斯德米尔等（Orsdemir et al.，2014）从平台供应链中制造商、消费者和环境的角度研究了制造商生产新产品和再制造产品的质量竞争问题，指出制造商可以依靠质量和数量作为与再制造商竞争的有效战略。王和侯（Wang & Hou，2020）发现，消费者绿色偏好与产品绿色水平显性相关，有限理性的绿色供应链调整速度直接影响市场均衡。产品性能和环境友好性是闭环供应链的重要因素。陈等（Chen et al.，2016）基于产品性能和环境质量支付差异，研究消费者偏好对平台供应链决策的影响，发现消费者对产品性能的认可度与再制造产品的销量和利润呈正相关。李等（2019）基于消费者对环境保护和产品性能的双重偏好，通过构建不同销售渠道的闭环供应链模型，发现消费者对环境保护的偏好程度会受到性能认可度影响（见表 3 - 1）。

表 3 - 1 文献对比

参考文献	废旧产品回收	新产品与旧产品竞争	网络外部性	质量偏好	环境偏好
黄等（Huang et al.，2013）	√				
奥斯德米尔等（Orsdemir et al.，2014）		√			
陈等（Chen et al.，2016）	√	√		√	√
刘等（Liu et al.，2016）	√				√
易等（Yi et al.，2016）			√		
王和黑曽（Wang & Hazen，2016）				√	
刘和左（Li & Zuo，2017）	√	√			
朱等（Zhu et al.，2018）				√	√

参考文献	废旧产品回收	新产品与旧产品竞争	网络外部性	质量偏好	环境偏好
孙和肖（Sun & Xiao，2018）					√
李等（Li et al.，2019）		√		√	√
苏夫拉特（Suvrat，2019）	√				
曹等（Cao et al.，2020）	√			√	
王和侯（Wang & Hou，2020）					√
郭等（Guo et al.，2020）			√		
林（Lin.，2020）		√		√	√
陈等（Chen et al.，2021）	√				
本研究	√	√	√	√	√

综上所述，探索消费者对产品性能和环境友好性的双重偏好更接近当今社会的市场环境，特别是在闭环平台供应链领域。同时，消费者在销售过程中也会受到产品网络外部性的影响，这一点也不容忽视。现有研究中的许多研究都试图在闭环供应链的品牌商和第三方制造商的背景下解决最优选择问题。然而，在考虑消费者双重偏好的情况下，对闭环供应链成员回收渠道的选择以及网络外部性对不同回收渠道的影响缺乏研究。这些研究可以为闭环供应链的决策提供更现实、更有针对性的建议，帮助企业在市场上找到合适的经营策略。基于消费者的双重偏好，先后构建了闭环供应链直接和间接回收策略两个模型，求解和分析了网络外部性对价格和利润的影响。然后，将不同模型的结果与数值分析进行比较，并获得闭环供应链的管理启示。

3.3 问题和模型

3.3.1 问题描述

考虑了由单一品牌商和单一第三方制造商（如苹果和富士康）组成的

闭环供应链。前者不承担生产，而是将新产品和再制造产品的制造外包给后者，并支付相应的批发价格。品牌商在市场上同时销售新产品和再制造产品。品牌商销售的两种产品之间存在价格差异。例如，苹果将新产品和再制造产品的生产外包给富士康，并在网站平台上同时销售新的和再制造的 iPhone、iPad 和 MacBook。消费者具有双重偏好特征，即在购买过程中同时考虑质量属性和环境友好属性。消费者也受到产品网络外部性的影响。网络外部性对消费者效用有积极影响，即消费效用随着购买产品的消费者数量的增加而增加。

在废旧产品回收阶段，有两种回收渠道策略：直接和间接回收，其具体结构分别如图 3-1 和图 3-2 所示。在直接回收渠道策略中，第三方制造商直接从消费者手中回收废旧产品用于再制造；在间接回收渠道策略中，品牌商支付单位回收价格，从消费者那里回收废旧产品并将其转售给第三方制造商。例如，苹果公司直接通过其网站平台上的"苹果以旧换新"计划回收其废旧产品，并将其转售给富士康进行再制造。第三方制造商和品牌商分别通过决定其批发和零售价格来追求利润最大化。

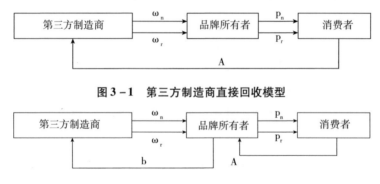

图 3-1　第三方制造商直接回收模型

图 3-2　第三方制造商间接回收模型

3.3.2　假设说明

本章研究过程中做出了以下假设：

（1）消费者最多在平台上购买一种新产品或再制造产品，品牌商和第三方制造商是风险中立的，他们之间信息完全对称。

（2）平台消费者对新产品的质量感知高于再制造产品。在产品质量属性方面，ν 表示新产品的质量感知，其中 $\nu \in [0,1]$，δ 是消费者对再制造产品质量的接受程度，其中 $\delta \in [0,1]$。那么，再制造产品的质量感知为 $\delta\nu$。

（3）平台中的新产品和再制造产品在生产和使用过程中具有不同的环保属性。康拉德（Conrad，2005）指出，不同的产品具有不同的环保属性。班萨尔和刚戈帕迪亚（Bansal & Gangopadhyay，2003）假设产品的初始环境污染为 D 和采用清洁技术将污染减少到 D - e。在这两项研究之后，假设第三方制造商生产的单位产品的初始环境影响为 1。经过材料和技术加工后，新产品和再制造产品将分别具有 e_n 和 e_r 的环境友好性，其中 e_n，$e_r \in [0,1]$ 和 $e_n < e_r$。

（4）消费者对平台中新产品和再制造产品的网络外部性优势的看法没有差异。消费者的购买行为会受到平台上其他消费者行为的影响。网络外部性将与消费者效用呈正相关，即消费者购买的产品越多，其效用就越高。消费者效用与同时购买该产品的其他消费者的数量有关，$q_k[k \in (n, r)]$。消费者对同一品牌产品的网络外部性优势的感知没有差异，即网络效应强度为 γ，其中 $\gamma \in [0,1]$。新产品通过网络外部性增加的消费者效用可以表示为 $\gamma\nu q_n$，再制造产品为 $\gamma\delta\nu q_r$（Zhou et al.，2019；Baake & Boom，2001；Cheng & Liu，2012）。其他参数的说明如表 3 - 2 所示。

表 3 - 2 参数符号及说明

参数符号	参数符号说明
$i \in \{I, N\}$	I 有网络外部性；N 没有网络外部性
$j \in \{T, O\}$	T 第三方制造商回收；O 品牌回收
p_r^{ij}	类型 i 和策略 j 影响下的再制造产品零售价格
p_n^{ij}	类型 i 和策略 j 影响下的新产品零售价格
ω_r^{ij}	类型 i 和策略 j 影响下的再制造产品批发价格
ω_n^{ij}	类型 i 和策略 j 影响下的新产品批发价格
q_r^{ij}	类型 i 和策略 j 影响下的再制造产品需求
q_n^{ij}	类型 i 和策略 j 影响下的新产品需求
π_r^{ij}	类型 i 和策略 j 影响下的第三方制造商利润
π_n^{ij}	类型 i 和策略 j 影响下的品牌所有者利润
c_n	新产品的单位生产成本

参数符号	参数符号说明
c_r	再制造产品的单位生产成本
A	回收消费者的废旧产品单价
b	回收品牌商的废旧产品单价

3.3.3 需求函数

根据上述假设和林（Lin，2020）的研究方法，购买新产品和再制造产品的效用函数表达式分别为 $U_n = v + \gamma v q_n^{ij} + \theta e_n - p_n^{ij}$ 和 $U_r = \delta v + \gamma \delta v q_r^{ij} + \theta e_r - p_r^{ij}$，其中 $p_n^{ij} < v$，$p_r^{ij} < \delta v$。$\gamma v q_n^{ij}$ 表示由产品网络外部性引起的消费者效用变化，$\gamma（\gamma \in [0，1]）$ 表示产品网络外部性的敏感程度。γ 值越高，表示消费者效用对网络外部性变化的敏感性越高。当 $0 < \gamma \leqslant 1$ 时，则产品具有网络外部性，但 $\gamma = 0$ 表示产品没有网络外部性。θe_n 表示产品环境友好性引起的消费者效用变化，$\theta（\theta \in (0,1)）$ 表示环境友好性的敏感程度。θ 值越高，表明消费者效用对环境友好性变化的敏感性越高。根据效用函数，消费者的效用与产品质量、购买者数量、环保性和零售价格有关。θe_n 和 p_n^{ij} 表示消费者对产品有双重偏好。消费者在平台购买产品时，会同时考虑产品的价格和环保性。$\gamma v q_n^{ij}$ 表示在社交网络环境中产品网络外部性对购买的影响。本章仅考虑产品内部网络外部性，不考虑交叉网络外部性。

根据消费者效用最大化的原则（Chen et al.，2016；Li & Li，2019），当 $U_n > U_r$ 和 $U_n > 0$ 时，消费者会购买平台上的新产品；当 $U_r > U_n$ 和 $U_r > 0$ 时，消费者会购买平台上的再制造产品。可以了解到，对新产品和再制造产品漠不关心的消费者位于 $\dfrac{p_n^{ij} - p_r^{ij} - (v + \gamma v q_n^{ij}) + \delta(v + \gamma v q_r^{ij})}{e_n - e_r}$，而对新产品无感且什么都不购买的消费者位于 $\dfrac{p_n^{ij} - v - \gamma v q_n^{ij}}{e_n}$（证据见附录1）。因此，具有或不具有网络外部性的新产品和再制造产品的需求函数推导如下。

平台供应链企业交易机制和服务支撑研究

当 $0 < \gamma \leqslant 1$，即网络外部性存在时，平台新产品和再制造产品的各自需求函数为：

$$q_n^{Ij} = \frac{\gamma\delta\nu^2 + \delta\nu e_n + \gamma\delta\nu e_n - \nu e_r - \gamma\delta\nu p_n^{Ij} + e_r p_n^{Ij} - e_n p_r^{Ij}}{-\gamma^2\delta\nu^2 + \gamma\delta\nu e_n + e_n^2 + \gamma\nu e_r - e_n e_r} \qquad (3-1)$$

$$q_r^{Ij} = \frac{\gamma\delta\nu^2 + \nu e_n - \delta\nu e_n + e_n^2 + \gamma\nu e_r - e_n e_r - e_n p_n^{Ij} - \gamma\nu p_r^{Ij} + e_n p_r^{Ij}}{-\gamma^2\delta\nu^2 + \gamma\delta\nu e_n + e_n^2 + \gamma\nu e_r - e_n e_r} \qquad (3-2)$$

当 $\gamma = 0$，即不存在网络外部性时，平台新产品和再制造产品的各自需求函数为：

$$q_n^{Nj} = \frac{\delta\nu e_n - \nu e_r + e_r p_n^{Nj} - e_n p_r^{Nj}}{e_n(e_n - e_r)} \qquad (3-3)$$

$$q_r^{Nj} = \frac{\nu - \delta\nu + e_n - e_r - p_n^{Nj} + p_r^{Nj}}{e_n - e_r} \qquad (3-4)$$

3.4 模型

考虑到平台中产品的网络外部性，本节建立了四种策略组合，即具有网络外部性的直接回收策略，没有网络外部性的直接回收策略，具有网络外部性的间接回收策略，以及没有网络外部性的间接回收策略。这里讨论了平台供应链中品牌商和第三方制造商在 Stackelberg 博弈中的最佳决策。第三方制造商确定新产品和再制造产品的批发价格，而品牌商则相应地设定零售价。不同的废旧产品回收渠道策略引入了具有或不具有网络外部性的产品。

3.4.1 第三方制造商直接回收渠道策略

平台供应链中的第三方制造商通过向消费者支付单位回收价格 A，直接回收废旧产品进行再制造，并向品牌商销售新产品和再制造产品。然后，品牌商将这两种产品出售给消费者。因此，品牌商和第三方制造商各自的利润函数是：

$$\pi_n^{iT} = (p_n^{iT} - \omega_n^{iT})q_n^{iT} + (p_r^{iT} - \omega_r^{iT})q_r^{iT} \tag{3-5}$$

$$\pi_r^{iT} = (\omega_n^{iT} - c_n)q_n^{iT} + (\omega_r^{iT} - c_r - A)q_r^{iT} \tag{3-6}$$

3.4.1.1 具有网络外部性的直接回收渠道策略

由式(3-1)和式(3-2)，将相应的需求函数 $q_n^{iT} = \dfrac{\gamma\delta\nu^2 + \delta\nu e_n + \gamma\delta\nu e_n - \nu e_r - \gamma\delta\nu p_n^{IT} + e_r p_n^{IT} - e_n p_r^{IT}}{-\gamma^2\delta\nu^2 + \gamma\delta\nu e_n + e_n^2 + \gamma\nu e_r - e_n e_r}$

和 $q_r^{IT} = \dfrac{\gamma\delta\nu^2 + \nu e_n - \delta\nu e_n + e_n^2 + \gamma\nu e_r - e_n e_r - e_n p_n^{IT} - \gamma\nu p_r^{IT} + e_n p_r^{IT}}{-\gamma^2\delta\nu^2 + \gamma\delta\nu e_n + e_n^2 + \gamma\nu e_r - e_n e_r}$ 带入目标函数，通过逆向归纳得到

均衡解。计算表明，当 $\gamma^2\delta\nu^2 - \gamma\delta\nu e_n - e_n^2 - \gamma\nu e_r + e_n e_r > 0$ 时，建立了二阶函数海塞矩阵的确定负条件，得到了品牌商和第三方制造商的最大值。最佳决策如下：详细计算结果如附录2所示。

$$\omega_n^{IT} = \frac{1}{2}(\nu + c_n + e_n) \tag{3-7}$$

$$\omega_r^{IT} = \frac{1}{2}(A + \delta\nu + c_r + e_r) \tag{3-8}$$

$$p_n^{IT} = \frac{1}{4}(3\nu + c_n + 3e_n) \tag{3-9}$$

$$p_r^{IT} = \frac{1}{4}(A + 3\delta\nu + c_r + 3e_r) \tag{3-10}$$

3.4.1.2 没有网络外部性的直接回收渠道策略

由式 (3-3) 和式 (3-4)，将 $q_n^{NT} = \dfrac{\delta\nu e_n - \nu e_r + e_r p_n^{NT} - e_n p_r^{NT}}{e_n(e_n - e_r)}$ 和 $q_r^{NT} = \dfrac{\nu - \delta\nu + e_n - e_r - p_n^{NT} + p_r^{NT}}{e_n - e_r}$ 带入目标函数，并通过逆向归纳获得平台供应链中品牌商和第三方制造商的最优决策；详细计算结果如附录2-2所示。

$$\omega_n^{NT} = \frac{1}{2}(\nu + c_n + e_n) \tag{3-11}$$

$$\omega_r^{NT} = \frac{1}{2}(A + \delta\nu + c_r + e_r) \tag{3-12}$$

$$p_n^{NT} = \frac{1}{4}(3\nu + c_n + 3e_n) \tag{3-13}$$

$$p_r^{NT} = \frac{1}{4}(A + 3\delta\nu + c_r + 3e_r) \tag{3-14}$$

3.4.2　第三方制造商间接回收渠道策略

在平台供应链中，品牌商支付单位回收价格 A 回收消费者的废旧产品，并以价格 b 转售给第三方制造商。第三方制造商生产和销售新产品和再制造产品给品牌商。然后，品牌商将这两种产品出售给市场上的消费者。因此，品牌商和第三方制造商各自的利润函数是：

$$\pi_n^{iO} = (p_n^{iO} - \omega_n^{iO})q_n^{iO} + (p_r^{iO} - \omega_r^{iO} - A + b)q_r^{iO} \tag{3-15}$$
$$\pi_r^{iO} = (\omega_n^{iO} - c_n)q_n^{iO} + (\omega_r^{iO} - c_r - b)q_r^{iO} \tag{3-16}$$

3.4.2.1　具有网络外部性的间接回收渠道策略

由式(3-1)和式(3-2)，将需求函数 $q_n^{IO} = \dfrac{\gamma\delta\nu^2 + \delta\nu e_n + \gamma\delta\nu e_n - \nu e_r - \gamma\delta\nu p_n^{IO} + e_r p_n^{IO} - e_n p_r^{IO}}{-\gamma^2\delta\nu^2 + \gamma\delta\nu e_n + e_n^2 + \gamma\nu e_r - e_n e_r}$

和 $q_r^{IO} = \dfrac{\gamma\delta\nu^2 + \nu e_n - \delta\nu e_n + e_n^2 + \gamma\nu e_r - e_n e_r - e_n p_n^{IO} - \gamma\nu p_r^{IO} + e_n p_r^{IO}}{-\gamma^2\delta\nu^2 + \gamma\delta\nu e_n + e_n^2 + \gamma\nu e_r - e_n e_r}$ 带入目标函数，通过逆向归纳得

到均衡解。当 $\gamma^2\delta\nu^2 - \gamma\delta\nu e_n - e_n^2 - \gamma\nu e_r + e_n e_r > 0$ 时，建立海塞矩阵的确定负条件，从而获得平台供应链中品牌商和第三方制造商的最优决策；详细计算结果如附录 2-3 所示。

$$\omega_n^{IO} = \frac{1}{2}(\nu + c_n + e_n) \tag{3-17}$$

$$\omega_r^{IO} = \frac{1}{2}(-A + 2b + \delta\nu + c_r + e_r) \tag{3-18}$$

$$p_n^{IO} = \frac{1}{4}(3\nu + c_n + 3e_n) \tag{3-19}$$

$$p_r^{IO} = \frac{1}{4}(A + 3\delta\nu + c_r + 3e_r) \tag{3-20}$$

3.4.2.2 没有网络外部性的间接回收渠道策略

由式（3-3）和式（3-4），将相应的需求函数 $q_n^{NO} = \dfrac{\delta v e_n - v e_r + e_r p_n^{NO} - e_n p_r^{NO}}{e_n(e_n - e_r)}$

和 $q_r^{NO} = \dfrac{v - \delta v + e_n - e_r - p_n^{NO} + p_r^{NO}}{e_n - e_r}$ 带入目标函数，通过逆向归纳得到均衡

解。获得平台供应链中品牌商和第三方制造商的最佳决策；详细计算结果
如附录2-4所示。

$$\omega_n^{NO} = \frac{1}{2}(v + c_n + e_n) \tag{3-21}$$

$$\omega_r^{NO} = \frac{1}{2}(-A + 2b + \delta v + c_r + e_r) \tag{3-22}$$

$$p_n^{NO} = \frac{1}{4}(3v + c_n + 3e_n) \tag{3-23}$$

$$p_r^{NO} = \frac{1}{4}(A + 3\delta v + c_r + 3e_r) \tag{3-24}$$

3.5 静态比较分析

3.5.1 理论分析

命题3-1 平台供应链中新产品的批发价格不受产品网络外部性和废旧
产品回收渠道策略的影响，$\omega_n^{IT} = \omega_n^{IO} = \omega_n^{NT} = \omega_n^{NO}$。当再制造产品具有网络外
部性时，其批发价格大于没有网络外部性的价格：$\omega_r^{IT} = \omega_r^{IO} > \omega_r^{NT} = \omega_r^{NO}$。

平台供应链中新产品批发价格与不同的回收渠道策略和网络外部性有
关，具体如下：$\omega_n^{IT} = \omega_n^{IO} = \omega_n^{NT} = \omega_n^{NO} = \dfrac{1}{2}(v + c_n + e_n)$。不同策略组合中再

制造产品的批发价格关系为 $\omega_r^{IT} = \omega_r^{IO} = \dfrac{1}{2}(-A + 2b + \delta v + c_r + e_r)$ 和 $\omega_r^{NT} =$

$\omega_r^{NO} = \dfrac{1}{2}(A + \delta v + c_r + e_r)$。通过比较 $\dfrac{1}{2}(-A + 2b + \delta v + c_r + e_r) - \dfrac{1}{2}(A +$

$\delta v + c_r + e_r) = b - A > 0$，得到 $\omega_r^{IT} = \omega_r^{IO} > \omega_r^{NT} = \omega_r^{NO}$。

命题 3-1 指出，平台供应链中新产品的批发价格与产品质量水平、新产品的生产成本和环境友好性有关，与产品销售过程中的网络外部性和回收渠道无关。供应链中第三方制造商不会随着消费者效用的变化而改变新产品的批发价格。甚至网络外部性也会对消费者效用产生积极影响。第三方制造商不会提高批发价格以补偿回收成本。即使他必须在间接回收渠道策略中向品牌商支付高昂的单位回收价格（b > A）。因此，在不同的策略组合中，新产品的批发价格保持不变。

平台供应链中再制造产品的批发价格因网络外部性的不同而有所不同。对于具有网络外部性的再制造产品，第三方制造商决定其批发价格高于没有网络外部性的产品。平台再制造产品的网络外部性可以增加消费者的效用，从而鼓励更多的消费者购买再制造产品。随着对再制造产品需求的增加，第三方制造商将提高批发市场的批发价格。计算表明，在间接回收渠道策略中，供应链中第三方制造商为回收废旧产品支付更高的价格。但是，当确定网络外部性时，回收价格不会影响再制造产品的批发价格，如 $\omega_r^{IT} = \omega_r^{IO}$ 和 $\omega_r^{NT} = \omega_r^{NO}$。这种结果不同于通常认为平台供应链中再制造产品的批发价格受到废旧产品回收成本的影响。

实际上，产品的网络外部性可以鼓励更多的消费者了解和购买再制造产品。随着市场对再制造产品需求的增加，制造商将提高再制造产品的批发价格。但是，产品网络外部性对新产品的批发价格没有影响。

命题 3-2 平台供应链中新产品和再制造产品的均衡零售价格不受产品网络外部性和废旧产品回收渠道策略的影响：$p_n^{ij} = \dfrac{1}{4}(3v + c_n + 3e_n)$ 和 $p_r^{ij} = \dfrac{1}{4}(A + 3\delta v + c_r + 3e_r)$。

根据计算方法，比较了两种不同策略组合产品的均衡价格，得到新产品和再制造产品的均衡价格分别为 $p_n^{ij} = \dfrac{1}{4}(3v + c_n + 3e_n)$ 和 $p_r^{ij} = \dfrac{1}{4}(A + 3\delta v + c_r + 3e_r)$，其中 $i \in (I, N)$ 和 $j \in (T, O)$。当假设 $p_n^{ij} > p_r^{ij}$ 时，得到 $p_n^{ij} - p_r^{ij} = \dfrac{1}{4}(-A - 3\delta v + 3v + c_n - c_r + 3e_n - 3e_r) > 0$。

命题3-2指出，在平台供应链中，品牌商对零售价格拥有绝对的决策权，不受网络外部性或回收渠道策略的影响。根据命题3-1，即使策略组合不同，但供应链中第三方制造商为新产品设定了相同的批发价格。因此，品牌商不会因为网络外部性和回收渠道策略的变化而改变新产品的零售价格。即使消费者效用随着消费者数量的增加而增加，品牌商也不会改变零售价来增加他的边际收入。在考虑平台供应链中再制造产品的网络外部性时，第三方制造商会提高批发价格。即使边际收入变小，品牌商也将改变再制造产品的零售价格。因为消费者对再制造产品质量的认知低于新产品。如果后者的批发价格没有变化，品牌商只是提高了再制造产品的零售价。不断上涨的零售价格会削弱消费者购买再制造产品的热情，即使它们更环保。

实际上，当平台供应链中的厂家因生产成本或人工成本而提高批发价时，品牌商即使边际收入减少，也不会轻易改变零售价，尤其是在市场上存在相互关系的情况下。

命题3-3 确定平台供应链中新产品和再制造产品的网络外部性后，回收渠道策略的变化不会影响其均衡需求：$q_r^{iT} = q_r^{iO}$ 和 $q_n^{iT} = q_n^{iO}$。

当存在网络外部性时，具有不同回收渠道策略的两种产品的市场需求具有以下关系。再制造产品的均衡需求是：

$$q_r^{IT} = q_r^{IO} = \frac{-A\gamma\nu + \gamma\delta\nu^2 - \gamma\nu c_r + Ae_n + \nu e_n - \delta\nu e_n - c_n e_n + c_r e_n + e_n^2 + \gamma\nu e_r - e_n e_r}{-4(\gamma^2\delta\nu^2 - \gamma\delta\nu e_n - e_n^2 - \gamma\nu e_r + e_n e_r)}$$

$$q_r^{NT} = q_r^{NO} = \frac{A - \delta\nu + \nu - c_n + c_r + e_n - e_r}{4(e_n - e_r)}$$

新产品的均衡需求是：

$$q_n^{IT} = q_n^{IO} = \frac{\gamma\delta\nu^2 - \gamma\delta\nu c_n - Ae_n + \delta\nu e_n + \gamma\delta\nu e_n - c_r e_n - \nu e_r + c_n e_r}{-4(\gamma^2\delta\nu^2 - \gamma\delta\nu e_n - e_n^2 - \gamma\nu e_r + e_n e_r)}$$

$$q_n^{NT} = q_n^{NO} = \frac{-Ae_n + \delta\nu e_n - c_r e_n - \nu e_r + c_n e_r}{4e_n(e_n - e_r)}$$

以上公式表明，当平台产品具有网络外部性时，直接和间接回收渠道策略不会影响两种产品的需求。当平台产品没有网络外部性时，结果与具有网络外部性的结果相同。根据命题3-1和命题3-2，平台供应链中不同的回收渠道策略只会影响再制造产品的批发价格。两种产品针对不同回收渠道策略的零售价保持不变，因此市场需求保持不变。同时，无论采用何种回收渠道策略，消费者都会以相同的价格 A 转售废旧产品。消费者通过回收废旧产品获得的边际收入不会改变。相比之下，对于有或没有网络外部性的产品，消费者对两种产品的需求会有所不同。因为平台网络外部性可以提高消费者的效用，吸引更多的消费者购买产品。

实际上，消费者对废旧产品的回收渠道并不感兴趣。不同企业对废旧产品的回收不会影响消费者对产品的需求。

命题 3-4 新产品的均衡需求与再制造产品之间的关系如下：

对于具有网络外部性的产品，当 $\gamma v - 2e_n > 0$ 时：

（1）当 $c_r > \dfrac{\begin{array}{l} A\gamma v - \gamma\delta v c_n - 2Ae_n - ve_n + 2\delta ve_n + \gamma\delta ve_n + c_n e_n \\ - e_n^2 - ve_r - \gamma ve_r + c_n e_r + e_n e_r \end{array}}{-\gamma v + 2e_n}$，得到 $q_r^{Ij} < q_n^{Ij}$；

（2）当 $c_r < \dfrac{\begin{array}{l} A\gamma v - \gamma\delta v c_n - 2Ae_n - ve_n + 2\delta ve_n + \gamma\delta ve_n + c_n e_n \\ - e_n^2 - ve_r - \gamma ve_r + c_n e_r + e_n e_r \end{array}}{-\gamma v + 2e_n}$，得到 $q_r^{Ij} > q_n^{Ij}$。

对于没有网络外部性的产品：

（1）当 $c_r > \dfrac{2Ae_n + ve_n - 2\delta ve_n - c_n e_n + e_n^2 + ve_r - c_n e_r - e_n e_r}{-2e_n}$，得到 $q_r^{Nj} < q_n^{Nj}$；

（2）当 $c_r < \dfrac{2Ae_n + ve_n - 2\delta ve_n - c_n e_n + e_n^2 + ve_r - c_n e_r - e_n e_r}{-2e_n}$，得到 $q_r^{Nj} > q_n^{Nj}$。

命题 3-3 的计算表明，当两个产品都具有网络外部性时，$q_r^{Ij} - q_n^{Ij} = $

$$\dfrac{\begin{array}{l} -A\gamma v + \gamma\delta v c_n - \gamma v c_r + 2Ae_n + ve_n - 2\delta ve_n - \gamma\delta ve_n - c_n e_n \\ + 2c_r e_n + e_n^2 + ve_r + \gamma ve_r - c_n e_r - e_n e_r \end{array}}{-4\left(\gamma^2\delta v^2 - \gamma\delta ve_n - e_n^2 - \gamma ve_r + e_n e_r\right)}$$；当它们没有网络

外部性时，$q_r^{Nj} - q_n^{Nj} = \dfrac{2Ae_n + ve_n - 2\delta ve_n - c_n e_n + 2c_r e_n + e_n^2 + ve_r - c_n e_r - e_n e_r}{4e_n\left(e_n - e_r\right)}$。

当它们具有网络外部性并满足条件 $\gamma v - 2e_n > 0$ 和 $c_r < $

$$\frac{A\gamma v - \gamma\delta vc_n - 2Ae_n - ve_n + 2\delta ve_n + \gamma\delta ve_n + c_n e_n - e_n^2 - ve_r - \gamma ve_r + c_n e_r + e_n e_r}{-\gamma v + 2e_n},$$

则 $q_r^{lj} - q_n^{lj} > 0$。同样，它们满足条件 $v - 2e_n > 0$ 和 $c_r > $

$$\frac{A\gamma v - \gamma\delta vc_n - 2Ae_n - ve_n + 2\delta ve_n + \gamma\delta ve_n + c_n e_n - e_n^2 - ve_r - \gamma ve_r + c_n e_r + e_n e_r}{-\gamma v + 2e_n},$$

得到 $q_r^{lj} - q_n^{lj} < 0$。

同样，当两个产品都没有网络外部性并且满足条件 $c_r < $

$$\frac{2Ae_n + ve_n - 2\delta ve_n - c_n e_n + e_n^2 + ve_r - c_n e_r - e_n e_r}{-2e_n}$$ 时，则 $q_r^{Nj} - q_n^{Nj} > 0$；否则，

$q_r^{Nj} - q_n^{Nj} < 0$。

命题 3 - 4 指出，当品牌商销售两种产品，而平台再制造产品的生产成本足够小时，对再制造产品的均衡需求大于对新产品的均衡需求。由于在平台供应链中第三方制造商提供较低的批发价格，品牌商将以较低的零售价出售再制造产品。在这种情况下，再制造产品的价格优势更加明显。消费者选择购买再制造产品时，要考虑产品质量、价格和环保性。因此，对再制造产品的均衡需求大于对新产品的均衡需求。相反，当平台再制造产品的生产成本较高时，相应的批发和零售价格将会增加。因此，再制造产品的价格优势将减弱。消费者将选择以更高的价格购买新产品，因此新产品的均衡需求将大于再制造产品。

在现实生活中，产品再制造不仅可以帮助企业树立绿色环保的责任感，还可以节省企业的生产成本。再制造产品成本低廉的优势，可以帮助他们赢得更多的消费者。

3.5.2 数值分析

由于计算的复杂性，本节介绍数值示例，分析参数变化对平台供应链企业最优决策和利润建模的影响。参数赋值为：$A = \dfrac{1}{5}$，$\delta = \dfrac{4}{5}$，$v = 1$，$\gamma = \dfrac{2}{5}$，$c_n = 2c_r$，$e_n = \dfrac{e_r}{2}$。

命题 3 - 5 当平台中产品具有网络外部性或无网络外部性时，新产品的均衡需求与再制造产品的均衡需求之间的关系如下：

（1）当 $\dfrac{32 - 255e_r + 50e_r^2}{5(16 - 95e_r)} < c_r < 0.5$，得到 $q_n^{Ij} < q_n^{Nj}$ 和 $q_r^{Ij} > q_r^{Nj}$；

（2）当 $\dfrac{56 - 195e_r + 25e_r^2}{5(24 - 85e_r)} < c_r < \dfrac{32 - 255e_r + 50e_r^2}{5(16 - 95e_r)}$，得到 $q_n^{Ij} > q_n^{Nj}$ 和 $q_r^{Ij} > q_r^{Nj}$；

（3）当 $0 < c_r < \dfrac{56 - 195e_r + 25e_r^2}{5(24 - 85e_r)}$，得到 $q_n^{Ij} > q_n^{Nj}$ 和 $q_r^{Ij} < q_r^{Nj}$。

可以获得四种策略组合的值。新产品和再制造产品的最佳需求分别为：

$$q_n^{Ij} = -\frac{5(16 - 32c_r - 27e_r + 75c_re_r)}{2(64 - 280e_r + 125e_r^2)} 、 \quad q_r^{Ij} = \frac{5(-24 + 40c_r - 60e_r + 50c_re_r + 25e_r^2)}{4(64 - 280e_r + 125e_r^2)} 、$$

$$q_n^{Nj} = \frac{-7 + 15c_r}{-10e_r} \text{和} \quad q_r^{Nj} = \frac{-4 + 10c_r + 5e_r}{20e_r} 。$$

根据命题 3 - 3，得到的最优需求如下：

$$q_n^{Ij} - q_n^{Nj} = \frac{4(56 - 120c_r - 195e_r + 425c_re_r + 25e_r^2)}{-5e_r(64 - 280e_r + 125e_r^2)}$$

$$q_r^{Ij} - q_r^{Nj} = \frac{2(32 - 80c_r - 255e_r + 475c_re_r + 50e_r^2)}{5e_r(64 - 280e_r + 125e_r^2)}$$

根据前几节的假设，通过计算得到 $0 < c_r < 0.5$ 和 $0.5 < e_r < 1$。当 $0 < c_r < \dfrac{32 - 255e_r + 50e_r^2}{5(16 - 95e_r)}$ 时，对平台供应链中具有网络外部性的新产品的需求大于没有网络外部性的新产品。当 $\dfrac{32 - 255e_r + 50e_r^2}{5(16 - 95e_r)} < c_r < 0.5$ 时，结果正好相反。当 $\dfrac{56 - 195e_r + 25e_r^2}{5(24 - 85e_r)} < c_r < 0.5$ 时，市场对具有网络外部性的再制造产品的需求大于没有网络外部性的再制造产品。当 $0 < c_r < \dfrac{56 - 195e_r + 25e_r^2}{5(24 - 85e_r)}$ 时，结果正好相反。详细信息如图 3 - 3 所示。

图 3 - 3 显示，在同一区间内，对于平台产品是否具有网络外部性，新产品和再制造产品的需求趋势是不同的。它表明，在区间 I 中，$q_n^{Ij} < q_n^{Nj}$ 和

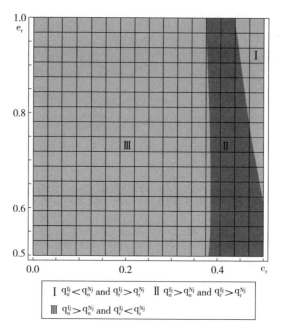

$$\text{I} \quad q_n^{Ij} < q_n^{Nj} \text{ and } q_r^{Ij} > q_r^{Nj} \quad \text{II} \quad q_n^{Ij} > q_n^{Nj} \text{ and } q_r^{Ij} > q_r^{Nj}$$

$$\text{III} \quad q_n^{Ij} > q_n^{Nj} \text{ and } q_r^{Ij} < q_r^{Nj}$$

图 3 – 3　新产品和再制造产品的需求分布

$q_r^{Ij} > q_r^{Nj}$ 同时成立，而平台网络外部性减少了对新产品的需求，但增加了对再制造产品的需求。在区间 II 中，$q_n^{Ij} > q_n^{Nj}$ 和 $q_r^{Ij} > q_r^{Nj}$ 同时成立。平台网络外部性使市场对两种产品的需求同时增加。在区间 III 中，$q_n^{Ij} > q_n^{Nj}$ 和 $q_r^{Ij} < q_r^{Nj}$ 同时成立。网络外部性增加了对平台新产品的需求，但减少了对平台再制造产品的需求。因此，当平台再制造产品的生产成本较高时（区间 I），品牌商应削弱新产品的网络外部性，扩大再制造产品的网络外部性。在零售价格不变的条件下，更多的消费者购买产品可以增加品牌商的收入。在区间 II 中，品牌商可以通过建立网络社区，实施网络营销，聚集用户来扩大其产品的网络外部性，并鼓励更多消费者购买，从而促进对两种产品的需求同时增加，并增加品牌商的利润。当平台再制造产品的生产成本较低时（区间 III），品牌商应扩大新产品的网络外部性，削弱再制造产品的网络外部性。有趣的是，从图 3 – 3 可以看出，具有网络外部性的平台产品的均衡需求并不总是大于没有网络外部性的产品。在现实中，人们通常认为产品的网络外部性可以增加消费者的效用，带来更高的产品需求。计算结果表明，情况并非总是如此。

在实际操作过程中，平台供应链中网络外部性对消费者的影响不是一成不变的。品牌商应根据不同情况扩大或削弱产品的网络外部性，以鼓励更多消费者购买产品。

命题 3-6 当平台供应链中产品具有网络外部性或无网络外部性时，新产品的利润与再制造产品之间的关系如下所示。

（1）当 $-\dfrac{192-525e_r+50e_r^2+\Delta}{25(-16+49e_r)} < c_r < -\dfrac{192-525e_r+50e_r^2-\Delta}{25(-16+49e_r)}$，得到 $\pi_m^{Ij}-\pi_m^{Nj} >$

0 和 $\pi_r^{Ij}-\pi_r^{Nj} >0$，当且仅当 $\Delta = \sqrt{-5376+35360e_r-76700e_r^2+86125e_r^3-28125e_r^4}$；

（2）当 $0 < c_r < -\dfrac{192-525e_r+50e_r^2+\Delta}{25(-16+49e_r)}$ 或 $-\dfrac{192-525e_r+50e_r^2-\Delta}{25(-16+49e_r)} < c_r < 0.5$，得到

$\pi_m^{Ij}-\pi_m^{Nj}<0$ 和 $\pi_r^{Ij}-\pi_r^{Nj}<0$，当且仅当 $\Delta = \sqrt{-5376+35360e_r-76700e_r^2+86125e_r^3-28125e_r^4}$。

根据结果，可以获得双方的利润：

$$\pi_n^{Ij}-\pi_n^{Nj} = \frac{\begin{array}{c}-528+1920c_r-2000c_r^2+1345e_r-5250c_re_r\\+6125c_r^2e_r-525e_r^2+500c_re_r^2+125e_r^3\end{array}}{50e_r(64-280e_r+125e_r^2)}$$

$$\pi_r^{Ij}-\pi_r^{Nj} = \frac{\begin{array}{c}-528+1920c_r-2000c_r^2+1345e_r-5250c_re_r+6125c_r^2e_r\\-525e_r^2+500c_re_r^2+125e_r^3\end{array}}{25e_r(64-280e_r+125e_r^2)}$$

当设置 $\pi_n^{Ij}-\pi_n^{Nj}=0$ 和 $\pi_r^{Ij}-\pi_r^{Nj}=0$ 时，得到的结果如下所示。

$$c_{r1} = -\frac{192-525e_r+50e_r^2+\Delta}{25(-16+49e_r)}$$

$$c_{r2} = -\frac{192-525e_r+50e_r^2-\Delta}{25(-16+49e_r)}$$

where $\Delta = \sqrt{-5376+35360e_r-76700e_r^2+86125e_r^3-28125e_r^4}$。

比较 $0 < c_r < 0.5$ 和 $0.5 < e_r < 1$ 时利润的大小关系的结果如图 3-4 所示。

图 3-4 显示，在相同的区间内，当平台产品具有网络外部性时，品牌商和第三方制造商的利润趋势是相同的。在区间 Ⅰ 和 Ⅲ 中，$\pi_n^{Ij}-\pi_n^{Nj}<0$ 和 $\pi_r^{Ij}-\pi_r^{Nj}<0$，网络外部性使双方的利润降低。在区间 Ⅱ 中，$\pi_n^{Ij}-\pi_n^{Nj}>0$ 和

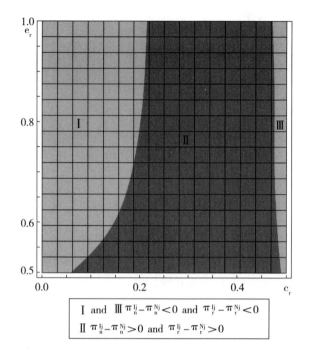

I and III $\pi_n^{lj} - \pi_n^{Nj} < 0$ and $\pi_r^{lj} - \pi_r^{Nj} < 0$

II $\pi_n^{lj} - \pi_n^{Nj} > 0$ and $\pi_r^{lj} - \pi_r^{Nj} > 0$

图 3 – 4　品牌商和第三方制造商的利润分布

$\pi_r^{lj} - \pi_r^{Nj} > 0$，网络外部性增加了双方的利润。当平台再制造产品的生产成本在区间 I 和 III 之间发生变化时，双方都希望自己的产品不会有网络外部性。当成本适中时（在区间 II 中），双方都希望有网络外部性来增加利润。平台供应链中品牌商和第三方制造商在网络外部性条件下获得更高的利润。根据命题 3 – 5，网络外部性并不总是导致产品销售的增加。因此，在图 3 – 4 中还发现，在一定条件下，产品没有网络外部性时双方的利润大于产品具有网络外部性时的利润。

　　在实际运营过程中，品牌商可以通过网络推广扩大产品的网络外部性来增加收入，但也需要注意网络外部性带来的收入减少问题。

3.6　本章小结

　　本章考察了不同废旧产品回收渠道策略的闭环平台供应链模型中产品

网络外部性对公司决策的影响，同时考虑了消费者对产品质量和环境友好的双重偏好。通过对不同策略组合中批发和零售价格、产品需求和公司利润的均衡结果的分析和比较，得出以下结论。

（1）即使再制造产品的批发价格发生变化，平台供应链中新产品和再制造产品的零售价格也不受网络外部性和回收渠道策略的影响，即第三方制造商以网络外部性提高再制造产品的批发价格。

（2）无论平台供应链中的新产品或再制造产品是否具有网络外部性，再制造产品的生产成本都存在一个价值范围，使消费者对它们的需求大于对新产品的需求。随着绿色环保的推进，绿色技术创新将大大降低再制造产品的生产成本，激发消费者支持绿色产品的积极性，鼓励更多消费者选择环保的再制造产品。

（3）网络外部性影响消费者所购产品的效用价值，影响平台供应链中新产品和再制造产品的需求。再制造产品具有理想的生产成本范围，即两种具有网络外部性的产品的需求都大于没有网络外部性的产品的需求。这对品牌商是有益的，他们可以更好地利用网络互联的优势，放大两种产品的网络外部性，从而吸引更多的消费者购买它们。

（4）即使假设在平台供应链中网络外部性与消费者效用呈正相关，但仍存在产品没有网络外部性时品牌商和第三方制造商的利润大于产品具有网络外部性时的利润情况。这一结论意味着，当今市场上大多数企业利用社交平台进行产品网络营销和扩大产品网络外部性，未必能带来企业利润的增加。

本章为闭环供应链系统选择的进一步研究提供了基础，包括产品网络外部性和消费者的双重偏好特征。然而，它仍然有局限性，这也为未来的研究提供了机会。

首先，在本章中，只考虑了平台供应链中产品的内部网络外部性，而没有涵盖产品之间的交叉网络外部性。由于同一品牌的产品销售中存在交叉网络外部性，我们将在未来的研究中调查平台供应链中新产品和再制造产品的交叉网络外部性及其对公司决策的影响。

其次，本章只考虑了消费者对产品完整信息下的双重偏好。当产品和环保信息不对称时，消费者的行为可能会发生变化。下一步，我们将研究平台供应链公司新产品和再制造产品的信息不对称和披露如何影响消费者产品选择策略和公司销售过程的决策。

最后，消费者购买产品的过程在市场上往往是动态和多重的。而未来闭环平台供应链多周期动态中，回收再制造产品的销售问题将被考虑在内。

第 **4** 章

平台供应链再制造产品售后服务的企业运营策略

4.1 引言

在同时生产新产品和再制造产品的原始制造企业（企业1）与生产具有替代性产品的企业（企业2）构成竞争关系下的平台供应链系统中，探讨平台供应链在不同售后服务策略下的运营策略，分析在竞争市场下供应链定价策略和再制造产品的售后服务对定价策略及供应链中各企业利润的影响。分别建立了平台供应链中再制造产品有无售后服务供应链的两阶段运营博弈模型，构造了两阶段博弈求解的逆序递推方法，给出了定价策略和供应链各企业最优利润的解析表示。揭示了平台供应链中再制造产品售后服务对定价策略和供应链各企业最优利润的影响，得到了如下主要研究结论：（1）在平台供应链中，当制造企业为再制造产品提供售后服务时，再制造产品的销售量增加，新产品和竞争替代产品的销售量降低；有趣的是，新产品和再制造产品的市场零售价格同时增加，竞争替代产品的市场零售价格降低。（2）平台供应链中制造企业为再制造产品提供售后服务时的利润总是大于没有提供售后服务时的利润，且不受单位产品生产成本的影响。同时，当单位产品生产成本较高时，制造企业为再制造产品提供售后服务策略会带来竞争对手企业利润的增加。这些结论对再制造产品供应链如何提供再制造产品售后服务具有一定的指导作用和管理启示。

现代制造业通过旧产品再制造的"绿色"方式进行资源循环利用，早在 19 世纪 IBM 已开展回收废旧产品用于再制造的业务。新产品与再制造产品同时在市场中出售，有利于原始制造企业拓展不同消费水平的销售市场（Savaskan et al.，2004）；同时，由于市场上还存在生产具有替代性产品的竞争企业，原始制造企业尝试通过提高再制造产品的售后服务水平来提高再制造产品的市场竞争力。例如，宝马针对二手车提供 12 个月不限里程的原厂延保和终身免费事故救援服务；奔驰为二手车用户提供一年期内免费保修服务；苹果为再制造产品提供与新产品相同的质保期。平台供应链中再制造产品售后服务水平的上升可以提高其效用价值，同时对新产品销售产生蚕食作用。当平台供应链中的原始制造企业同时出售新产品和再制造产品，且市场中存在替代产品竞争时，原始制造企业如何利用再制造产品的售后服务策略来提高自己的市场竞争力和企业利润成为其迫切需要考虑的问题。

早期闭环供应链中，制造企业主要通过直接回收、零售企业回收和第三方企业回收三种方式来回收废旧产品用于产品再制造（Akshay et al.，2019；Suvrat，2019）；近年，互联网平台也在重造废旧产品和废旧材料的闭环供应链中发挥重要作用（Majumder & Groenevelt，2001）。制造企业在产品再制造过程中可以选择自己生产再制造产品，或者让当地第三方再制造企业生产再制造产品（夏西强和曹裕，2020）。石等（Shi et al.，2020）分析了制造企业从事新产品与再制造产品生产的集中型与分散型的情况，并针对不同模型讨论了直接销售与间接销售对企业利润的影响。平台供应链中的再制造产品往往被消费者认为是新产品的不完美替代产品，且会影响新产品在市场中的动态定价（Debol et al.，2006）。通过将消费者细分，制造商会面临不同的需求结构，提出不同的价格决策模型（高攀和丁雪峰，2020）。高举红等（2018）进一步研究发现，随着低碳消费者市场占有率提高，平台供应链中新产品和再制造产品的价格取决于普通消费者对再制造产品的偏好程度，当普通消费者对再制造产品的偏好程度较高时，应提高新产品和再制造产品的价格。在平台供应链中，当制造企业生产再制造产品时，再制造产品对新产品的蚕食效应大于第三方再制造企业生产再制造产品（Agrawal et al.，2015）。李春发等（2020）发现，当制造企业在市场中占主导地位时，新产品和再制造产品的价格取决于高端消费者的消费倾向。且当制造企业决定新产品质量时，也意味着决定了存在竞争关系的再制造产品质量（Örsdemir et al.，2014）。李芳等（2019）进一步研究指出，可以通过改变平台供应链中新产品与再制造产品的替代率来调节新产品与再制造产品的销售价格。姚锋敏等（2020）指出，制造企业的公平关切行为偏好同样会影响闭环供应链中新产品与再制造产品的定价策略。

现实的平台供应链中，消费者对于再制造产品的接受度相比新产品较低，因为消费者往往同时关心产品的质量水平和售后服务。服务质量具有潜在长期效应，表现为企业在给定市场上维持服务质量水平与企业盈利能力正相关（Buell et al.，2016），同时消费者也可以通过质保服务和价格来评估产品的质量（Lutz，1989）。研究发现，当平台供应链成员提供延保服务的吸引力指数相同时，相对于制造企业提供延保服务，零售企业提供延保服务的模式能为供应链成员赢得更多利润（王素娟和胡奇英，2010）。随着消费者对产品售后服务策略关注的增加，制造企业尝试通过售后服务来提高企业收益（胡斌等，2021）。供应链中制造企业进行产品再制造时，相比第三方企业再制造具有优势与不足（熊中楷等，2011），是否为再制造产品提供质保服务会对整条供应链系统产生影响。李宁等（2016）基于博弈论方法研究制造企业、零售企业以及再制造企业提供最优担保的决策问题。谢家平等（2017）从收益共享的角度研究了线下服务企业提供交付与体验等服务时的闭环供应链产品定价模型，讨论了定价与渠道服务水平的关系。邹清明等（2018）研究发现，相对于集中决策，供应链中任何参与主体延长售后质保服务策略，分散决策模式下的产品零售价格较高而供应链总利润较低。赛义德等（Seyyed et al.，2020）进一步讨论了在竞争闭环供应链中，企业协调经济激励、客户服务和定价决策的关系模型。洪等（Hong et al.，2020）研究了闭环供应链中，增值服务如何影响企业利润和决策的问题。上述文献对本章再制造产品售后服务研究具有重要的借鉴意义，但都尚未涉及多产品竞争市场，本章侧重研究了平台供应链中制造企业如何通过为再制造产品提供售后服务来弥补再制造产品的质量性能以及如何来抵御替代产品的竞争。

综上所述，已有关于平台供应链中再制造产品对新产品的蚕食效应及产品售后服务对企业运营影响的研究忽略了市场中同时存在其他品牌竞争产品的情况，然而现实市场中多产品共存的现象广泛存在。为此，本章将在平台供应链中制造企业同时生产和销售新产品与再制造产品的背景下，引入生产可替代产品的竞争企业，构建再制造产品无售后服务和有售后服务模型。首先，研究平台供应链中不同售后服务策略下，企业对新产品、再制造产品和替代产品的定价决策与销量决策；其次，通过比较分析售后服务策略对企业最优决策与利润的影响，获得相应的管理启示；最后，通过数值分析比较不同售后服务策略下的供应链总利润，为企业在多产品竞争市场中的最优策略选择提供理论支撑与实践指导。

4.2 考虑再制造产品售后服务竞争市场的需求函数

4.2.1 模型基本假设

假设市场中存在两个制造企业（$i \in \{1,2\}$），它们生产可相互替代且相互竞争的产品，原始制造企业 1（以下简称"企业 1"）生产与销售新产品的同时，兼顾再制造产品的生产与销售。例如，苹果公司的新产品与再制造产品同时在官网进行销售。企业 1 在市场上出售新产品 1 和再制造产品 3，通过再制造产品 3 吸引偏好企业 1 产品但又对价格相对敏感的消费者。市场上还存在竞争制造企业 2（以下简称"企业 2"），其生产可替代产品 2，与新产品 1、再制造产品 3 在市场上相互竞争。假设平台供应链市场上每个普通消费者最多只能购买一件产品。新产品 1、替代产品 2 和再制造产品 3 在功能上相互替代，但消费者对于它们的质量认可度不同。假设在平台供应链中，消费者对新产品 1 感知质量最高，设其为 1；对再制造产品 3 的感知质量为 θ；对替代产品 2 的感知质量为 δ，其中 $0 < \theta < 1$，$0 < \delta < 1$。当 $\theta > \delta$ 时，再制造产品 3 在新产品 1 和替代产品 2 之间形成一个缓冲区，再制造产品 3 同时和新产品 1 与替代产品 2 抢占市场份额；当 $\theta < \delta$ 时，新产品 1 与再制造产品 3 同时和替代产品 2 抢占市场份额。

平台再制造产品的质量水平是消费者重点关注的问题，市场中一些企业为了促进再制造产品的销售，会为再制造产品提供增值售后服务，例如，苹果为其再制造产品提供长达 365 天的有限保修服务，并允许其再制造产品加入 AppleCare + 计划。本章构建平台供应链企业 1 为再制造产品 3 不提供售后服务和提供售后服务两种模型，考虑增值售后服务给企业 1 和企业 2 最优决策带来的影响。为了简化计算，本章暂不考虑固定成本和交易成本，且假设再制造产品的单位生产成本为 0，新产品 2 与替代产品 3 的单位生产成本相同，用单位产品生产成本 c 表示（c≥0），其他参数假设及说明如表 4 - 1 所示。

表 4 - 1   参数符号及说明

参数符号	参数符号说明
q_{1j}^k	j 策略下，情形 k 中新产品 1 的市场销售量
p_{1j}^k	j 策略下，情形 k 中新产品 1 的零售价格
q_{2j}^k	j 策略下，情形 k 中替代产品 2 的市场销售量
p_{2j}^k	j 策略下，情形 k 中替代产品 2 的零售价格
q_{3j}^k	j 策略下，情形 k 中再制造产品 3 的市场销售量
p_{3j}^k	j 策略下，情形 k 中再制造产品 3 的零售价格
π_{1j}^k	j 策略下，情形 k 中企业 1 的利润
π_{2j}^k	j 策略下，情形 k 中企业 2 的利润
U_{1j}	j 策略下，消费者购买新产品 1 的效用
U_{2j}	j 策略下，消费者购买替代产品 2 的效用
U_{3j}	j 策略下，消费者购买再制造产品 3 的效用
c	单位产品生产成本，且 $c < p_{ij}^k$
ω	售后服务水平，且 $\omega > 0$
$k \in \{1, 2\}$	$\theta > \delta$ 时，k = 1；$\theta < \delta$ 时，k = 2
$j \in \{1, 2\}$	j = 1 表示企业 1 未对再制造产品 3 提供售后服务，j = 2 表示企业 1 为再制造产品 3 提供售后服务

4.2.2　需求函数

根据上述假设，通过比较消费者效用函数，得到不同策略中消费者的购买策略和产品销售量。在市场中，消费者购买产品有三种选择：当 $U_{1j} \geq$ max $\{U_{2j}, U_{3j}\}$ 且 $U_{1j} \geq 0$ 时，消费者从企业 1 购买新产品 1；当 $U_{2j} \geq$ max $\{U_{1j}, U_{3j}\}$ 且 $U_{2j} \geq 0$ 时，消费者从企业 2 购买替代产品 2；当 $U_{3j} \geq$ max $\{U_{1j}, U_{2j}\}$ 且 $U_{3j} \geq 0$ 时，消费者从企业 1 购买再制造产品 3。另外，由于消费者对于平台供应链企业 1 再制造产品的感知质量 θ 和对于企业 2 替代产品的感知质量 δ 有差异，下文分别在再制造产品无售后服务策略和有售后服务策略中考虑 θ > δ 和 θ < δ 的情形。

4.2.2.1 再制造产品无售后服务下的需求函数

在该模型下的平台供应链中，企业 1 没有为再制造产品提供售后服务，消费者购买不同产品的效用分别为：$U_{11} = t_1 - p_{11}$，$U_{21} = \delta t_1 - p_{21}$ 和 $U_{31} = \theta t_1 - p_{31}$，其中，$t_1$ 为消费者购买产品的意愿，服从 $[0, 1]$ 的均匀分布。基于何娟等（2019）和李等（Li et al.，2016）的研究，通过比较消费者购买效用，易得知在考虑 θ > δ 和 θ < δ 的情况下三种产品的需求如下所示。

1. θ > δ

当 θ > δ 时，消费者认为平台供应链企业 1 再制造产品 3 的质量高于企业 2 替代产品 2 的质量，通过推导可得新产品 1、替代产品 2 与再制造产品 3 的零售价格关于销售量的表达式为：

$$p_{11}^1 = 1 - q_{11}^1 - \delta q_{21}^1 - \theta q_{31}^1 \tag{4-1}$$

$$p_{21}^1 = \delta(1 - q_{11}^1 - \delta q_{21}^1 - \theta q_{31}^1) \tag{4-2}$$

$$p_{31}^1 = \theta - \theta q_{11}^1 - \delta q_{21}^1 - \theta q_{31}^1 \tag{4-3}$$

2. θ < δ

当 θ < δ 时，消费者认为平台供应链企业 1 再制造产品 3 的质量低于企业 2 替代产品 2 的质量，通过推导可得新产品 1、替代产品 2 与再制造产品 3 的零售价格关于销售量的表达式为：

$$p_{11}^2 = 1 - q_{11}^2 - \delta q_{21}^2 - \theta q_{31}^2 \tag{4-4}$$

$$p_{21}^2 = \delta - \delta q_{11}^2 - \delta q_{21}^2 - \theta q_{31}^2 \tag{4-5}$$

$$p_{31}^2 = \theta(1 - q_{11}^2 - q_{21}^2 - q_{31}^2) \tag{4-6}$$

4.2.2.2　再制造产品有售后服务下的需求函数

在该模型下的平台供应链中，企业 1 为再制造产品提供售后服务，基于胡斌等（2018）关于售后服务的研究，可得消费者购买不同产品的效用分别为：$U_{12} = t_1 - p_{12}$，$U_{22} = \delta t_1 - p_{22}$ 和 $U_{32} = \theta t_1 - p_{32} + \omega$，其中 t_1 为消费者购买产品的意愿，服从 $[0，1]$ 的均匀分布。

1. $\theta > \delta$

当 $\theta > \delta$ 时，消费者认为企业 1 再制造产品 3 的质量高于企业 2 替代产品 2 的质量，通过推导可得新产品 1、替代产品 2 与再制造产品 3 的零售价格关于销售量的表达式为：

$$p_{12}^1 = 1 - q_{12}^1 - \delta q_{22}^1 - \theta q_{32}^1 \tag{4-7}$$

$$p_{22}^1 = \delta(1 - q_{12}^1 - \delta q_{22}^1 - \theta q_{32}^1) \tag{4-8}$$

$$p_{32}^1 = \theta + \omega - \theta q_{12}^1 - \delta q_{22}^1 - \theta q_{32}^1 \tag{4-9}$$

2. $\theta < \delta$

当 $\theta < \delta$ 时，消费者认为企业 1 再制造产品 3 的质量低于企业 2 替代产品 2 的质量，通过推导可得新产品 1、替代产品 2 与再制造产品 3 的零售价格关于销售量的表达式为：

$$p_{12}^2 = 1 - q_{12}^2 - \delta q_{22}^2 - \theta q_{32}^2 \tag{4-10}$$

$$p_{22}^2 = \delta - \delta q_{12}^2 - \delta q_{22}^2 - \theta q_{32}^2 \tag{4-11}$$

$$p_{32}^2 = \theta + \omega - \theta q_{12}^2 - \theta q_{22}^2 - \theta q_{32}^2 \tag{4-12}$$

4.3　考虑再制造产品售后服务供应链的运营模型

本节针对再制造产品没有售后服务与有售后服务两种情况进行求解，得出不同情形下平台供应链企业 1 和企业 2 的最优决策。

4.3.1　再制造产品无售后服务下供应链的定价策略

在平台供应链中，当企业 1 没有为再制造产品 3 提供售后服务时，企业1与企业2进行两阶段博弈：首先，企业1决策新产品1的销售量；其次，企业1和企业2同时分别决策再制造产品3的销售量和替代产品2的销售量。在两阶段博弈中，企业1的目标函数为：$\pi_{11}^k = p_{11}^k q_{11}^k + p_{31}^k q_{31}^k - cq_{11}^k$，企业2的目标函数为：$\pi_{21}^k = p_{21}^k q_{21}^k - cq_{21}^k$。

（1）当 $\theta > \delta$ 时，将平台零售价格关于销售量的表达式带入企业1与企业2的目标函数中，通过逆向求解过程可得均衡结果如下所示。

$$q_{11}^1 = \frac{-1 + c + \theta}{2(-1 + \theta)} \tag{4-13}$$

$$q_{21}^1 = \frac{(2c - \delta)\theta}{\delta(\delta - 4\theta)} \tag{4-14}$$

$$q_{31}^1 = \frac{2c - \delta - c\delta + 2c\theta + \delta\theta}{2(\delta - 4\theta)(-1 + \theta)} \tag{4-15}$$

$$p_{11}^1 = \frac{\delta + c\delta - 4\theta - 6c\theta + \delta\theta}{2(\delta - 4\theta)} \tag{4-16}$$

$$p_{21}^1 = \frac{c\delta - 2c\theta - \delta\theta}{\delta - 4\theta} \tag{4-17}$$

$$p_{31}^1 = \frac{\theta(c - \delta + 2\theta)}{4\theta - \delta} \tag{4-18}$$

$$\pi_{11}^1 = \frac{\begin{pmatrix} \delta^2 - 2c\delta^2 + c^2\delta^2 + 4c^2\theta - 8\delta\theta + 8c\delta\theta - 8c^2\delta\theta + 2\delta^2\theta + 2c\delta^2\theta + \\ 16\theta^2 - 16c\theta^2 + 12c^2\theta^2 - 8c\delta\theta^2 - 3\delta^2\theta^2 - 16\theta^3 + 16c\theta^3 + 8\delta\theta^3 \end{pmatrix}}{4(1 - \theta)(-\delta + 4\theta)^2} \tag{4-19}$$

$$\pi_{21}^1 = \frac{(2c - \delta)^2\theta^2}{\delta(\delta - 4\theta)^2} \tag{4-20}$$

（2）当 $\theta < \delta$ 时，将平台零售价格关于销售量的表达式带入企业1与企业2的目标函数中，通过逆向求解过程可得均衡结果如下所示。

$$q_{11}^2 = \frac{-16\delta^2 + 8c\delta^2 + 8\delta^3 + 8\delta\theta - \theta^2 + c\theta^2 + \delta\theta^2}{2(-16\delta^2 + 8\delta^3 + 8\delta\theta - \delta^2\theta - \theta^2 + 2\delta\theta^2)} \tag{4-21}$$

$$q_{21}^2 = \frac{8c\delta - 4\delta^2 - 6c\delta^2 + 2\delta^3 - 2c\theta + \delta\theta + c\delta\theta - c\theta^2 + \delta\theta^2}{-16\delta^2 + 8\delta^3 + 8\delta\theta - \delta^2\theta - \theta^2 + 2\delta\theta^2} \tag{4-22}$$

$$q_{31}^2 = \frac{8c\delta - 4\delta^2 + 2c\delta^2 + 2\delta^3 - 2c\theta + \delta\theta + c\delta\theta + \delta^2\theta}{2(16\delta^2 - 8\delta^3 - 8\delta\theta + \delta^2\theta + \theta^2 - 2\delta\theta^2)} \tag{4-23}$$

$$p_{11}^2 = \frac{\begin{array}{c} -16\delta^2 - 24c\delta^2 + 16\delta^3 + 12c\delta^3 - 4\delta^4 + 8\delta\theta + 12c\delta\theta - 8\delta^2\theta \\ + 2\delta^3\theta - \theta^2 - 3c\theta^2 + 4\delta\theta^2 + 3c\delta\theta^2 - \delta^2\theta^2 \end{array}}{2(-16\delta^2 + 8\delta^3 + 8\delta\theta - \delta^2\theta - \theta^2 + 2\delta\theta^2)}$$

$$(4-24)$$

$$p_{21}^2 = \frac{-8c\delta^2 - 4\delta^3 + 2c\delta^3 + 2\delta^4 + 6c\delta\theta + \delta^2\theta - c\theta^2 + c\delta\theta^2 + \delta^2\theta^2}{-16\delta^2 + 8\delta^3 + 8\delta\theta - \delta^2\theta - \theta^2 + 2\delta\theta^2}$$

$$(4-25)$$

$$p_{31}^2 = \frac{\theta(-8c\delta - 12\delta^2 + 6c\delta^2 + 6\delta^3 + 2c\theta + 7\delta\theta - c\delta\theta - \delta^2\theta - \theta^2 + c\theta^2 + \delta\theta^2)}{2(-16\delta^2 + 8\delta^3 + 8\delta\theta - \delta^2\theta - \theta^2 + 2\delta\theta^2)}$$

$$(4-26)$$

$$\pi_{11}^2 = \frac{\begin{array}{c} 16\delta^2 - 16c\delta^2 + 4c^2\delta^2 - 16\delta^3 + 8c\delta^3 + 4\delta^4 + 4c^2\theta - 8\delta\theta + 8c\delta\theta \\ + 4\delta^2\theta + \theta^2 - 2c\theta^2 + c^2\theta^2 - 2\delta\theta^2 + 2c\delta\theta^2 + \delta^2\theta^2 \end{array}}{4(16\delta^2 - 8\delta^3 - 8\delta\theta + \delta^2\theta + \theta^2 - 2\delta\theta^2)}$$

$$(4-27)$$

$$\pi_{21}^2 = \frac{\delta(-8c\delta + 4\delta^2 + 6c\delta^2 - 2\delta^3 + 2c\theta - \delta\theta - c\delta\theta + c\theta^2 - \delta\theta^2)^2}{(-16\delta^2 + 8\delta^3 + 8\delta\theta - \delta^2\theta - \theta^2 + 2\delta\theta^2)^2}$$

$$(4-28)$$

4.3.2　再制造产品有售后服务下供应链的定价策略

在平台供应链中，当企业 1 为再制造商品 3 提供售后服务时，企业 1 与企业 2 进行两阶段博弈：首先，企业 1 决策新产品 1 的销售量；其次，企业 1 和企业 2 同时分别决策再制造产品 3 的销售量和替代产品 2 的销售量。在两阶段博弈中，企业 1 的目标函数为：$\pi_{12}^k = p_{12}^k q_{12}^k + p_{32}^k q_{32}^k - cq_{12}^k - \omega^2 cq_{32}^k$，企业 2 的目标函数为：$\pi_{22}^k = p_{22}^k q_{22}^k - cq_{22}^k$。

（1）当 $\theta > \delta$ 时，将平台零售价格关于销售量的表达式带入企业 1 与企业 2 的目标函数中，通过逆向求解过程可得均衡结果如下所示。

$$q_{12}^1 = \frac{-1 + c + \theta + \omega - c\omega^2}{2(-1 + \theta)} \qquad (4-29)$$

$$q_{22}^1 = \frac{-2c\theta + \delta\theta - \delta\omega + c\delta\omega^2}{\delta(4\theta - \delta)} \qquad (4-30)$$

$$q_{32}^1 = \frac{2c - \delta - c\delta + 2c\theta + \delta\theta + 4\omega - \delta\omega - 4c\omega^2 + c\delta\omega^2}{2(\delta - 4\theta)(-1 + \theta)} \quad (4-31)$$

$$p_{12}^1 = \frac{-\delta - c\delta + 4\theta + 6c\theta - \delta\theta + \delta\omega - c\delta\omega^2}{2(-\delta + 4\theta)} \quad (4-32)$$

$$p_{22}^1 = \frac{-c\delta + 2c\theta + \delta\theta - \delta\omega + c\delta\omega^2}{4\theta - \delta} \quad (4-33)$$

$$p_{32}^1 = \frac{c\theta - \delta\theta + 2\theta^2 + 2\theta\omega - c\delta\omega^2 + 2c\theta\omega^2}{-\delta + 4\theta} \quad (4-34)$$

$$\pi_{12}^1 = \frac{\begin{array}{l}(-\delta^2 + 2c\delta^2 - c^2\delta^2 - 4c^2\theta + 8\delta\theta - 8c\delta\theta + 8c^2\delta\theta - 2\delta^2\theta - 2c\delta^2\theta - 16\theta^2 \\ + 16c\theta^2 - 12c^2\theta^2 + 8c\delta\theta^2 + 3\delta^2\theta^2 + 16\theta^3 - 16c\theta^3 - 8\delta\theta^3 + 2\delta^2\omega - 2c\delta^2\omega \\ - 16c\theta\omega + 16c\delta\theta\omega - 2\delta^2\theta\omega - 16c\theta^2\omega - \delta^2\omega^2 - 2c\delta^2\omega^2 + 2c^2\delta^2\omega^2 - 16\theta\omega^2 \\ + 16c^2\theta\omega^2 + 8\delta\theta\omega^2 - 16c^2\delta\theta\omega^2 + 2c\delta^2\theta\omega^2 + 16c^2\theta^2\omega^2 + 2c\delta^2\omega^3 \\ + 32c\theta\omega^3 - 16c\delta\theta\omega^3 - c^2\delta^2\omega^4 - 16c^2\theta + 8c^2\delta\theta\omega^4)\end{array}}{4(-1 + \theta)(-\delta + 4\theta)^2} \quad (4-35)$$

$$\pi_{22}^1 = \frac{(-2c\theta + \delta\theta - \delta\omega + c\delta\omega^2)^2}{\delta(\delta - 4\theta)^2} \quad (4-36)$$

（2）当 $\theta < \delta$ 时，将平台零售价格关于销售量的表达式带入企业 1 与企业 2 的目标函数中，通过逆向求解过程可得均衡结果如下所示。

$$q_{12}^2 = \frac{\begin{array}{l}-16\delta^2 + 8c\delta^2 + 8\delta^3 + 8\delta\theta - \theta^2 + c\theta^2 + \delta\theta^2 + 8\delta^2\omega \\ + \delta\theta\omega - 8c\delta^2\omega^2 - c\delta\theta\omega^2\end{array}}{2(-16\delta^2 + 8\delta^3 + 8\delta\theta - \delta^2\theta - \theta^2 + 2\delta\theta^2)} \quad (4-37)$$

$$q_{22}^2 = \frac{\begin{array}{l}8c\delta - 4\delta^2 - 6c\delta^2 + 2\delta^3 - 2c\theta + \delta\theta + c\delta\theta - c\theta^2 + \delta\theta^2 + 4\delta\omega - 4\delta^2\omega \\ - \theta\omega + \delta\theta\omega - 4c\delta\omega^2 + 4c\delta^2\omega^2 + c\theta\omega^2 - c\delta\theta\omega^2\end{array}}{-16\delta^2 + 8\delta^3 + 8\delta\theta - \delta^2\theta - \theta^2 + 2\delta\theta^2} \quad (4-38)$$

$$q_{32}^2 = \frac{\begin{array}{l}(8c\delta\theta - 4\delta^2\theta + 2c\delta^2\theta + 2\delta^3\theta - 2c\theta^2 + \delta\theta^2 + c\delta\theta^2 + \delta^2\theta^2 + 16\delta^2\omega \\ - 8\delta^3\omega - 4\delta\theta\omega + 5\delta^2\theta\omega - 16c\delta^2\omega^2 + 8c\delta^3\omega^2 + 4c\delta\theta\omega^2 - 5c\delta^2\theta\omega^2)\end{array}}{2\theta(16\delta^2 - 8\delta^3 - 8\delta\theta + \delta^2\theta + \theta^2 - 2\delta\theta^2)} \quad (4-39)$$

$$p_{12}^2 = \frac{\begin{array}{l}(16\delta^2 + 24c\delta^2 - 16\delta^3 - 12c\delta^3 + 4\delta^4 - 8\delta\theta - 12c\delta\theta + 8\delta^2\theta - 2\delta^3\theta + \theta^2 \\ + 3c\theta^2 - 4\delta\theta^2 - 3c\delta\theta^2 + \delta^2\theta^2 + 3\delta\theta\omega - 3\delta^2\theta\omega - 3c\delta\theta\omega^2 + 3c\delta^2\theta\omega^2)\end{array}}{2(16\delta^2 - 8\delta^3 - 8\delta\theta + \delta^2\theta + \theta^2 - 2\delta\theta^2)} \quad (4-40)$$

$$p_{22}^2 = \frac{\begin{array}{l}(-8c\delta^2 - 4\delta^3 + 2c\delta^3 + 2\delta^4 + 6c\delta\theta + \delta^2\theta - c\theta^2 + c\delta\theta^2 + \delta^2\theta^2 + 4\delta^2\omega \\ -4\delta^3\omega - \delta\theta\omega + \delta^2\theta\omega - 4c\delta^2\omega^2 + 4c\delta^3\omega^2 + c\delta\theta\omega^2 - c\delta^2\theta\omega^2)\end{array}}{-16\delta^2 + 8\delta^3 + 8\delta\theta - \delta^2\theta - \theta^2 + 2\delta\theta^2}$$

$$(4-41)$$

$$p_{32}^2 = \frac{\begin{array}{l}(-8c\delta\theta - 12\delta^2\theta + 6c\delta^2\theta + 6\delta^3\theta + 2c\theta^2 + 7\delta\theta^2 - c\delta\theta^2 - \delta^2\theta^2 - \theta^3 \\ + c\theta^3 + \delta\theta^3 - 16\delta^2\omega + 8\delta^3\omega + 4\delta\theta\omega + 3\delta^2\theta\omega + \delta\theta^2\omega - 16c\delta^2\omega^2 \\ + 8c\delta^3\omega^2 + 12c\delta\theta\omega^2 - 5c\delta^2\theta\omega^2 - 2c\theta^2\omega^2 + 3c\delta\theta^2\omega^2)\end{array}}{2(-16\delta^2 + 8\delta^3 + 8\delta\theta - \delta^2\theta - \theta^2 + 2\delta\theta^2)}$$

$$(4-42)$$

$$\pi_{12}^2 = \frac{\begin{array}{l}(16c\delta^2\theta - 16\delta^2\theta - 4c^2\delta^2\theta + 16\delta^3\theta - 8c\delta^3\theta - 4\delta^4\theta - 4c^2\theta^2 + 8\delta\theta^2 \\ - 8c\delta\theta^2 - 4\delta^2\theta^2 - \theta^3 + 2c\theta^3 - c^2\theta^3 + 2\delta\theta^3 - 2c\delta\theta^3 - \delta^2\theta^3 - 16c\delta\theta\omega \\ + 2\delta\theta^2\omega - 2c\delta\theta^2\omega - 2\delta^2\theta^2\omega - 16\delta^2\omega^2 + 8\delta^3\omega^2 + 16c^2\delta\theta\omega^2 - \delta^2\theta\omega^2 \\ - 2c\delta\theta^2\omega^2 + 2c^2\delta\theta^2\omega^2 + 2c\delta^2\theta^2\omega^2 + 32c\delta^2\omega^3 - 16c\delta^3\omega^3 + 2c\delta^2\theta\omega^3 \\ - 16c^2\delta^2\omega^4 + 8c^2\delta^3\omega^4 - c^2\delta^2\theta\omega^4)\end{array}}{4\theta(-16\delta^2 + 8\delta^3 + 8\delta\theta - \delta^2\theta - \theta^2 + 2\delta\theta^2)}$$

$$(4-43)$$

$$\pi_{22}^2 = \frac{\delta(8c\delta - 4\delta^2 - 6c\delta^2 + 2\delta^3 - 2c\theta + \delta\theta + c\delta\theta - c\theta^2 + \delta\theta^2 + 4\delta\omega^2 \begin{array}{l}\\ -4\delta^2\omega - \theta\omega + \delta\theta\omega - 4c\delta\omega^2 + 4c\delta^2\omega^2 + c\theta\omega^2 - c\delta\theta\omega^2)\end{array}}{-16\delta^2 + 8\delta^3 + 8\delta\theta^2 - \delta^2\theta - \theta^2 + 2\delta\theta^2}$$

$$(4-44)$$

4.4 再制造产品售后服务对定价策略的影响分析

通过对比平台供应链企业 1 为再制造产品提供售后服务和无售后服务时模型的最优解，可以得到如下结论。

结论 4 - 1 当企业 1 为再制造产品提供售后服务时，相比无售后服务，企业 1 会减少新产品的销售量而增加再制造产品的销售量，且企业 1 新产品销售量的降低幅度随着单位产品生产成本的增大而增大，同时企业 1 再制造产品销售量的增加幅度随着单位产品生产成本的增大而减小。

证明：通过比较企业 1 在再制造产品是否拥有售后服务情况下的销售量，研究发现：当 $\theta > \delta$ 时，计算可得 $q_{12}^1 - q_{11}^1 = \dfrac{\omega(-1 + c\omega)}{2(1-\theta)} < 0$，$q_{32}^1 - q_{31}^1 =$

$$\frac{(-4+\delta)\omega(-1+c\omega)}{2(\delta-4\theta)(-1+\theta)} > 0，且有 \frac{\partial(q_{12}^1-q_{11}^1)}{\partial c} = \frac{\omega^2}{2(1-\theta)} > 0 和 \frac{\partial(q_{32}^1-q_{31}^1)}{\partial c}$$

$$=\frac{(4-\delta)\omega^2}{2(\delta-4\theta)(1-\theta)} < 0。当 \theta < \delta 时，q_{12}^2-q_{11}^2 = \frac{\omega\delta(8\delta+\theta)(1-c\omega)}{2(-16\delta^2+8\delta^3+8\delta\theta}$$
$$-\delta^2\theta-\theta^2+2\delta\theta^2)} < 0，$$

$$q_{32}^2-q_{31}^2 = \frac{\omega\delta(-16\delta+8\delta^2+4\theta-5\delta\theta)(1-c\omega)}{2\theta(-16\delta^2+8\delta^3+8\delta\theta-\delta^2\theta-\theta^2+2\delta\theta^2)} > 0，且有 \frac{\partial(q_{12}^2-q_{11}^2)}{\partial c} =$$

$$\frac{\delta(8\delta+\theta)\omega^2}{2(16\delta^2-8\delta^3-8\delta\theta+\delta^2\theta+\theta^2-2\delta\theta^2)} > 0 和 \frac{\partial(q_{32}^2-q_{31}^2)}{\partial c} = \frac{\delta(-16\delta+8\delta^2+4\theta-5\delta\theta)\omega^2}{2\theta(16\delta^2-8\delta^3-8\delta\theta+\delta^2\theta+\theta^2-2\delta\theta^2)} < 0。$$

结论 4—1 说明，由于平台供应链中再制造产品和新产品在质量方面的差异，当企业 1 为其再制造产品提供售后服务时，可以减弱消费者对再制造产品质保方面的担忧，促使消费者购买再制造产品，提高再制造产品市场需求量。供应链中的企业 1 可以增加再制造产品的销售量，适当减少新产品的销售量。由于文中假设在平台供应链中再制造产品的售后服务成本与单位产品生产成本正相关，随着单位产品生产成本增加，企业 1 为再制造产品提供额外售后服务的成本也会不断增加，在这种情况下，企业 1 会选择减少再制造产品销售量。因此，当企业 1 为再制造产品提供售后服务时，企业 1 会减少新产品的销售量而增加再制造产品的销售量，但是随着单位产品生产成本不断增加，企业 1 的新产品销售量降低幅度会增大，再制造产品销售量增加程度会减小。

结论 4—1 的分析可知，平台供应链中企业为再制造产品提供售后服务可以促进消费者对再制造产品的消费，但同时也会蚕食新产品的市场。因此，在实际运营过程中，企业需要根据生产与服务成本大小，提供合理的售后服务来吸引更多的消费者购买企业产品，以实现利润最大化。

结论 4—2 在平台供应链中，当企业 1 为再制造产品提供售后服务时，相比无售后服务，企业 2 会减少替代产品销售量，且企业 2 替代产品销售量降低幅度随着单位产品生产成本的增大而增加。

证明：通过对比再制造产品是否具有售后服务两种情况下，企业 2 的替代产品销售量发现：

当 $\theta > \delta$ 时，可得 $q_{22}^1-q_{21}^1 = \frac{\omega(1-c\omega)}{\delta-4\theta} < 0$，且 $\frac{\partial(q_{22}^1-q_{21}^1)}{\partial c} = \frac{\omega^2}{4\theta-\delta} >$

0。当 $\theta < \delta$ 时，可得 $q_{22}^2 - q_{21}^2 = \dfrac{(-1+\delta)(4\delta-\theta)\omega(-1+c\omega)}{-16\delta^2 + 8\delta^3 + 8\delta\theta - \delta^2\theta - \theta^2 + 2\delta\theta^2} < 0$，且

$\dfrac{\partial(q_{22}^2 - q_{21}^2)}{\partial c} = \dfrac{(-1+\delta)(4\delta-\theta)\omega^2}{-16\delta^2 + 8\delta^3 + 8\delta\theta - \delta^2\theta - \theta^2 + 2\delta\theta^2} > 0$。

结论 4-2 说明，在平台供应链中，当企业 1 为再制造产品提供售后服务时，市场中偏好企业 1 产品且对质量服务敏感的消费者，会积极去购买企业 1 的再制造产品，从而造成市场中企业 2 替代产品的销售量减少；随着单位产品生产成本增加，替代产品 2 的零售价格也会提高，此时一些价格敏感度较高的消费者会转向购买企业 1 的产品，因此企业 2 替代产品销售量的降低幅度随着单位产品生产成本的增大而增大。

由结论 4-2 的分析可知，当平台供应链市场中存在产品竞争企业，且竞争企业采取措施提高其产品消费效用时，企业的经营决策往往会受到影响。若企业视而不见，则会导致企业产品的市场空间遭到挤压。若企业积极通过研发创新和生产优化来提高自己产品的质量，同时降低产品生产成本，则会吸引更多的消费者购买产品。

结论 4-3 在平台供应链中，当企业 1 为再制造产品提供售后服务时，相比无售后服务策略，企业 1 会同时提高新产品和再制造产品的零售价格，其中企业 1 新产品零售价格的增加幅度随着单位产品生产成本的增大而减小，企业 1 再制造产品零售价格的增加幅度随着单位产品生产成本的增大而增大。

证明：通过比较企业 1 与企业 2 在再制造产品是否具有售后服务情况下的零售价格，可以发现：

当 $\theta > \delta$ 时，可以得到 $p_{12}^1 - p_{11}^1 = \dfrac{\delta\omega(c\omega-1)}{2(\delta-4\theta)} > 0$，$p_{32}^1 - p_{31}^1 =$

$\dfrac{\omega(2\theta - c\delta\omega + 2c\theta\omega)}{-\delta+4\theta} > 0$；且 $\dfrac{\partial(p_{12}^1 - p_{11}^1)}{\partial c} = \dfrac{\delta\omega^2}{2(\delta-4\theta)} < 0$，$\dfrac{\partial(p_{32}^1 - p_{31}^1)}{\partial c} =$

$\dfrac{(2\theta-\delta)\omega^2}{4\theta-\delta} > 0$。

当 $\theta < \delta$ 时，可以得到 $p_{12}^2 - p_{11}^2 = \dfrac{3\delta\theta\omega(1-\delta)(-1+c\omega)}{2(-16\delta^2+8\delta^3+8\delta\theta-\delta^2\theta-\theta^2+2\delta\theta^2)} > 0$，$p_{32}^2 -$

$p_{31}^2 = \dfrac{\omega(-16\delta^2 + 8\delta^3 + 4\delta\theta + 3\delta^2\theta + \delta\theta^2 - 16c\delta^2\omega}{+8c\delta^3\omega + 12c\delta\theta\omega - 5c\delta^2\theta\omega - 2c\theta^2\omega + 3c\delta\theta^2\omega)}{2(-16\delta^2 + 8\delta^3 + 8\delta\theta - \delta^2\theta - \theta^2 + 2\delta\theta^2)} > 0$；且 $\dfrac{\partial(p_{12}^2 - p_{11}^2)}{\partial c} =$

$$\frac{3(1-\delta)\delta\theta\omega^2}{2(-16\delta^2+8\delta^3+8\delta\theta-\delta^2\theta-\theta^2+2\delta\theta^2)}<0, \frac{\partial(p_{32}^2-p_{31}^2)}{\partial c}=\frac{(-16\delta^2+8\delta^3+12\delta\theta-5\delta^2\theta-2\theta^2+3\delta\theta^2)\omega^2}{2(-16\delta^2+8\delta^3+8\delta\theta-\delta^2\theta-\theta^2+2\delta\theta^2)}>0。$$

结论 4 - 3 说明，在平台供应链中，当企业 1 为再制造产品提供售后服务时，会吸引潜在对价格与质量敏感的消费者购买再制造产品，增加企业 1 产品的市场占有率，从而企业 1 可以同时提高新产品和再制造产品的零售价格，特别是当单位产品生产成本提高，企业 1 会通过提高零售价格来提高企业利润；由于企业 1 新产品本身定价较高，且与替代产品 2、再制造产品 3 在市场中竞争，新产品 1 价格增加的幅度会随单位产品生产成本的增加而减小；对再制造产品而言，单位产品生产成本上升相应提高了售后服务成本，企业 1 会通过提高再制造产品的价格来转移售后成本给消费者，因为再制造产品最初具有价格低廉的特点，因此在新产品 1 价格提高条件下，再制造产品 3 的价格增加幅度随单位产品生产成本的增加而扩大。

由结论 4 - 3 的分析可知，在实际运营过程中，当平台供应链中的企业为自己产品提供更加优质的售后服务时，企业的品牌形象会得到提升，能够吸引更多的潜在消费者购买产品。此时，企业可以根据市场需求的变化，制定相应的定价策略，从而实现企业利润最大化。

结论 4 - 4 在平台供应链中，当企业 1 为再制造产品提供售后服务时，相比无售后服务，企业 2 会降低替代产品的零售价格，企业 2 替代产品零售价格的降低幅度随着单位产品生产成本的增大而增大。

证明：当企业 1 为再制造产品提供售后服务时，当 $\theta>\delta$ 时，通过计算可得 $p_{22}^1-p_{21}^1=\frac{\delta\omega(1-c\omega)}{\delta-4\theta}<0$，且 $\frac{\partial(p_{22}^1-p_{21}^1)}{\partial c}=\frac{\delta\omega^2}{4\theta-\delta}>0$；

当 $\theta<\delta$ 时，通过计算可得 $p_{22}^2-p_{21}^2=\frac{\delta\omega(-1+\delta)(4\delta-\theta)(-1+c\omega)}{-16\delta^2+8\delta^3+8\delta\theta-\delta^2\theta-\theta^2+2\delta\theta^2}<0$，

且 $\frac{\partial(p_{22}^2-p_{21}^2)}{\partial c}=\frac{\delta\omega^2(-1+\delta)(4\delta-\theta)}{-16\delta^2+8\delta^3+8\delta\theta-\delta^2\theta-\theta^2+2\delta\theta^2}>0$。

结论 4 - 4 说明，在平台供应链中，当企业 1 为再制造产品提供售后服务时，增加了再制造产品的市场竞争力，企业 2 会通过降低替代产品的零售价格来吸引消费者。从结论 4 - 3 中可知，在企业 1 为再制造产品提供售后服务时，新产品 1 和再制造产品 3 的零售价格都会提升，此时企业 2 可以通过降低替代产品 2 的零售价格来吸引消费者购买产品。但

从计算结果发现，随着单位产品生产成本增加，企业 2 降低零售价格的幅度逐渐增大，这使替代产品 2 的边际利润不断下降，不利于企业 2 的良性发展。

由结论 4-4 的分析可知，在实际运营过程中，若平台供应链中的企业通过提供售后服务增加产品消费效用，提高产品市场竞争力和提升产品市场占有率时，竞争企业往往会通过价格战来应对竞争。竞争企业希望通过低价策略吸引消费者，抢夺消费者市场。

结论 4-5 平台供应链中，企业 1 为再制造产品提供售后服务时的利润总是大于没有售后服务时的利润，不受单位产品生产成本高低水平的影响。

证明：根据式（4-19）、式（4-27）、式（4-35）与式（4-43）可知，当 $\theta > \delta$ 时，企业 1 在两个阶段的利润比较如下所示：

$$\pi_{12}^1 - \pi_{11}^1 = \frac{\begin{array}{c}\omega(-1+c\omega)(-2\delta^2 + 2c\delta^2 + 16c\theta - 16c\delta\theta + 2\delta^2\theta + 16c\theta^2 \\ + \delta^2\omega + 16\theta\omega - 8\delta\theta\omega - c\delta^2\omega^2 - 16c\theta\omega^2 + 8c\delta\theta\omega^2)\end{array}}{4(\theta-1)(-\delta+4\theta)^2}$$

$$(4-45)$$

通过计算可知，当 $c > \dfrac{-2\delta^2 + 2\delta^2\theta + \delta^2\omega + 16\theta\omega - 8\delta\theta\omega}{-2\delta^2 - 16\theta + 16\delta\theta - 16\theta^2 + \delta^2\omega^2 + 16\theta\omega^2 - 8\delta\theta\omega^2}$ 时，

$\pi_{12}^1 - \pi_{11}^1 > 0$。通过分析可以得出 $\dfrac{-2\delta^2 + 2\delta^2\theta + \delta^2\omega + 16\theta\omega - 8\delta\theta\omega}{\begin{array}{c}-2\delta^2 - 16\theta + 16\delta\theta - 16\theta^2 \\ + \delta^2\omega^2 + 16\theta\omega^2 - 8\delta\theta\omega^2\end{array}} < 0$，所

以当 $0 < c < 1$ 时，可得企业 1 在两个阶段的利润关系 $\pi_{12}^1 > \pi_{11}^1$ 总是成立。

当 $\theta < \delta$ 时，企业 1 在两个阶段的利润比较如下所示：

$$\pi_{12}^2 - \pi_{11}^2 = \frac{\begin{array}{c}\delta\omega(-1+c\omega)(16c\theta - 2\theta^2 + 2c\theta^2 + 2\delta\theta^2 + 16\delta\omega - 8\delta^2\omega \\ + \delta\theta\omega - 16c\delta\omega^2 + 8c\delta^2\omega^2 - c\delta\theta\omega^2)\end{array}}{4\theta(-16\delta^2 + 8\delta^3 + 8\delta\theta - \delta^2\theta - \theta^2 + 2\delta\theta^2)}$$

$$(4-46)$$

通过计算可知，当 $c > \dfrac{2\theta^2 - 2\delta\theta^2 - 16\delta\omega + 8\delta^2\omega - \delta\theta\omega}{16\theta + 2\theta^2 - 16\delta\omega^2 + 8\delta^2\omega^2 - \delta\theta\omega^2}$ 时，$\pi_{12}^2 - \pi_{11}^2 > 0$。

通过分析可以得出 $\dfrac{2\theta^2 - 2\delta\theta^2 - 16\delta\omega + 8\delta^2\omega - \delta\theta\omega}{16\theta + 2\theta^2 - 16\delta\omega^2 + 8\delta^2\omega^2 - \delta\theta\omega^2} < 0$，所以当 $0 <$

$c < 1$ 时，可得企业 1 在两个阶段的利润关系 $\pi_{12}^2 > \pi_{11}^2$ 总是成立。

结论 4-5 说明，平台供应链中，在 $\theta > \delta$ 和 $\theta < \delta$ 的情况下，企业 1 会全面与企业 2 在市场中争夺消费者，无论是购买意愿高的消费者还是购买意愿低的消费者。当企业 1 为再制造产品提供售后服务时，无论单位产品生产成本在 $[0, 1]$ 区间内如何变化，企业 1 的利润相比无售后服务时都会增加。再制造产品的售后服务为企业 1 带来了更多的潜在消费者，同时也使企业 1 可以提高其新产品与再制造产品的零售价格。

由结论 4-5 的分析可知，在平台供应链市场竞争的过程中，企业一成不变的策略并不能获得最优利润。因此，在实际运营过程中，企业可以通过提供产品售后服务，且对产品制定合理的价格，以刺激消费者的需求，进而实现企业利润最大化。

结论 4-6 在平台供应链中，当新产品单位生产成本较高时，企业 1 为再制造产品提供售后服务时，企业 2 的利润相比无售后服务时会提高；当单位产品生产成本较低时，企业 1 为再制造产品提供售后服务时，企业 2 的利润相比无售后服务时将缩减。

证明：根据式（4-20）、式（4-28）、式（4-36）与式（4-44）可知，当 $\theta > \delta$ 时，企业 2 在两个阶段的利润比较如下所示：

$$\pi_{22}^1 - \pi_{21}^1 = \frac{\omega(-1 + c\omega)(-4c\theta + 2\delta\theta - \delta\omega + c\delta\omega^2)}{(\delta - 4\theta)^2} \quad (4-47)$$

当 $0 < c < \frac{\delta(\omega - 2\theta)}{\delta\omega^2 - 4\theta}$ 时，可得企业 2 的利润 $\pi_{22}^1 < \pi_{21}^1$；当 $\frac{\delta(\omega - 2\theta)}{\delta\omega^2 - 4\theta} < c < 1$ 时，可得企业 2 的利润 $\pi_{22}^1 > \pi_{21}^1$。

当 $\theta < \delta$ 时，企业 2 在两个阶段的利润比较如下所示：

$$\pi_{22}^2 - \pi_{21}^2 = \frac{\begin{array}{c}(-1 + \delta)\delta(4\delta - \theta)\omega(-1 + c\omega)(16c\delta - 8\delta^2 - 12c\delta^2 + 4\delta^3 \\ -4c\theta + 2\delta\theta + 2c\delta\theta - 2c\theta^2 + 2\delta\theta^2 + 4\delta\omega - 4\delta^2\omega - \theta\omega + \delta\theta\omega \\ -4c\delta\omega^2 + 4c\delta^2\omega^2 + c\theta\omega^2 - c\delta\theta\omega^2)\end{array}}{(-16\delta^2 + 8\delta^3 + 8\delta\theta - \delta^2\theta - \theta^2 + 2\delta\theta^2)^2}$$

$$(4-48)$$

当 $0 < c < \frac{8\delta^2 - 4\delta^3 - 2\delta\theta - 2\delta\theta^2 - 4\delta\omega + 4\delta^2\omega + \theta\omega - \delta\theta\omega}{16\delta - 12\delta^2 - 4\theta + 2\delta\theta - 2\theta^2 - 4\delta\omega^2 + 4\delta^2\omega^2 + \theta\omega^2 - \delta\theta\omega^2}$ 时，

可得企业 2 的利润 $\pi_{22}^2 < \pi_{21}^2$；当 $\dfrac{8\delta^2 - 4\delta^3 - 2\delta\theta - 2\delta\theta^2 + 4\delta^2\omega + \theta\omega - \delta\theta\omega}{16\delta - 12\delta^2 - 4\theta + 2\delta\theta - 2\theta^2 - 4\delta\omega^2 + 4\delta^2\omega^2 + \theta\omega^2 - \delta\theta\omega^2} < c < 1$ 时，可

得企业 2 的利润 $\pi_{22}^2 > \pi_{21}^2$。

结论 4 - 6 说明：在平台供应链中，对企业 2 而言，当单位产品生产成

本较低的时候 $\left(0 < c < \dfrac{\delta(\omega - 2\theta)}{\delta\omega^2 - 4\theta} \text{和} 0 < c < \dfrac{8\delta^2 - 4\delta^3 - 2\delta\theta - 2\delta\theta^2 - 4\delta\omega + 4\delta^2\omega + \theta\omega - \delta\theta\omega}{16\delta - 12\delta^2 - 4\theta + 2\delta\theta - 2\theta^2 - 4\delta\omega^2 + 4\delta^2\omega^2 + \theta\omega^2 - \delta\theta\omega^2} \right)$，

说明企业 1 为再制造产品提供售后服务的成本也较低，企业 1 将提高
再制造产品的售后服务水平，吸引大量对产品 1 偏好且对质量敏感度
较高的消费者购买再制造产品，大幅度抢占企业 2 的产品市场，随之
企业 2 的利润减少；当单位产品生产成本较高的时候 $\left[\dfrac{\delta(\omega - 2\theta)}{\delta\omega^2 - 4\theta} < c < 1 \right.$

和 $\left. \dfrac{8\delta^2 - 4\delta^3 - 2\delta\theta - 2\delta\theta^2 - 4\delta\omega + 4\delta^2\omega + \theta\omega - \delta\theta\omega}{16\delta - 12\delta^2 - 4\theta + 2\delta\theta - 2\theta^2 - 4\delta\omega^2 + 4\delta^2\omega^2 + \theta\omega^2 - \delta\theta\omega^2} < c < 1 \right]$，为再制

造产品提供售后服务的成本较高，此时再制造产品的零售价格也会提高，
这时一些对价格敏感的消费者会转向购买企业 2 替代产品，从而企业 2 的
利润会增加。

由结论 4 - 6 的分析可知，平台供应链企业为产品提供售后服务的策略
受产品生产成本的影响。因此，在实际运营过程中，企业要不断优化产品生
产流程，适应技术快速发展，从而增强企业在市场竞争中的优势地位。

考虑一种特殊情况，在消费者环保意识高，企业社会责任感强，社会
环保制度完善，政府再制造补贴合理的情况下，当平台供应链中新产品与
再制造产品生产成本相同时，企业仍然会选择生产绿色环保的再制造产
品，且推向消费市场。假设企业 1 新产品的单位生产成本与再制造产品的
单位生产成本相同，即令 c = 0 时，得到企业利润关于售后服务水平的变化
情况，具体如下。

结论 4 - 7 在平台供应链中，当再制造产品售后服务水平 ω 达到一定
高度时，企业 1 与企业 2 的利润同时随售后服务水平 ω 的提高而增加；当
再制造产品售后服务水平 ω 在一定区间取值时，企业 1 的利润将伴随售后

服务水平 ω 的提高而增加，相反企业 2 的利润将伴随售后服务水平 ω 的提高而减少。

证明：（1）当 $\theta > \delta$ 时，$\dfrac{\partial \pi_{12}^1}{\partial \omega} = \dfrac{-\delta^2 + \delta^2\theta + \delta^2\omega + 16\theta\omega - 8\delta\theta\omega}{2(1-\theta)(-\delta+4\theta)^2}$ 和

$\dfrac{\partial \pi_{22}^1}{\partial \omega} = \dfrac{2\delta(\omega-\theta)}{(\delta-4\theta)^2}$，通过计算可得企业利润的变化关系如下：当 $0 < \omega <$

$\dfrac{\delta^2(1-\theta)}{\delta^2 + 16\theta - 8\delta\theta}$ 时，$\dfrac{\partial \pi_{12}^1}{\partial \omega} < 0$ 和 $\dfrac{\partial \pi_{22}^1}{\partial \omega} < 0$；当 $\dfrac{\delta^2(1-\theta)}{\delta^2 + 16\theta - 8\delta\theta} < \omega < \theta$ 时，$\dfrac{\partial \pi_{12}^1}{\partial \omega} > 0$ 和

$\dfrac{\partial \pi_{22}^1}{\partial \omega} < 0$；当 $\omega > \theta$ 时，$\dfrac{\partial \pi_{12}^1}{\partial \omega} > 0$ 和 $\dfrac{\partial \pi_{22}^1}{\partial \omega} > 0$。

（2）当 $\theta < \delta$ 时，$\dfrac{\partial \pi_{12}^2}{\partial \omega} = \dfrac{\delta(-\theta^2 + \delta\theta^2 + 16\delta\omega - 8\delta^2\omega + \delta\theta\omega)}{2(16\delta^2 - 8\delta^3 - 8\delta\theta + \delta^2\theta + \theta^2 - 2\delta\theta^2)}$，$\dfrac{\partial \pi_{22}^2}{\partial \omega} =$

$\dfrac{2\delta(1-\delta)(4\delta-\theta)(-4\delta^2 + 2\delta^3 + \delta\theta + \delta\theta^2 + 4\delta\omega - 4\delta^2\omega - \theta\omega + \delta\theta\omega)}{(-16\delta^2 + 8\delta^3 + 8\delta\theta - \delta^2\theta - \theta^2 + 2\delta\theta^2)^2}$，通过计

算可得企业利润变化关系如下：当 $0 < \omega < \dfrac{\delta(-4\delta + 2\delta^2 + \theta + \theta^2)}{(-1+\delta)(4\delta-\theta)}$ 时，$\dfrac{\partial \pi_{12}^2}{\partial \omega} > 0$

和 $\dfrac{\partial \pi_{22}^2}{\partial \omega} < 0$；当 $\omega > \dfrac{\delta(-4\delta + 2\delta^2 + \theta + \theta^2)}{(-1+\delta)(4\delta-\theta)}$ 时，$\dfrac{\partial \pi_{12}^2}{\partial \omega} > 0$ 和 $\dfrac{\partial \pi_{22}^2}{\partial \omega} > 0$。

结论 4-7 说明：在平台供应链中，当 $\theta > \delta$ 时，消费者对于再制造产品 3 的感知质量高于替代产品 2 的感知质量。①当 $0 < \omega < \dfrac{\delta^2(1-\theta)}{\delta^2 + 16\theta - 8\delta\theta}$

时，企业 1 提供的售后服务水平较低时 $\left[0 < \omega < \dfrac{\delta^2(1-\theta)}{\delta^2 + 16\theta - 8\delta\theta}\right]$，由于平台

供应链中再制造产品效用价值提高不明显，使提高再制造产品售后服务水平带来的企业收益小于企业为再制造产品提供售后服务支付的成本，因此企业 1 的利润随着 ω 的增加而减少；同时，平台供应链中再制造产品的售后服务水平 ω 不断增加，一定会吸引企业 2 的部分潜在消费者转向购买企业 1 的再制造产品，因此企业 2 的利润随着 ω 的增加而减少。②当

$\dfrac{\delta^2(1-\theta)}{\delta^2 + 16\theta - 8\delta\theta} < \omega < \theta$ 时，说明平台供应链企业 1 提供再制造产品的售后

服务水平较高，可以大大提高消费者购买再制造产品的效用，吸引较多的消费者购买再制造产品，因此企业 1 的利润随着 ω 的增加而增加；企

业 2 仍然会由于部分潜在消费者的流失造成利润减少。③当 ω > θ 时，平台供应链中的企业 1 为再制造产品提供售后服务的水平显著，刺激了市场中消费者购买此类产品的消费欲望，因此平台中企业 1 和企业 2 的利润都会随着 ω 的增加而增加。

当 θ < δ 时，消费者对于替代产品 2 的质量感知高于再制造产品 3 的质量感知。①当 $0 < ω < \dfrac{δ(-4δ + 2δ^2 + θ + θ^2)}{(-1 + δ)(4δ - θ)}$ 时，平台供应链中的企业 1 为再制造产品提供了一定水平的售后服务，使其在消费者心中的质量感知有所提升，将吸引更多的消费者购买再制造产品，因此企业 1 的利润随着 ω 的增加而增加；企业 2 则会由于部分潜在消费者的流失造成利润减少。②当 $ω > \dfrac{δ(-4δ + 2δ^2 + θ + θ^2)}{(-1 + δ)(4δ - θ)}$ 时，随着再制造产品售后服务水平 ω 的提高，市场上消费者对于再制造产品的接受程度提高，企业 1 可以提高再制造产品的零售价格，随之刺激消费者对平台供应链中企业 1 新产品和企业 2 替代产品的购买欲望，因此企业 1 和企业 2 的利润将伴随着再制造产品售后服务水平 ω 的提高而增加。

由结论 4 - 7 的分析可知，平台供应链企业利润的变化受到消费者对于不同产品质量感知度的影响。因此，在实际运营过程中，企业需要不断提高产品的质量，提高产品的效用价值，以适应消费者对产品品质需求的变化，实现企业利润最大化。

4.5 数值模拟分析

由于平台供应链中再制造产品售后服务水平会影响消费者购买再制造产品的购买效用，单位产品的生产成本会影响再制造产品的售后服务成本，因此本节在给定消费者对产品感知质量的前提下，讨论平台供应链中企业 1 与企业 2 的最优决策与再制造产品售后服务水平和单位产品生产成本的密切关系。当平台供应链中制造企业新产品和第三方再制造产品同时出现时，消费者对再制造产品的感知质量大约是新产品的 50% ~ 80%。根据实际情况，当 θ > δ 时，取参数 θ = 0.8，δ = 0.6；当 θ < δ 时，取参数

$\theta = 0.8$，$\delta = 0.9$。

4.5.1　灵敏度分析

分析当平台供应链中企业 1 为再制造产品提供售后服务时，企业 1 和企业 2 的产品销售量与产品价格关于生产成本 c 与售后服务水平 ω 的灵敏度分析如表 4－2 所示。

表 4－2　　　　　　　　　　　　　　灵敏度分析

$\theta > \delta$			$\theta < \delta$		
$\theta = 0.8$　$\delta = 0.6$			$\theta = 0.8$　$\delta = 0.9$		
	c	ω		c	ω
q_{21}	↓	↓	q_{21}	↓	↓
q_{22}	↓	↓	q_{22}	↓	↓
q_{23}	↑	↑	q_{23}	↑	↑
p_{21}	↑	↑	p_{21}	↑	↑
p_{22}	↑	↓	p_{22}	↑	↑
p_{23}	↑	↑	p_{23}	↑	↑

观察表 4－2 可知，在平台供应链中，无论 $\theta > \delta$ 还是 $\theta < \delta$ 时，当单位产品生产成本 c 增加时，企业 1 和企业 2 都会通过降低新产品的销售量来降低生产成本，同时企业 1 会通过提高再制造产品的销售量来占领更多消费市场，因为再制造产品的售后服务成本增加额远远小于企业生产新产品的成本增加额。随着单位产品的生产成本增加，企业 1 和企业 2 会同时提高新产品、替代产品与再制造产品的零售价格，这对于消费者来讲是不利情形。

对企业 1 和企业 2 而言，无论 $\theta > \delta$ 还是 $\theta < \delta$ 时，当平台供应链中的再制造产品的售后服务质量 ω 不断提高时，两家企业都会降低新产品的销售量。因为售后服务质量 ω 的提高，消除了消费者对于再制造产品质量的顾虑，带来了更多潜在消费者购买再制造产品。随着额外服务质量 ω 的提高，企业 1 在提高再制造产品价格的同时，也提高了新产品的价格，而企业 2 为了和企业 1 在市场上进行产品竞争，则会通过降价策略来争取更多

对价格敏感的消费者。

4.5.2　社会总利润数值模拟

前面讨论了平台供应链中企业 1 与企业 2 在单位产品生产成本为 0 时，售后服务对其利润的影响，本小节将沿用当 $\theta > \delta$ 时，取参数 $\theta = 0.8$，$\delta = 0.6$；当 $\theta < \delta$ 时，取参数 $\theta = 0.8$，$\delta = 0.9$ 的假设，讨论供应链总利润在企业 1 不为再制造产品提供售后服务和提供售后服务两种策略下的变化情况，引入新的参数来表示总利润，假设 $\Pi1 = \pi_{11}^{k} + \pi_{21}^{k}$ 和 $\Pi2 = \pi_{12}^{k} + \pi_{22}^{k}$。

当 $\theta > \delta$ 时，计算可得 $\Pi2 - \Pi1 = \dfrac{\omega(c\omega - 1)(114 - 2330c - 1225\omega + 1225c\omega^2)}{676}$；

当 $\theta < \delta$ 时，计算可得 $\Pi2 - \Pi1 = \dfrac{9\omega(c\omega - 1)(2077 - 44230c - 25870\omega + 25870c\omega^2)}{141376}$。

通过 Mathmatics 工具画图可得图 4-1 和图 4-2。

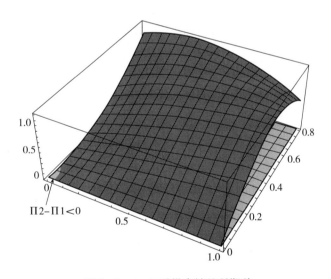

图 4-1　$\theta > \delta$ 时供应链总利润差

从图 4-1 和 4-2 中可以看出，无论 $\theta > \delta$ 还是 $\theta < \delta$ 时：（1）当平台供应链中单位产品生产成本和售后服务水平都趋近于 0 时，企业 1 为再制造产品提供售后服务时，供应链总利润减少。因为当单位产品生产成本很

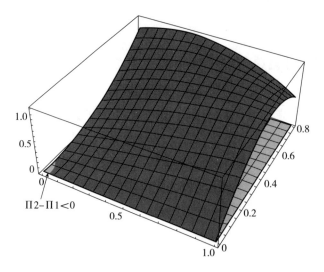

图 4 - 2　θ<δ 时供应链总利润差

小时，再制造产品在生产成本方面的优势就不再显著，而且企业 1 为再制造产品提供的售后服务水平也非常低，不能吸引更多的消费者选择购买再制造产品，因此这种情况下，企业 1 选择为再制造产品提供售后服务不能带来供应链总利润的增加，并不利于供应链健康高效发展；（2）除上述情况外，从图 4 - 1 和图 4 - 2 中可以看出，平台供应链中企业 1 为再制造产品提供售后服务策略时，供应链总利润大于不提供售后服务策略时的供应链总利润。售后服务水平的不断提高，促进了消费者对再制造产品的购买，更加有利于社会资源绿色循环利用，最大化供应链总利润。

4.6　本章小结

在平台供应链中，制造企业进行产品再制造且出售再制造产品符合当前供应链绿色环保的发展理念，可以帮助企业拓展消费市场，提高企业竞争能力。本章基于两个相互竞争与相互替代的制造企业构成的供应链系统，构建再制造产品无售后服务和有售后服务的不同博弈模型，探讨制造企业在不同情况下的销量、价格以及利润的变化。主要结论有：（1）在平台供应链中，当制造企业为再制造产品提供售后服务时，再制造产品的销售量增加，新产品和替代产品的销售量降低；有趣的是平台供应链中制造企业再制造产品和新产品的零售价格同时增加，但竞争替代产品的零售价格降低。（2）在平台供应链中，制造企业为再制造产品提供售后服务时的利润总是大于没有售后服务时的利润，不受制造企业单位产品生产成本的影响。同时，当制造企业单位产品生产成本较高时，为再制造产品提供售后服务将增加竞争企业的利润；相反，将削弱竞争企业的利润。本章提出为再制造产品提供售后服务的思想，为企业进行产品再制造提供了一定的指引与参考，获取了一些具有现实意义的结论。但本章对平台供应链中再制造产品的研究仍然存在不足之处，例如，没有考虑企业同时为新产品与再制造产品提供售后服务问题，没有考虑废旧产品回收问题带来的再制造产品数量随机性等，这些问题将在今后研究中得到拓展和深入。

第5章

平台供应链跨境电商平行进口产品售后服务的企业运营策略

5.1 引言

在两个具有消费者购买意愿差异的市场中，考虑存在两个制造商和一个灰色进口商的平台供应链系统，研究由领导制造商和灰色进口商分别为各自产品提供售后服务的运营策略及对供应链各主体利润的影响。分析了存在灰色进口商窜货的制造商竞争供应链的市场结构，建立了无售后服务模型、灰色进口商提供售后服务模型和领导制造商提供售后服务模型，给出了不同模型下供应链的运营策略与最优定价策略及各企业的利润，分析了不同售后服务策略对供应链和企业利润的影响。研究发现，在平台供应链中，领导制造商提供授权产品售后服务策略能够提高授权产品的销售量和零售价格，同时抑制竞争对手和灰色进口商的产品销售量与零售价格；领导制造商授权产品销量不受灰色进口商提供售后服务策略的影响。通过将模型进一步扩展到双售后服务的情形，结果表明灰色进口商一味地追随领导制造商提供售后服务并不一定为最优策略。

灰色市场，也称为平行交易市场，是指在专利、版权或商标权保护下生产的商品在一个国家内流通并在未经原始制造商许可授权的情况下合法进口到另一个国家销售的情况（Gallini & Hollis, 1996）。2013 年顺丰集团开展"海淘转运＋跨境寄递"业务，使境外授权分销商能更容易跨市场销售产品；2015 年上海自贸区平行进口汽车交易中心正式营业（洪定军等，2018）。随着互联网快速发展，市场对灰色产品的需求日益增加，其凭借自身价格优势使销售规模不断扩大（洪定军等，2017）。灰色产品对正规市场产品产生影响并且降低原始制造商的整体利润（Auorey et al.，2015），企业的品牌信誉、销售渠道与盈利等受到了来自灰色市场日益增加的压力（丁龙等，2018）。

　　本章考虑一个在不同消费市场中同时存在多主体多产品竞争的平台供应链系统，研究在消费者购买意愿不同的市场中，当不同企业提供售后服务且售后服务水平不同时平台企业决策与利润的变化，其中，考虑领导制造商直接将其产品销往不同市场，而跟随制造商和灰色进口商在消费意愿较高的市场中与领导制造商开展产品数量竞争。本章的贡献在于：（1）重点关注平台供应链中多市场多产品竞争结构下企业提供售后服务的条件；（2）通过比较不同策略中平台企业的利润，得出领导制造商与灰色进口商相应的最优售后服务策略的选择。

5.2　问题描述与假设

　　考虑一个由领导制造商 1（以下简称"制造商 1"）、跟随制造商 2（以下简称"制造商 2"）和灰色进口商 3 组成的供应链系统。制造商 1 生产的产品 1 分别在不同国家的市场 1 和市场 2 中通过专卖店平台销售，假设市场 1 和市场 2 中消费者的购买意愿不同，市场 1 的消费者购买意愿较低，市场 2 的消费者购买意愿较高，因此产品 1 在市场 1 中的零售价格低于产品 1 在市场 2 中的零售价格。制造商 2 生产的产品 2 仅仅在市场 2 中通过专卖店平台销售，且和产品 1 做产品数量竞争。

　　由于平台供应链中不同市场间的产品定价差异，存在灰色进口商的窜货行为。灰色进口商 3 在市场 1 中从制造商 1 手中购买产品 1，然后转运到市场 2 中通过非授权渠道销售，书中将通过这种渠道销售的产品称为灰色产品 3。在市场 2 中，产品 1、产品 2 和灰色产品 3 相互竞争，抢占消费市场。假设在市场 2 中，制造商 1 是市场领导者，参考李等（Li et al.，2016）的研究，在平台供应链中，消费者对制造商专卖店平台销售的产品 1 感知质量最高，令其为 1；对灰色进口商销售的产品 3 的感知质量为 θ；对制造商 2 专卖店平台销售的产品 2 感知质量为 δ，其中 $0 < θ < 1$，$0 < δ < 1$。当 $θ > δ$ 时，表示灰色产品 3 在专卖店销售的产品 1 和产品 2 之间形成一个缓冲区，灰色产品 3 同时与产品 1 和产品 2 抢占市场份额；当 $θ < δ$ 时，表示产品 1 和灰色产品 3 同时与产品 2 抢占市场份额，市场中企业竞争关系如图 5 - 1 所示。

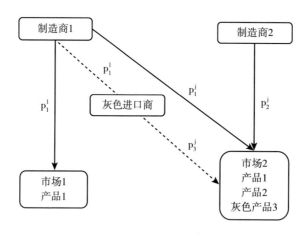

图 5 - 1　市场竞争关系

为了简化计算，书中将假设产品的生产成本、销售成本和运输成本为 0。在市场 1 中，参考蒋忠中等（2020）和胡斌等（2021）的研究，消费者购买产品的意愿效用为 t_1，服从 $[0, a_1]$ 的均匀分布；在市场 2 中，消费者购买产品的意愿效用为 t_2，服从 $[0, a_2]$ 的均匀分布，其中 $a_1 < a_2$，市场 2 中消费者的购买意愿大于市场 1 中消费者的购买意愿。

市场 2 中，由于制造商 1、制造商 2 和灰色进口商 3 之间存在竞争，制造商 1 为了巩固其市场领导地位，可以通过为产品 1 提供增值售后服务（例如，产品升级服务等）来扩大与产品 2 和灰色产品 3 的竞争优势；灰色进口商 3 可以通过为灰色产品 3 提供售后服务弥补其非专卖渠道无售后质保的弱势，从而增加消费者的购买意愿。具体参数如表 5 - 1 所示。

表 5 – 1　　　　　　　　　　　参数符号及说明

参数符号	参数符号说明
U_1	在市场 1 中消费者购买产品 1 的效用
p_1^l	在市场 1 中产品 1 的零售价格
q_1^l	在市场 1 中产品 1 的销售量
U_i	在市场 2 中消费者购买产品 i 的效用
p_i^j	在市场 2 中，产品 i 在 j 策略下的零售价格
q_i^j	在市场 2 中，产品 i 在 j 策略下的销售量
π_i^j	在供应链系统中，企业 i 在 j 策略下的利润
s^G	灰色进口商 3 提供的售后服务水平
s^M	制造商 1 提供的售后服务水平
$i \in \{1,2,3\}$	1 表示制造商 1，2 表示制造商 2，3 表示灰色进口商 3
$j \in \{N,G,M\}$	N 表示无售后服务策略；G 表示灰色进口商 3 提供售后服务策略，M 表示制造商 1 提供售后服务策略

5.3 不同情境下的需求函数

根据上述假设，得到平台供应链模型中消费者购买产品的效用函数，且通过比较消费者的效用函数得到不同策略下消费者购买产品的选择。

在无售后服务模型中，消费者购买不同产品的效用函数分别为：

$$U_1 = t_1 - p_1^l \tag{5-1}$$

$$U_1 = t_2 - p_1^N \tag{5-2}$$

$$U_2 = \delta t_2 - p_2^N \tag{5-3}$$

$$U_3 = \theta t_3 - p_3^N \tag{5-4}$$

考虑当灰色进口商 3 为灰色产品 3 提供售后服务时，市场 2 中购买灰色产品 3 的消费者效用函数变为 $U_3 = \theta(t_3 + bs^G) - p_3^G$，其他效用函数表达式不变；同样有，当制造商 1 为产品 1 提供售后服务时，市场 2 中购买产品 1 的消费者效用函数变为 $U_1 = (t_2 + bs^M) - p_1^M$，其他效用函数表达式不变；其中，b 表示售后服务水平对产品销售量的敏感程度（毛照昉等，2019）。

在该平台供应链模型中，市场 2 中的消费者有三种产品购买选择：当 $U_1 \geqslant \max\{U_2, U_3\}$ 且 $U_1 \geqslant 0$ 时，消费者从制造商 1 专卖渠道购买产品 1；当

$U_3 \geqslant \max\{U_1, U_2\}$ 且 $U_3 \geqslant 0$ 时，消费者从灰色进口商 3 处购买灰色产品 3；当 $U_2 \geqslant \max\{U_1, U_3\}$ 且 $U_2 \geqslant 0$ 时，消费者从制造商 2 专卖渠道购买产品 2。另外，由于市场 2 中消费者对于灰色产品 3 的感知质量 θ 和对于产品 2 的感知质量 δ 有差异，下文分别在 $\theta > \delta$ 和 $\theta < \delta$ 两种情形下考虑企业不同模型下的决策问题。根据海等（Hai et al.，2016）、陈和张（Chen & Zhang，2020）的需求函数推导方法，推导过程如附录 3 – 1 和附录 3 – 2 所示，可以得到不同售后服务策略下，市场 2 中不同产品的需求函数如下所示。

5.3.1 当 $\theta > \delta$ 时

5.3.1.1 无售后服务

利用效用函数可得平台供应链中市场 1 与市场 2 中不同产品的价格关于销售量的表达函数如下所示。

$$p_1^N = a_2(1 - q_1^N - \delta q_2^N - \theta q_3^N) \tag{5-5}$$

$$p_2^N = \delta a_2(1 - q_1^N - q_2^N - q_3^N) \tag{5-6}$$

$$p_3^N = a_2(\theta - \theta q_1^N - \delta q_2^N - \theta q_3^N) \tag{5-7}$$

$$p_1^1 = a_1(1 - q_1^1) \tag{5-8}$$

5.3.1.2 灰色进口商提供售后服务

同理，可得平台供应链中市场 1 与市场 2 中不同产品的价格关于销售量的表达函数如下所示。

$$p_1^G = a_2(1 - q_1^G - \delta q_2^G - \theta q_3^G) \tag{5-9}$$

$$p_2^G = \delta a_2(1 - q_1^G - q_2^G - q_3^G) \tag{5-10}$$

$$p_3^G = \theta a_2 - \theta a_2 q_1^G - \delta a_2 q_2^G - \theta a_2 q_3^G + b\theta s^G \tag{5-11}$$

$$p_1^1 = a_1(1 - q_1^1) \tag{5-12}$$

5.3.1.3 制造商 1 提供售后服务

同理，可得平台供应链中市场 1 与市场 2 中不同产品的价格关于销售量的表达函数如下所示。

$$p_1^M = a_2 - a_2 q_1^M - \delta a_2 q_2^M - \theta a_2 q_3^M + bs^M \qquad (5-13)$$

$$p_2^M = \delta a_2 (1 - q_1^M - q_2^M - q_3^M) \qquad (5-14)$$

$$p_3^M = a_2 (\theta - \theta q_1^M - \delta q_2^M - \theta q_3^M) \qquad (5-15)$$

$$p_1^1 = a_1 (1 - q_1^1) \qquad (5-16)$$

5.3.2　当 θ < δ 时

5.3.2.1　无售后服务

利用效用函数可得平台供应链中市场 1 与市场 2 中不同产品的价格关于销售量的表达函数如下所示。

$$p_1^N = a_2 (1 - q_1^N - \delta q_2^N - \theta q_3^N) \qquad (5-17)$$

$$p_2^N = a_2 (\delta - \delta q_1^N - \delta q_2^N - \theta q_3^N) \qquad (5-18)$$

$$p_3^N = \theta a_2 (1 - q_1^N - q_2^N - q_3^N) \qquad (5-19)$$

$$p_1^1 = a_1 (1 - q_1^1) \qquad (5-20)$$

5.3.2.2　灰色进口商提供售后服务

同理，可得平台供应链中市场 1 与市场 2 中不同产品的价格关于销售量的表达函数如下所示。

$$p_1^G = a_2 (1 - q_1^G - \delta q_2^G - \theta q_3^G) \qquad (5-21)$$

$$p_2^G = a_2 (\delta - \delta q_1^G - \delta q_2^G - \theta q_3^G) \qquad (5-22)$$

$$p_3^G = \theta (a_2 - a_2 q_1^G - a_2 q_2^G - a_2 q_3^G + bs^G) \qquad (5-23)$$

$$p_1^1 = a_1 (1 - q_1^1) \qquad (5-24)$$

5.3.2.3　制造商 1 提供售后服务

同理，可得平台供应链中市场 1 与市场 2 中不同产品的价格关于销售量的表达函数如下所示。

$$p_1^M = a_2 - a_2 q_1^M - \delta a_2 q_2^M - \theta a_2 q_3^M + bs^M \qquad (5-25)$$

$$p_2^M = a_2 \left(\delta - \delta q_1^M - \delta q_2^M - \theta q_3^M \right) \qquad (5-26)$$

$$p_3^M = \theta a_2 \left(1 - q_1^M - q_2^M - q_3^M \right) \qquad (5-27)$$

$$p_1^1 = a_1 \left(1 - q_1^1 \right) \qquad (5-28)$$

5.4 运营模型与求解

5.4.1 当 θ > δ 时

当平台供应链中市场 2 中的消费者对灰色产品 3 的感知质量较高时，灰色进口商 3 同时与制造商 1 和制造商 2 抢占消费市场，因此，灰色进口商 3 希望通过为灰色产品提供售后服务来吸引更多消费者，同时，制造商 1 希望通过为产品 1 提供售后服务来巩固产品 1 在市场中的质量感知竞争优势。

5.4.1.1 无售后服务

在无售后服务策略下，首先，平台供应链中的制造商 1 同时决定市场 1 和市场 2 中产品 1 的销售量；其次，制造商 2 和灰色进口商 3 同时决定市场 2 中产品 2 和灰色产品 3 的销售量。平台供应链中制造商 1、制造商 2 和灰色进口商 3 的利润函数如下所示。

$$\pi_1^N = p_1^N q_1^N + \left(q_3^N + q_1^1 \right) p_1^1 \qquad (5-29)$$

$$\pi_2^N = p_2^N q_2^N \qquad (5-30)$$

$$\pi_3^N = \left(p_3^N - p_1^1 \right) q_3^N \qquad (5-31)$$

其中，在平台供应链中，$p_1^N q_1^N$ 表示市场 2 中制造商 1 通过授权渠道销售产品的收益，$q_3^N p_1^1$ 表示市场 1 中制造商 1 将产品销售给灰色进口商的收益，$q_1^1 p_1^1$ 表示市场 1 中制造商 1 通过授权渠道销售产品的收益；$p_2^N q_2^N$ 表示市场 2 中制造商 2 通过授权渠道销售产品的收益，$\left(p_3^N - p_1^1 \right) q_3^N$ 表示灰色进口商 3 在市场 2 中销售灰色产品的收益。由逆向归纳法计算可得制造商 1、制造商 2 和灰色进口商 3 的均衡销售量与利润如下所示，具体计算过程如附录 4 – 1 所示。

$$q_1^1 = \frac{2a_1 + \theta a_2}{2a_1 - \delta a_2 + 4\theta a_2} \tag{5-32}$$

$$q_1^N = \frac{1}{2} \tag{5-33}$$

$$q_2^N = \frac{2a_1 + \theta a_2}{2(2a_1 - \delta a_2 + 4\theta a_2)} \tag{5-34}$$

$$q_3^N = \frac{2a_1 + \delta a_2 - 2\theta a_2}{2(-2a_1 + \delta a_2 - 4\theta a_2)} \tag{5-35}$$

$$\pi_1^N = \frac{a_2(2a_1 - 4\delta a_1 + 8\theta a_1 - \delta a_2 + 4\theta a_2 - 2\theta^2 a_2)}{4(2a_1 - \delta a_2 + 4\theta a_2)} \tag{5-36}$$

$$\pi_2^N = \frac{\delta a_2 (2a_1 + \theta a_2)^2}{4(2a_1 - \delta a_2 + 4\theta a_2)^2} \tag{5-37}$$

$$\pi_3^N = \frac{\theta a_2 (2a_1 + \delta a_2 - 2\theta a_2)^2}{4(2a_1 - \delta a_2 + 4\theta a_2)^2} \tag{5-38}$$

5.4.1.2 灰色进口商 3 提供售后服务模型

考虑平台供应链中灰色进口商 3 为了提高消费者对灰色产品的购买效用，为灰色产品提供售后服务。首先，制造商 1 同时决定市场 1 和市场 2 中产品 1 的销售量；其次，制造商 2 和灰色进口商 3 同时决定市场 2 中产品 2 的销售量，灰色产品 3 的销售量和售后服务水平 s^G。制造商 1、制造商 2 和灰色进口商 3 的利润函数如下所示。

$$\pi_1^G = p_1^G q_1^G + (q_3^G + q_1^1)p_1^1$$

$$\pi_2^G = p_2^G q_2^G$$

$$\pi_3^G = (p_3^G - p_1^1)q_3^G - \frac{(s^G)^2}{2}$$

其中，利润函数中各部分解释同 5.4.1.1 节中所示，特别的，参考胡斌等（2018）的研究，$\frac{(s^G)^2}{2}$ 表示灰色进口商 3 为市场 2 中灰色产品 3 提供售后服务水平为 s^G 时付出的服务成本，由逆向归纳法计算可得平台供应链中制造商 1、制造商 2 和灰色进口商 3 的均衡销售量与利润如下所示，具体计算过程如附录 4 – 2 所示。

$$q_1^1 = \frac{b^2\theta^2 - 2a_1 - \theta a_2}{2b^2\theta^2 - 2a_1 + \delta a_2 - 4\theta a_2} \tag{5 – 39}$$

$$q_1^G = \frac{1}{2} \tag{5 – 40}$$

$$q_2^G = \frac{b^2\theta^2 - 2a_1 - \theta a_2}{2(2b^2\theta^2 - 2a_1 + \delta a_2 - 4\theta a_2)} \tag{5 – 41}$$

$$q_3^G = \frac{2a_1 + \delta a_2 - 2\theta a_2}{2(2b^2\theta^2 - 2a_1 + \delta a_2 - 4\theta a_2)} \tag{5 – 42}$$

$$s^G = \frac{b\theta(2a_1 + \delta a_2 - 2\theta a_2)}{2(2b^2\theta^2 - 2a_1 + \delta a_2 - 4\theta a_2)} \tag{5 – 43}$$

$$\pi_1^G = \frac{2b^2\theta^2 a_1 + 2b^2\theta^2 a_2 - b^2\delta\theta^2 a_2 - 2a_1 a_2 + 4\delta a_1 a_2 - 8\theta a_1 a_2 + \delta a_2^2 - 4\theta a_2^2 + 2\theta^2 a_2^2}{4(2b^2\theta^2 - 2a_1 + \delta a_2 - 4\theta a_2)}$$
$$\tag{5 – 44}$$

$$\pi_2^G = \frac{\delta a_2 (b^2\theta^2 - 2a_1 - \theta a_2)^2}{4(2b^2\theta^2 - 2a_1 + \delta a_2 - 4\theta a_2)^2} \tag{5 – 45}$$

$$\pi_3^G = \frac{\theta(2a_2 - b^2\theta)(2a_1 + \delta a_2 - 2\theta a_2)^2}{8(2b^2\theta^2 - 2a_1 + \delta a_2 - 4\theta a_2)^2} \tag{5 – 46}$$

5.4.1.3 制造商 1 提供售后服务模型

考虑在平台供应链中制造商 1 为了抑制灰色市场和竞争市场，给市场 2 中购买产品 1 的消费者提供增值售后服务，而购买灰色产品的消费者无法享受此售后服务。首先，制造商 1 同时决定市场 1 中产品 1 的销售量、市场 2 中产品 1 的销售量以及售后服务水平 s^M；其次，制造商 2 和灰色进口商 3 同时决定市场 2 中产品 2 的销售量和灰色产品 3 的销售量。制造商 1、制造商 2 和灰色进口商 3 的利润函数如下所示。

$$\pi_1^M = p_1^M q_1^M + (q_3^M + q_1^1) p_1^1 - \frac{(s^M)^2}{2} \tag{5 – 47}$$

$$\pi_2^M = p_2^M q_2^M \tag{5 – 48}$$

$$\pi_3^M = (p_3^M - p_1^1) q_3^M \tag{5 – 49}$$

其中，利润函数中各部分解释如5.4.1.1节中所示，特别的，参考胡斌等（2018）的研究，$\dfrac{(s^M)^2}{2}$表示平台供应链中制造商1为市场2中授权渠道的产品1提供售后服务水平为s^M时付出的服务成本，由逆向归纳法计算可得平台供应链中制造商1、制造商2和灰色进口商3的均衡销售量与利润如下所示，具体计算过程如附录4-3所示。

$$q_1^1 = \frac{2a_1 + \theta a_2}{2a_1 - \delta a_2 + 4\theta a_2} \tag{5-50}$$

$$q_1^M = \frac{a_2(4\theta - \delta - 2\theta^2)}{b^2\delta - 4b^2\theta - 2\delta a_2 + 8\theta a_2 - 4\theta^2 a_2} \tag{5-51}$$

$$q_2^M = \frac{\begin{array}{c}-b^2\delta a_1 + 5b^2\theta a_1 - b^2\delta\theta a_2 + 4b^2\theta^2 a_2 + 2\delta a_1 a_2 - 8\theta a_1 a_2 + 4\theta^2 a_1 a_2 + \delta\theta a_2^2 \\ -4\theta^2 a_2^2 + 2\theta^3 a_2^2\end{array}}{(2a_1 - \delta a_2 + 4\theta a_2)(-b^2\delta + 4b^2\theta + 2\delta a_2 - 8\theta a_2 + 4\theta^2 a_2)} \tag{5-52}$$

$$q_3^M = \frac{\begin{array}{c}2b^2\theta a_1 - b^2\delta^2 a_2 + 6b^2\delta\theta a_2 - 8b^2\theta^2 a_2 + 2\delta a_1 a_2 - 8\theta a_1 a_2 + 4\theta^2 a_1 a_2 \\ + \delta^2 a_2^2 - 6\delta\theta a_2^2 + 8\theta^2 a_2^2 + 2\delta\theta^2 a_2^2 - 4\theta^3 a_2^2\end{array}}{(-2a_1 + \delta a_2 - 4\theta a_2)(-b^2\delta + 4b^2\theta + 2\delta a_2 - 8\theta a_2 + 4\theta^2 a_2)} \tag{5-53}$$

$$s^M = \frac{b\theta(2a_1 + \delta a_2 - 2\theta a_2)}{2(2b^2\theta^2 - 2a_1 + \delta a_2 - 4\theta a_2)} \tag{5-54}$$

$$\pi_1^M = \frac{\begin{array}{c}a_2(2b^2\delta^2 a_1 - 12b^2\delta\theta a_1 + 18b^2\theta^2 a_1 + 2\delta a_1 a_2 - 4\delta^2 a_1 a_2 - 8\theta a_1 a_2 + 24\delta\theta a_1 a_2 \\ -28\theta^2 a_1 a_2 - 8\delta\theta^2 a_1 a_2 + 16\theta^3 a_1 a_2 - \delta^2 a_2^2 + 8\delta\theta a_2^2 - 16\theta^2 a_2^2 - 4\delta\theta^2 a_2^2 \\ + 16\theta^3 a_2^2 - 4\theta^4 a_2^2)\end{array}}{2(-2a_1 + \delta a_2 - 4\theta a_2)(b^2\delta - 4b^2\theta - 2\delta a_2 + 8\theta a_2 - 4\theta^2 a_2)} \tag{5-55}$$

$$\pi_2^M = \frac{\delta a_2\left(\begin{array}{c}-b^2\delta a_1 + 5b^2\theta a_1 - b^2\delta\theta a_2 + 4b^2\theta^2 a_2 + 2\delta a_1 a_2 - 8\theta a_1 a_2 + 4\theta^2 a_1 a_2 \\ + \delta\theta a_2^2 - 4\theta^2 a_2^2 + 2\theta^3 a_2^2\end{array}\right)^2}{(-2a_1 + \delta a_2 - 4\theta a_2)^2(-b^2\delta + 4b^2\theta + 2\delta a_2 - 8\theta a_2 + 4\theta^2 a_2)^2} \tag{5-56}$$

$$\pi_3^M = \frac{\begin{aligned}\theta a_2 (2b^2\theta a_1 - b^2\delta^2 a_2 + 6b^2\delta\theta a_2 - 8b^2\theta^2 a_2 + 2\delta a_1 a_2 - 8\theta a_1 a_2 + 4\theta^2 a_1 a_2 \\ + \delta^2 a_2^2 - 6\delta\theta a_2^2 + 8\theta^2 a_2^2 + 2\delta\theta^2 a_2^2 - 4\theta^3 a_2^2)^2\end{aligned}}{(-2a_1 + \delta a_2 - 4\theta a_2)^2 (-b^2\delta + 4b^2\theta + 2\delta a_2 - 8\theta a_2 + 4\theta^2 a_2)^2}$$

$$(5-57)$$

5.4.2　当 $\theta < \delta$ 时

当市场2中消费者对产品2的感知质量较高时，平台供应链中的制造商2同时与制造商1、灰色进口商3抢占消费市场，因此，制造商1和灰色进口商3希望通过提高产品的售后服务水平来吸引更多消费者。同5.4.1节中分类相同，本节同样构建了无售后服务模型、灰色进口商3提供售后服务模型和制造商1提供售后服务模型，模型中参与者的博弈顺序与5.4.1节中相同，且企业利润函数表达式与5.4.1节中的企业利润函数表达式相同，其计算过程与附录4-1、附录4-2和附录4-3相同，此处略去，可得均衡结果如下所示。

5.4.2.1　无售后服务模型

通过计算无售后服务模型，可以得到平台供应链中制造商1、制造商2和灰色进口商3的均衡销售量和利润如下所示。

$$q_1^1 = \frac{4\delta a_1 + 3\delta\theta a_2 - \theta^2 a_2}{2(2\delta a_1 + 4\delta\theta a_2 - \theta^2 a_2)} \qquad (5-58)$$

$$q_1^N = \frac{1}{2} \qquad (5-59)$$

$$q_2^N = \frac{\delta a_1 + \theta a_1 + 2\delta\theta a_2 - \theta^2 a_2}{2(2\delta a_1 + 4\delta\theta a_2 - \theta^2 a_2)} \qquad (5-60)$$

$$q_3^N = \frac{\delta(-2a_1 + \theta a_2)}{2(2\delta a_1 + 4\delta\theta a_2 - \theta^2 a_2)} \qquad (5-61)$$

$$\pi_1^N = \frac{a_2(2\delta a_1 - \delta^2 a_1 + 6\delta\theta a_1 - \theta^2 a_1 + 4\delta\theta a_2 - 2\delta^2\theta a_2 - \theta^2 a_2)}{4(2\delta a_1 + 4\delta\theta a_2 - \theta^2 a_2)} \qquad (5-62)$$

$$\pi_2^N = \frac{\delta a_2 (\delta a_1 + \theta a_1 + 2\delta\theta a_2 - \theta^2 a_2)^2}{4(2\delta a_1 + 4\delta\theta a_2 - \theta^2 a_2)^2} \qquad (5-63)$$

5.4.2.2　灰色进口商3提供售后服务模型

通过计算灰色进口商3提供售后服务模型，可以得到平台供应链中制造商1、制造商2和灰色进口商3的均衡销售量和利润如下所示。

$$q_1^1 = \frac{2b^2\delta\theta^2 - 4\delta a_1 - 3\delta\theta a_2 + \theta^2 a_2}{2(2b^2\delta\theta^2 - 2\delta a_1 - 4\delta\theta a_2 + \theta^2 a_2)} \tag{5-64}$$

$$q_1^G = \frac{1}{2} \tag{5-65}$$

$$q_2^G = \frac{b^2\delta\theta^2 - \delta a_1 - \theta a_1 - 2\delta\theta a_2 + \theta^2 a_2}{2(2b^2\delta\theta^2 - 2\delta a_1 - 4\delta\theta a_2 + \theta^2 a_2)} \tag{5-66}$$

$$q_3^G = \frac{\delta(2a_1 - \theta a_2)}{2(2b^2\delta\theta^2 - 2\delta a_1 - 4\delta\theta a_2 + \theta^2 a_2)} \tag{5-67}$$

$$s^G = \frac{b\delta\theta(2a_1 - \theta a_2)}{2(2b^2\delta\theta^2 - 2\delta a_1 - 4\delta\theta a_2 + \theta^2 a_2)} \tag{5-68}$$

$$\pi_1^G = \frac{\begin{array}{c}2b^2\delta\theta^2 a_1 + 2b^2\delta\theta^2 a_2 - b^2\delta^2\theta^2 a_2 - 2\delta a_1 a_2 + \delta^2 a_1 a_2 - 6\delta\theta a_1 a_2 \\ + \theta^2 a_1 a_2 - 4\delta\theta a_2^2 + 2\delta^2\theta a_2^2 + \theta^2 a_2^2\end{array}}{4(2b^2\delta\theta^2 - 2\delta a_1 - 4\delta\theta a_2 + \theta^2 a_2)} \tag{5-69}$$

$$\pi_2^G = \frac{\delta a_2(-b^2\delta\theta^2 + \delta a_1 + \theta a_1 + 2\delta\theta a_2 - \theta^2 a_2)^2}{4(-2b^2\delta\theta^2 + 2\delta a_1 + 4\delta\theta a_2 - \theta^2 a_2)^2} \tag{5-70}$$

$$\pi_3^G = \frac{\delta^2\theta(2a_2 - b^2\theta)(-2a_1 + \theta a_2)^2}{8(2b^2\delta\theta^2 - 2\delta a_1 - 4\delta\theta a_2 + \theta^2 a_2)^2} \tag{5-71}$$

5.4.2.3　制造商1提供售后服务模型

通过计算制造商1提供售后服务模型，可以得到平台供应链中制造商1、制造商2和灰色进口商3的均衡销售量和利润如下所示。

$$q_1^1 = \frac{4\delta a_1 + 3\delta\theta a_2 - \theta^2 a_2}{2(2\delta a_1 + 4\delta\theta a_2 - \theta^2 a_2)} \tag{5-72}$$

$$q_1^M = \frac{(-4\delta + 2\delta^2 + \theta)a_2}{4b^2\delta - b^2\theta - 8\delta a_2 + 4\delta^2 a_2 + 2\theta a_2} \tag{5-73}$$

$$\begin{aligned} &8b^2\delta^2 a_1 + b^2\delta\theta a_1 - b^2\theta^2 a_1 + 16b^2\delta^2\theta a_2 - 12b^2\delta\theta^2 a_2 + 2b^2\theta^3 a_2 - 8\delta^2 a_1 a_2 \\ &\quad + 4\delta^3 a_1 a_2 - 6\delta\theta a_1 a_2 + 4\delta^2\theta a_1 a_2 + 2\theta^2 a_1 a_2 - 16\delta^2\theta a_2^2 + 8\delta^3\theta a_2^2 \\ &\quad\quad\quad + 12\delta\theta^2 a_2^2 - 4\delta^2\theta^2 a_2^2 - 2\theta^3 a_2^2 \end{aligned}$$

$$q_2^M = \frac{}{2(4b^2\delta - b^2\theta - 8\delta a_2 + 4\delta^2 a_2 + 2\theta a_2)(2\delta a_1 + 4\delta\theta a_2 - \theta^2 a_2)}$$

$$(5-74)$$

$$\begin{aligned} &\delta(\,-3b^2\delta a_1 + b^2\theta a_1 + 4b^2\delta\theta a_2 - b^2\theta^2 a_2 + 8\delta a_1 a_2 - 4\delta^2 a_1 a_2 - 2\theta a_1 a_2 \\ &\quad\quad\quad - 4\delta\theta a_2^2 + 2\delta^2 a_2^2 + \theta^2 a_2^2) \end{aligned}$$

$$q_3^M = \frac{}{(4b^2\delta - b^2\theta - 8\delta a_2 + 4\delta^2 a_2 + 2\theta a_2)(2\delta a_1 + 4\delta\theta a_2 - \theta^2 a_2)}$$

$$(5-75)$$

$$s^M = \frac{b(\,-4\delta + 2\delta^2 + \theta)a_2}{4b^2\delta - b^2\theta - 8\delta a_2 + 4\delta^2 a_2 + 2\theta a_2} \qquad (5-76)$$

$$\begin{aligned} &a_2(25b^2\delta^2\theta a_1 - 10b^2\delta\theta^2 a_1 + b^2\theta^3 a_1 - 16\delta^2 a_1 a_2 + 16\delta^3 a_1 a_2 - 4\delta^4 a_1 a_2 \\ &\quad + 4\delta\theta a_1 a_2 - 50\delta^2\theta a_1 a_2 + 24\delta^3\theta a_1 a_2 + 20\delta\theta^2 a_1 a_2 - 4\delta^2\theta^2 a_1 a_2 - 2\theta^3 a_1 a_2 \\ &\quad - 32\delta^2\theta a_2^2 + 32\delta^3\theta a_2^2 - 8\delta^4\theta a_2^2 + 16\delta\theta^2 a_2^2 - 8\delta^2\theta^2 a_2^2 - 2\theta^3 a_2^2) \end{aligned}$$

$$\pi_1^M = \frac{}{4(4b^2\delta - b^2\theta - 8\delta a_2 + 4\delta^2 a_2 + 2\theta a_2)(2\delta a_1 + 4\delta\theta a_2 - \theta^2 a_2)}$$

$$(5-77)$$

$$\begin{aligned} &\delta a_2(8b^2\delta^2 a_1 + b^2\delta\theta a_1 - b^2\theta^2 a_1 + 16b^2\delta^2\theta a_2 - 12b^2\delta\theta^2 a_2 + 2b^2\theta^3 a_2 \\ &\quad - 8\delta^2 a_1 a_2 + 4\delta^3 a_1 a_2 - 6\delta\theta a_1 a_2 + 4\delta^2\theta a_1 a_2 + 2\theta^2 a_1 a_2 - 16\delta^2\theta a_2^2 \\ &\quad\quad\quad + 8\delta^3\theta a_2^2 + 12\delta\theta^2 a_2^2 - 4\delta^2\theta^2 a_2^2 - 2\theta^3 a_2^2\,)^2 \end{aligned}$$

$$\pi_2^M = \frac{}{4\,(4b^2\delta - b^2\theta - 8\delta a_2 + 4\delta^2 a_2 + 2\theta a_2)^2(2\delta a_1 + 4\delta\theta a_2 - \theta^2 a_2)^2}$$

$$(5-78)$$

$$\begin{aligned} &\delta^2\theta a_2(\,-3b^2\delta a_1 + b^2\theta a_1 + 4b^2\delta\theta a_2 - b^2\theta^2 a_2 + 8\delta a_1 a_2 - 4\delta^2 a_1 a_2 \\ &\quad\quad\quad - 2\theta a_1 a_2 - 4\delta\theta a_2^2 + 2\delta^2\theta a_2^2 + \theta^2 a_2^2\,)^2 \end{aligned}$$

$$\pi_3^M = \frac{}{(4b^2\delta - b^2\theta - 8\delta a_2 + 4\delta^2 a_2 + 2\theta a_2)^2(2\delta a_1 + 4\delta\theta a_2 - \theta^2 a_2)^2}$$

$$(5-79)$$

5.5 静态比较分析

通过对比无售后服务模型、灰色进口商 3 提供售后服务模型和制造商 1 提供售后服务模型中的制造商 1、制造商 2 与灰色进口商 3 的最优解，可以得到如下的结论。

结论 5 - 1 平台供应链市场 2 中，当制造商 1 为产品 1 提供售后服务时，产品 1 的销售量是 a_2 的减函数，是 b、θ 和 δ 的增函数。

证明：首先，当 $\theta > \delta$ 时，对产品 1 的销售量分别求一阶导可得：

$$\frac{\partial q_2^M}{\partial b} = \frac{2ba_2(\delta - 4\theta)(\delta - 4\theta + 2\theta^2)}{(b^2\delta - 4b^2\theta - 2\delta a_2 + 8\theta a_2 - 4\theta^2 a_2)^2} \quad (5-80)$$

$$\frac{\partial q_2^M}{\partial a_2} = \frac{b^2(4\theta - \delta)(\delta - 4\theta + 2\theta^2)}{(-b^2\delta + 4b^2\theta + 2\delta a_2 - 8\theta a_2 + 4\theta^2 a_2)^2} \quad (5-81)$$

$$\frac{\partial q_2^M}{\partial \theta} = \frac{4\theta b^2 a_2(2\theta - \delta)}{(-b^2\delta + 4b^2\theta + 2\delta a_2 - 8\theta a_2 + 4\theta^2 a_2)^2} \quad (5-82)$$

$$\frac{\partial q_2^M}{\partial \delta} = \frac{2b^2\theta^2 a_2}{(b^2\delta - 4b^2\theta - 2\delta a_2 + 8\theta a_2 - 4\theta^2 a_2)^2} \quad (5-83)$$

容易判断各一阶导数符号如下：$\dfrac{\partial q_2^M}{\partial a_2} < 0$，$\dfrac{\partial q_2^M}{\partial b} > 0$，$\dfrac{\partial q_2^M}{\partial \theta} > 0$ 和 $\dfrac{\partial q_2^M}{\partial \delta} > 0$。

其次，当 $\theta < \delta$ 时，同样可以得到，$\dfrac{\partial q_2^M}{\partial a_2} < 0$，$\dfrac{\partial q_2^M}{\partial b} > 0$，$\dfrac{\partial q_2^M}{\partial \theta} > 0$ 和 $\dfrac{\partial q_2^M}{\partial \delta} > 0$，证明结果如上（略），结论 5 - 1 得证。

结论 5 - 1 中，b 越大表示平台供应链中售后服务水平敏感程度越高，产品 1 通过售后服务提高的竞争力越强，制造商 1 通过市场 2 中产品 1 的销售量增加，占领更多的消费市场。有趣的是，当 θ 和 δ 越大时表明平台供应链中消费者对于灰色产品 3 和产品 2 的质量感知度越高，灰色产品 3 和产品 2 的竞争力越强。然而从结论中可知，随着 θ 和 δ 的增加，产品 1 的销售量也会上升。这是因为平台供应链中制造商 1 为产品 1 提供增值售后服务后，增加了产品 1 的效用价值。即便市场中消费者对于灰色产品 3 和产品 2 的质量感知度提高，产品 1 的销售量仍会增加。

同样从计算结果可知，市场 2 中，平台供应链中消费者对此类产品的购买意愿值 a_2 越大时，制造商 1 将减少产品 1 的均衡销售量。制造商 1 为产品 1 提供售后服务提高消费者购买效用的同时，也增加了平台的售后服务成本。在平台供应链中，消费者购买意愿值越大，说明产品本身价值就可以吸引较多的消费者，随之制造商 1 要支付更多的成本用于售后服务；

此时制造商 1 会通过减少产品 1 的销售量来减少售后服务成本，通过增加单位产品边际利润来保证利润的增加。

管理启示：在实际平台供应链运营过程中，企业产品有先入市场优势时，可以通过提高产品自身质量与售后等途径，增加消费者购买产品的消费效用。即使市场中的产品竞争加剧，企业产品的销售量仍然有机会增加。

结论 5 - 2 对比平台供应链中无售后服务和制造商 1 提供售后服务模型发现，当市场 2 中消费者购买意愿满足一定条件时，制造商 1 提供售后服务提升了产品 1 的销售量与价格（$p_1^M > p_1^N$ 和 $q_1^M > q_1^N$），降低了产品 2 与灰色产品 3 的销售量与价格（$p_2^M < p_2^N$，$q_2^M < q_2^N$，$p_3^M < p_3^N$，$q_3^M < q_3^N$）。

证明：首先，当 $\theta > \delta$ 时，产品价格和销售量在不同策略下的比较如下所示：

$$p_1^M - p_1^N = \frac{b^2(\delta - 4\theta + 2\theta^2)a_2}{2(-b^2\delta + 4b^2\theta + 2\delta a_2 - 8\theta a_2 + 4\theta^2 a_2)} \tag{5-84}$$

$$q_1^M - q_1^N = \frac{b^2(\delta - 4\theta)}{2(-b^2\delta + 4b^2\theta + 2\delta a_2 - 8\theta a_2 + 4\theta^2 a_2)} \tag{5-85}$$

$$p_2^M - p_2^N = \frac{b^2\delta\theta a_2}{2(-b^2\delta + 4b^2\theta + 2\delta a_2 - 8\theta a_2 + 4\theta^2 a_2)} \tag{5-86}$$

$$q_2^M - q_2^N = \frac{b^2\theta}{2(-b^2\delta + 4b^2\theta + 2\delta a_2 - 8\theta a_2 + 4\theta^2 a_2)} \tag{5-87}$$

$$p_3^M - p_3^N = \frac{\theta b^2 a_2(2\theta - \delta)}{2(-b^2\delta + 4b^2\theta + 2\delta a_2 - 8\theta a_2 + 4\theta^2 a_2)} \tag{5-88}$$

$$q_3^M - q_3^N = \frac{b^2(2\theta - \delta)}{2(-b^2\delta + 4b^2\theta + 2\delta a_2 - 8\theta a_2 + 4\theta^2 a_2)} \tag{5-89}$$

其中，因为 $0 < \delta < \theta < 1$，易知计算结果中分母公式的正负号，只需判断 $(-b^2\delta + 4b^2\theta + 2\delta a_2 - 8\theta a_2 + 4\theta^2 a_2)$ 的正负号即可。

令 $-b^2\delta + 4b^2\theta + 2\delta a_2 - 8\theta a_2 + 4\theta^2 a_2 = 0$，解得 $a_2^* = \frac{b^2(\delta - 4\theta)}{2(\delta - 4\theta + 2\theta^2)}$。

当 $a_2 > \frac{b^2(\delta - 4\theta)}{2(\delta - 4\theta + 2\theta^2)}$ 时，$-b^2\delta + 4b^2\theta + 2\delta a_2 - 8\theta a_2 + 4\theta^2 a_2 < 0$ 恒成立，可以得到 $p_1^M > p_1^N$，$q_1^M > q_1^N$，$p_2^M < p_2^N$，$q_2^M < q_2^N$，$p_3^M < p_3^N$ 和 $q_3^M < q_3^N$。

同理，当 $\theta < \delta$ 时，对产品价格和销售量在不同策略下的情况进行比较，根据上面的计算方式，同样可以得到，当 $a_2 > \dfrac{b^2(4\delta - \theta)}{2(4\delta - 2\delta^2 - \theta)}$ 时，$4b^2\delta -$ $b^2\theta - 8\delta a_2 + 4\delta^2 a_2 + 2\theta a_2 < 0$ 恒成立，可以得到 $p_1^M > p_1^N$，$q_1^M > q_1^N$，$p_2^M < p_2^N$，$q_2^M < q_2^N$，$p_3^M < p_3^N$ 和 $q_3^M < q_3^N$，结论 5-2 得证。

结论 5-2 表明，平台供应链中制造商 1 提供售后服务策略带动了产品 1 的销售量和零售价格上升。一方面是因为平台增加售后服务可以提高消费者购买产品的效用，吸引了更多的消费者购买产品 1；另一方面是因为制造商 1 提供售后服务之后，将承受一定的成本压力。制造商 1 利用价格杠杆将成本转移到消费者身上，因此制造商 1 会提高产品 1 的零售价格。相反，在平台供应链中，由于制造商 1 提供售后服务提高了消费者购买产品 1 的消费效用，制造商 2 和灰色进口商 3 为了争夺消费者将会采取价格战降低零售价格策略来吸引消费者，同时由于产品 1 的售后服务策略刺激了更多的消费者购买产品 1，因此产品 2 和灰色产品 3 的销售量将减少。

管理启示：当平台供应链中企业为产品提供增值售后服务时，可以同时提高产品的销售量与零售价格。在实际运营过程中，企业可以通过为产品提供售后服务，增加产品效用价值，刺激消费者消费，同时也能起到抑制灰色市场和竞争市场的作用。

结论 5-3 对比平台供应链中无售后服务模型和灰色进口商 3 提供售后服务模型发现，当市场 2 中消费者购买意愿值满足一定条件时，灰色进口商 3 提供售后服务提高了灰色产品 3 的销售量与价格（$p_3^G > p_3^N$ 和 $q_3^G > q_3^N$），降低了产品 1 的价格（$p_1^G < p_1^N$），降低了产品 2 的销售量与价格（$p_2^G < p_2^N$ 和 $q_2^G < q_2^N$）。

证明：首先，当 $\theta > \delta$ 时，产品价格和销售量在不同策略下的比较如下所示：

$$p_1^G - p_1^N = \frac{b^2(\delta - 2\theta)\theta^2 a_2(2a_1 + \delta a_2 - 2\theta a_2)}{2(2a_1 - \delta a_2 + 4\theta a_2)(2b^2\theta^2 - 2a_1 + \delta a_2 - 4\theta a_2)} \quad (5-90)$$

$$p_2^G - p_2^N = \frac{b^2\delta\theta^2 a_2(2a_1 + \delta a_2 - 2\theta a_2)}{2(-2a_1 + \delta a_2 - 4\theta a_2)(2b^2\theta^2 - 2a_1 + \delta a_2 - 4\theta a_2)} \quad (5-91)$$

$$q_2^G - q_2^N = \frac{b^2\theta^2(-2a_1 - \delta a_2 + 2\theta a_2)}{2(2b^2\theta^2 - 2a_1 + \delta a_2 - 4\theta a_2)(2a_1 - \delta a_2 + 4\theta a_2)} \quad (5-92)$$

$$p_3^G - p_3^N = \frac{b^2\theta^2(2a_1 + \delta a_2 - 2\theta a_2)(a_1 + \theta a_2)}{(2a_1 - \delta a_2 + 4\theta a_2)(2b^2\theta^2 - 2a_1 + \delta a_2 - 4\theta a_2)} \quad (5-93)$$

$$q_3^G - q_3^N = \frac{b^2\theta^2(2a_1 + \delta a_2 - 2\theta a_2)}{(2a_1 - \delta a_2 + 4\theta a_2)(2b^2\theta^2 - 2a_1 + \delta a_2 - 4\theta a_2)} \quad (5-94)$$

其中，因为 $0 < \delta < \theta < 1$，易知计算结果中分母公式的正负号，只需判断 $(2a_1 + \delta a_2 - 2\theta a_2)$ 的正负号即可。

令 $2a_1 + \delta a_2 - 2\theta a_2 = 0$，解得 $a_2^* = \frac{2a_1}{2\theta - \delta}$。当 $a_2 > \frac{2a_1}{2\theta - \delta}$ 时，$2a_1 + \delta a_2 - 2\theta a_2 < 0$ 恒成立，可以得到 $p_1^G < p_1^N$，$p_2^G < p_2^N$，$q_2^G < q_2^N$，$p_3^G > p_3^N$ 和 $q_3^G > q_3^N$。

同理，当 $\theta < \delta$ 时，对产品价格和销售量在不同策略下的情况进行比较，根据上面的计算方式，同样可以得到，当 $a_2 > \frac{2a_1}{\theta}$ 时，$2a_1 - \theta a_2 < 0$ 恒成立，可以得到 $p_1^G < p_1^N$，$p_2^G < p_2^N$，$q_2^G < q_2^N$，$p_3^G > p_3^N$ 和 $q_3^G > q_3^N$，结论 5-3 得证。

结论 5-3 表明，平台供应链中灰色进口商 3 为灰色产品 3 提供售后服务时不仅可以增加灰色产品 3 的销售量，还能促进灰色产品 3 的价格上升。灰色进口商 3 提供售后服务后，增加了平台消费者购买灰色产品的效用，对制造商 1 有品牌偏好但价格敏感度高的消费者会转向购买灰色产品 3；由于平台提供售后服务会产生成本，灰色进口商 3 通过适当提高灰色产品 3 的零售价格来弥补售后服务带来的收益损失。因此，当灰色进口商 3 提供售后服务时，灰色进口商会同时增加灰色产品的销售量与价格。

当灰色进口商 3 为产品提供售后服务时，无论平台供应链中消费者对于灰色产品 3 和产品 2 的质量感知水平如何，制造商 2 都会减少市场 2 中产品 2 的销售量和价格，通过低价来吸引消费者，通过减少销售量来减少收益损失。在平台供应链中，灰色进口商 3 为灰色产品 3 提供售后服务后，会大大增加灰色产品与授权产品的竞争，制造商 1 作为行业领导者会采取降低产品售价策略来打压灰色进口商，最大限度地降低灰色产品的净利润，从而使授权产品在市场竞争中仍然具有优势。

管理启示：灰色产品与专卖店平台产品相比，价格上占有优势，但售后服务不足是其弱势，也是消费者购买时的最大顾虑。在实际平台供应链运营过程中，一些从事跨境贸易的企业可以以第三方身份为其出售的产品提供售后服务，吸引更多的潜在消费者，提高企业利润。

结论 5 – 4 市场 2 中，无售后服务策略与灰色进口商 3 提供售后服务策略两种情况下，平台供应链中制造商 1 关于产品 1 的均衡销售量不变。

证明：通过上述计算结果可以发现，当 $\theta > \delta$ 时，平台供应链中制造商 1 在市场 2 中产品 1 的均衡销售量在无售后服务情况下与灰色进口商提供售后服务情况下相同，即 $q_1^N = q_1^G = \dfrac{1}{2}$；同样发现，当 $\theta < \delta$ 时，平台供应链中的制造商 1 在两种不同情况下对市场 2 中产品 1 的均衡销售量相同，即 $q_1^N = q_1^G = \dfrac{1}{2}$。

结论 5 – 4 表明，在平台供应链中，灰色进口商通过为灰色产品提供售后服务来吸引更多消费者购买灰色产品，但这并不会影响制造商 1 对于授权产品的销售量。产品 1 在市场中的消费者质量感知度较高，顾客忠诚度也相对稳定；当平台供应链中灰色进口商 3 为灰色产品 3 提供售后服务产生额外成本，相应的灰色产品 3 的零售价格也会相应提高，缩小了与专卖店产品 1 的价格竞争优势。因此，制造商 1 在市场 2 中仍然居于领导者地位，不会改变自己的最优销售量。

管理启示：在实际平台供应链运营过程中，具有市场优势的企业，往往不会轻易改变自己的销售策略。当企业产品在市场中具有产品质量、售后服务等方面的竞争优势时，即使竞争企业采取措施通过提高其产品价值来吸引消费者，抢占消费市场时，企业可以依靠自身产品竞争优势维持自己在市场中的产品销售量与市场占有率。

结论 5 – 5 平台供应链中制造商 1 为产品 1 提供的均衡售后服务水平是 a_2 的减函数，是 b、θ 和 δ 的增函数。

证明：首先，当 $\theta > \delta$ 时，对产品 1 的最优售后服务水平决策分别求一阶导可得：

$$\frac{\partial s^M}{\partial b} = \frac{a_2(\delta - 4\theta + 2\theta^2)(b^2\delta - 4b^2\theta + 2\delta a_2 - 8\theta a_2 + 4\theta^2 a_2)}{(b^2\delta - 4b^2\theta - 2\delta a_2 + 8\theta a_2 - 4\theta^2 a_2)^2} \quad (5-95)$$

$$\frac{\partial s^M}{\partial a_2} = \frac{b^3(4\theta - \delta)(\delta - 4\theta + 2\theta^2)}{(b^2\delta - 4b^2\theta - 2\delta a_2 + 8\theta a_2 - 4\theta^2 a_2)^2} \quad (5-96)$$

$$\frac{\partial s^M}{\partial \theta} = \frac{4\theta a_2 b^3 (2\theta - \delta)}{(b^2 \delta - 4b^2 \theta - 2\delta a_2 + 8\theta a_2 - 4\theta^2 a_2)^2} \qquad (5-97)$$

$$\frac{\partial s^M}{\partial \delta} = \frac{2b^3 \theta^2 a_2}{(b^2 \delta - 4b^2 \theta - 2\delta a_2 + 8\theta a_2 - 4\theta^2 a_2)^2} \qquad (5-98)$$

容易判断各一阶导数如下：$\frac{\partial s^M}{\partial a_2} < 0$，$\frac{\partial s^M}{\partial b} > 0$，$\frac{\partial s^M}{\partial \theta} > 0$ 和 $\frac{\partial s^M}{\partial \delta} > 0$。其次，当 $\theta < \delta$ 时，同样可以得到，$\frac{\partial s^M}{\partial a_2} < 0$，$\frac{\partial s^M}{\partial b} > 0$，$\frac{\partial s^M}{\partial \theta} > 0$ 和 $\frac{\partial s^M}{\partial \delta} > 0$，证明结果如上（略），结论 5 - 5 得证。

结论 5 - 5 中，首先，平台供应链中消费者购买意愿 a_2 越大，表明市场 2 的消费者消费动机越强，面对巨大的消费市场，制造商 1 不需要过度提高产品服务质量来吸引消费者，只要适当增加售后服务，就可以吸引大量的潜在消费者；其次，平台提供售后服务要付出相应成本，消费市场巨大时，制造商 1 过度提高售后服务水平会给企业带来巨大服务成本。因此，随着 a_2 不断增加，平台供应链中的消费者对于产品的购买意愿越强，制造商 1 不需要通过提高售后服务水平来吸引消费者，只需通过具有感知质量优势的产品 1 本身就可以拥有更大的消费市场占比。

b 表示平台供应链中的消费者对服务质量的敏感系数，b 越大表示消费者对售后服务水平单位增加的估值越高。因此制造商 1 会通过提高售后服务水平，吸引更多的消费者。制造商 1 在考虑售后服务水平时，会同时考虑消费者对售后服务质量的敏感系数。虽然提高平台售后服务水平可以增加消费者购买效用，但敏感系数较低时，售后服务水平提高对消费者效用增加的效果并不明显。

θ 与 δ 增加，表示平台供应链中消费者对于灰色产品 3 和产品 2 的感知质量不断增加，使消费者对于灰色产品 3 和产品 2 的消费效用不断增加，会有更多的消费者选择购买灰色产品 3 和制造产品 2。制造商 1 可以通过提高产品 1 的售后服务水平，增加消费者购买产品 1 的效用，吸引更多消费者。因此随着 θ 与 δ 的增加，平台供应链中灰色产品 3、产品 2 与产品 1 之间的市场竞争不断加剧，制造商 1 为了能够在市场中拥有较多的消费者，会不断提高售后服务水平，提高产品 1 的消费者购买效用。

管理启示：在实际运营过程中，当平台供应链中的消费者对一类产品购买欲望非常强烈时，企业并不需要为产品提供过多营销和服务去吸引消费者。同时，当市场中消费者对竞争产品的偏好增强时，企业要果断制定行动策略去抢夺消费者市场。

结论 5-6 对比平台供应链中无售后服务模型、灰色进口商 3 提供售后服务模型和制造商 1 提供售后服务模型中制造商 1 的利润变化情况发现，当市场 2 中消费者购买意愿 a_2 足够大时：（1）灰色进口商 3 提供售后服务时，制造商 1 的利润相比无服务时减少；（2）制造商 1 提供售后服务时，制造商 1 的利润相比无服务时增加。

证明：首先，当 $\theta > \delta$ 时，比较平台供应链中制造商 1 的均衡利润在三种不同策略下的变化情况：

$$\pi_1^G - \pi_1^N = \frac{b^2\theta^2 (2a_1 + \delta a_2 - 2\theta a_2)^2}{4(2a_1 - \delta a_2 + 4\theta a_2)(2b^2\theta^2 - 2a_1 + \delta a_2 - 4\theta a_2)} \quad (5-99)$$

$$\pi_1^M - \pi_1^N = \frac{b^2(\delta - 4\theta + 2\theta^2)a_2}{4(-b^2\delta + 4b^2\theta + 2\delta a_2 - 8\theta a_2 + 4\theta^2 a_2)} \quad (5-100)$$

通过计算可得，当 $a_2 > \dfrac{b^2(\delta - 4\theta)}{2(\delta - 4\theta + 2\theta^2)}$ 时，可以得到 $\pi_1^G - \pi_1^N < 0$ 和 $\pi_1^M - \pi_1^N > 0$，从而得到制造商 1 在三种不同策略下的利润大小 $\pi_1^M > \pi_1^N > \pi_1^G$。

同理可得，当 $\theta < \delta$ 时，比较平台供应链中制造商 1 的均衡利润在三种不同策略下的变化情况，当 $a_2 > \dfrac{b^2(4\delta - \theta)}{2(4\delta - 2\delta^2 - \theta)}$ 时，可以得到 $\pi_1^G - \pi_1^N < 0$ 和 $\pi_1^M - \pi_1^N > 0$，从而得到制造商 1 在三种不同策略下的利润大小 $\pi_1^M > \pi_1^N > \pi_1^G$，结论 5-6 得证。

结论 5-6 中，当产品估值 a_2 足够大时，相比于市场中没有售后服务模型，平台供应链中的制造商 1 通过为专卖店产品 1 提供售后服务可以增加其利润，而当灰色进口商 3 为灰色产品提供售后服务时，制造商 1 的利润将减少。专卖店平台产品 1 的售后服务质量策略可以有效提高制造商 1 的产品市场竞争能力，从而削弱灰色产品 3 和产品 2 的市场占有率，增加制造商 1 的利润。

管理启示：随着互联网时代平台供应链灰色市场的快速发展，些灰色进口商以第三方企业身份为灰色产品提供售后服务，此业务的出现大大影响品牌企业授权销售渠道产品的销售量，进而影响品牌企业的利润。品牌企业应采取相应措施，通过提高授权销售渠道产品的消费效用来提高企业利润。

此外，由于平台供应链中灰色进口商 3 和制造商 2 的利润表达式较为复杂，将在下节的数值仿真中给出分析。

5.6 双售后服务模型

上述分析仅考虑了平台供应链中当制造商 1 和灰色进口商 3 分别单独提供售后服务的情况，本小节中将考虑市场 2 中制造商 1 和灰色进口商 3 都为产品提供售后服务时的博弈模型，其博弈顺序如下：首先，制造商 1 同时决定市场 1 中产品 1 的销售量、市场 2 中产品 1 的销售量以及售后服务水平 s^{BM}；其次，制造商 2 和灰色进口商 3 同时决定市场 2 中产品 2 的销售量，灰色产品 3 的销售量和售后服务水平 s^{BG}。且分别在 $\theta > \delta$ 和 $\theta < \delta$ 两种情形下考虑平台供应链中两家企业都提供售后服务模型下的决策问题。同样根据海等（Hai et al.，2016）、陈和张（Chen & Zhang，2020）的需求函数推导方法，可以得到市场 2 中不同产品的需求函数（见附录 5 - 1）。同时，制造商 1、制造商 2 和灰色进口商 3 的利润函数如下所示，其中上角标"B"表示制造商 1 和灰色进口商 3 都为产品提供售后服务的情况。

$$\pi_1^B = p_1^B q_1^B + (q_3^B + q_1^1) p_1^1 - \frac{(s^{BM})^2}{2} \qquad (5-101)$$

$$\pi_2^B = p_2^B q_2^B \qquad (5-102)$$

$$\pi_3^B = (p_3^B - p_1^1) q_3^B - \frac{(s^{BG})^2}{2} \qquad (5-103)$$

通过将产品需求函数代入制造商 1 和灰色进口商 3 都提供售后服务模型的利润函数中，在 $\theta > \delta$ 和 $\theta < \delta$ 两种情形下计算得到平台供应链中制造商 1、制造商 2 和灰色进口商 3 的均衡销售量和利润等结果如附录 5 - 2 所

示。通过比较双售后服务模型的均衡结果与 4.1 节和 4.2 节中的均衡结果可以得到结论 5 –7。

结论 5 –7 对比平台供应链中灰色进口商 3 提供售后服务模型、制造商 1 提供售后服务模型和两者都提供售后服务模型中售后服务水平的变化情况，发现售后服务水平与市场 2 中的消费者购买意愿 a_2 有如下关系。

（1）当 $\theta > \delta$ 时，若 $a_2 > \Gamma^{\theta 1}$，则 $s^{BM} > s^M$ 和 $s^{BG} > s^G$；若 $\Gamma^{\theta 1} > a_2 > \Gamma^{\theta 2}$，则 $s^{BM} < s^M$ 和 $s^{BG} < s^G$；若 $\Gamma^{\theta 2} > a_2 > \Gamma^{\theta 3}$，则 $s^{BM} > s^M$ 和 $s^{BG} < s^G$；若 $\Gamma^{\theta 3} > a_2 > 0$，则 $s^{BM} < s^M$ 和 $s^{BG} > s^G$；其中，令 $\Gamma^{\theta 1} =$

$$\frac{b^2\delta - 4b^2\theta - 4b^2\theta^2 + 2b^2\delta\theta^2 - \sqrt{\begin{array}{c} b^4(\delta^2 - 8\delta\theta + 16\theta^2 + 8\delta\theta^2 + 4\delta^2\theta^2 - 32\theta^3 \\ -16\delta\theta^3 + 48\theta^4 - 16\delta\theta^4 + 4\delta^2\theta^4) \end{array}}}{4(\delta - 4\theta + 2\theta^2)}, \Gamma^{\theta 2} =$$

$$\frac{b^2(\delta - 4\theta)}{2(\delta - 4\theta + 2\theta^2)} \text{和} \Gamma^{\theta 3} = \frac{b^2\delta - 4b^2\theta + \sqrt{\begin{array}{c} b^4(\delta^2 - 8\delta\theta + 16\theta^2 + 8\delta\theta^2 + 4\delta^2\theta^2 - 32\theta^3 \\ -16\delta\theta^3 + 48\theta^4 - 16\delta\theta^4 + 4\delta^2\theta^4) \end{array}}}{-4b^2\theta^2 + 2b^2\delta\theta^2}{4(\delta - 4\theta + 2\theta^2)}。$$

（2）当 $\theta < \delta$ 时，若 $a_2 > \Gamma^{\delta 1}$，则 $s^{BM} > s^M$ 和 $s^{BG} < s^G$；若 $\Gamma^{\delta 1} > a_2 > \Gamma^{\delta 2}$，则 $s^{BM} < s^M$ 和 $s^{BG} > s^G$；若 $\Gamma^{\delta 2} > a_2 > \Gamma^{\delta 3}$，则 $s^{BM} > s^M$ 和 $s^{BG} > s^G$；若 $\Gamma^{\delta 3} > a_2 > 0$ 时，则 $s^{BM} < s^M$ 和 $s^{BG} < s^G$。其中，令 $\Gamma^{\delta 1} =$

$$\frac{-4b^2\delta + b^2\theta - 4b^2\delta\theta + 2b^2\delta^2\theta - \sqrt{\begin{array}{c} b^4(16\delta^2 - 8\delta\theta - 32\delta^2\theta + 16\delta^3\theta + \theta^2 \\ +8\delta\theta^2 + 20\delta^2\theta^2 - 16\delta^3\theta^2 + 4\delta^4\theta^2) \end{array}}}{4(-4\delta + 2\delta^2 + \theta)}, \Gamma^{\delta 2} =$$

$$\frac{b^2(4\delta - \theta)}{2(4\delta - 2\delta^2 - \theta)} \text{和} \Gamma^{\delta 3} = \frac{-4b^2\delta + b^2\theta - 4b^2\delta\theta + 2b^2\delta^2\theta + \sqrt{\begin{array}{c} b^4(16\delta^2 - 8\delta\theta - 32\delta^2\theta + 16\delta^3\theta + \theta^2 \\ +8\delta\theta^2 + 20\delta^2\theta^2 - 16\delta^3\theta^2 + 4\delta^4\theta^2) \end{array}}}{4(-4\delta + 2\delta^2 + \theta)}。$$

证明：通过求解平台供应链中制造商 1 和灰色进口商 3 都提供售后服务模型可得，当 $\theta > \delta$ 时，制造商 1 和灰色进口商 3 的均衡服务水平如下所示。

$$s^{BM} = \frac{ba_2(-2b^2\theta^2 + b^2\delta\theta^2 - \delta a_2 + 4\theta a_2 - 2\theta^2 a_2)}{2b^4\theta^2 + b^2\delta a_2 - 4b^2\theta a_2 - 4b^2\theta^2 a_2 + 2b^2\delta\theta^2 a_2 - 2\delta a_2^2 + 8\theta a_2^2 - 4\theta^2 a_2^2}$$

$$(5 –104)$$

$$-b\theta\,(\,-2b^4\theta^2a_1 - 2b^4\delta\theta^2a_2 + 4b^4\theta^3a_2 + 2b^2\theta a_1a_2 + 4b^2\theta^2a_1a_2$$
$$-2b^2\delta\theta^2a_1a_2 - b^2\delta^2a_2^2 + 6b^2\delta\theta a_2^2 - 8b^2\theta^2a_2^2 + 2b^2\delta\theta^2a_2^2 - b^2\delta^2\theta^2a_2^2$$
$$-4b^2\theta^3a_2^2 + 2b^2\delta\theta^3a_2^2 + 2\delta a_1a_2^2 - \theta a_1a_2^2 + 4\theta^2a_1a_2^2 + \delta^2a_2^3$$
$$\underline{-6\delta\theta a_2^3 + 8\theta^2a_2^3 + 2\delta\theta^2a_2^3 - 4\theta^3a_2^3\,)}$$

$$s^{BG} = \frac{}{(2b^2\theta^2 - 2a_1 + \delta a_2 - 4\theta a_2)(2b^4\theta^2 + b^2\delta a_2 - 4b^2\theta a_2}$$
$$-4b^2\theta^2a_2 + 2b^2\delta\theta^2a_2 - 2\delta a_2^2 + 8\theta a_2^2 - 4\theta^2a_2^2)$$

$$(5-105)$$

通过 5.4.1 节可知，当制造商 1 和灰色进口商 3 分别单独提供售后服务时，灰色进口商 3 提供售后服务水平为 $s^G = \dfrac{b\theta(2a_1 + \delta a_2 - 2\theta a_2)}{2(2b^2\theta^2 - 2a_1 + \delta a_2 - 4\theta a_2)}$，制造商 1 提供售后服务水平为 $s^M = \dfrac{b(4\theta - \delta - 2\theta^2)a_2}{b^2\delta - 4b^2\theta - 2\delta a_2 + 8\theta a_2 - 4\theta^2a_2}$，通过计算 $s^{BM} - s^M > 0$，$s^{BM} - s^M < 0$，$s^{BG} - s^G > 0$ 和 $s^{BG} - s^G < 0$ 四种关系大小，可得结论 5-7（1）中的结果，结论 5-7 的（1）得证。

同样，在制造商 1 和灰色进口商 3 都提供售后服务模型中，当 $\theta < \delta$ 时，平台供应链中制造商 1 和灰色进口商 3 的均衡服务水平如下所示。

$$s^{BM} = \frac{ba_2(\,-2b^2\delta\theta + b^2\theta^2\theta + 4\delta a_2 - 2\delta^2a_2 - \theta a_2)}{2b^4\delta\theta - 4b^2\delta a_2 + b^2\theta a_2 - 4b^2\delta\theta a_2 + 2b^2\delta^2\theta a_2 + 8\delta a_2^2 - 4\delta^2a_2^2 - 2\theta a_2^2}$$

$$(5-106)$$

$$-b\delta\theta\,(\,-2b^4\delta\theta a_1 + 2b^4\delta\theta^2a_2 + 3b^2\delta a_1a_2 - b^2\theta a_1a_2 + 4b^2\delta\theta a_1a_2$$
$$-2b^2\delta^2\theta a_1a_2 - 4b^2\delta\theta a_2^2 + b^2\theta^2a_2^2 - 2b^2\delta\theta^2a_2^2 + b^2\delta^2\theta^2a_2^2 - 8\delta a_1a_2^2$$
$$+4\delta^2a_1a_2^2 + 2\theta a_1a_2^2 + 4\delta\theta a_2^3 - 2\delta^2\theta a_2^3 - \theta^2a_2^3\,)$$

$$s^{BG} = \frac{}{(2b^2\delta\theta^2 - 2\delta a_1 - 4\delta\theta a_2 + \theta^2a_2)(2b^4\delta\theta - 4b^2\delta a_2 + b^2\theta a_2}$$
$$-4b^2\delta\theta a_2 + 2b^2\delta^2\theta a_2 + 8\delta a_2^2 - 4\delta^2a_2^2 - 2\theta a_2^2)$$

$$(5-107)$$

通过 5.4.2 节可知，当平台供应链中制造商 1 和灰色进口商 3 分别单独提供售后服务时，灰色进口商 3 提供售后服务水平为 $s^G = \dfrac{b\delta\theta(2a_1 - \theta a_2)}{2(2b^2\delta\theta^2 - 2\delta a_1 - 4\delta\theta a_2 + \theta^2a_2)}$，制造商 1 提供售后服务水平为 $s^M =$

$$\frac{b(-4\delta + 2\delta^2 + \theta)a_2}{4b^2\delta - b^2\theta - 8\delta a_2 + 4\delta^2 a_2 + 2\theta a_2}$$，通过计算 $s^{BM} - s^M > 0$，$s^{BM} - s^M < 0$，$s^{BG} - s^G > 0$ 和 $s^{BG} - s^G < 0$ 四种关系大小，可得结论 5 - 7（2）中的结果，结论 5 - 7 的（2）得证。

结论 5 - 7 表明，当平台供应链中制造商 1 和灰色进口商 3 都为产品提供售后服务时，他们提供售后服务的水平同制造商 1 和灰色进口商 3 分别单独为产品提供售后服务时的水平高低变化受到市场 2 中消费者购买意愿 a_2 的影响。

（1）当平台供应链中制造商 1 和灰色进口商 3 都提供售后服务且消费者对灰色产品 3 的质量感知程度较高（$\theta > \delta$）时，若消费者购买意愿足够大时（$a_2 > \Gamma^{\theta 1}$），相比两企业分别单独提供售后服务时的服务水平，制造商 1 和灰色进口商 3 都会提供更加高质量的售后服务（$s^{BM} > s^M$ 和 $s^{BG} > s^G$），力图吸引更多的潜在消费者，此时高质量的服务使灰色产品 3 同时具有了价格和质量上的优势；而当平台供应链中消费者购买意愿较低时（$\Gamma^{\theta 3} > a_2 > 0$），人们往往认为此时市场规模的有限性会使制造商 1 和灰色进口商 3 的售后服务竞争更加激烈，然而计算结果显示，与企业分别单独提供售后服务时的服务水平相比，制造商 1 降低了自己的售后服务水平，而灰色进口商 3 却提高了自己的售后服务水平。因为当平台供应链中消费者购买意愿较低时，制造商 1 提供过高的售后服务水平，会耗费企业较多的服务成本，由于产品 1 本身的质量水平高于其他两类产品，因此制造商 1 可以依靠产品本身的质量和不高的售后服务水平来吸引消费者，不用通过售后服务水平的竞争来提高产品竞争力；而平台供应链中灰色进口商 3 深知灰色产品 3 本身存在售后服务的弱势，因此在消费者购买意愿不高的情况下，灰色进口商 3 企图通过提高售后服务水平，与其他竞争企业抢夺市场 2 中的消费者。

（2）当平台供应链中制造商 1 和灰色进口商 3 都提供售后服务且消费者对灰色产品 3 的质量感知程度较低（$\theta < \delta$）时，若消费者购买意愿不足时（$\Gamma^{\delta 2} > a_2 > \Gamma^{\delta 3}$），与两企业分别单独提供售后服务时的服务水平相比，制造商 1 和灰色进口商 3 都会提高售后服务水平（$s^{BM} > s^M$ 和 $s^{BG} > s^G$），吸引更多的消费者来购买产品，制造商 1 可以通过高质量的售后服务水平巩固其产品质量上的优势，灰色进口商 3 可以通过高质量的服务水平巩固其产品价格上的优势，这些措施都会削减产品 2 的市场竞争力，即使平台供应链中消费者对于产品 2 的质量感知程度高于对于灰色进口产品 3 的质量感知程度（$\theta < \delta$）。但随着消费者购买意愿的进一步降低（$\Gamma^{\delta 3} > a_2 > 0$），与两企业分别单独提供售后服务时的服务水平相比，制造商 1 和灰色进口商 3 都会降低售后服务水平（$s^{BM} < s^M$ 和 $s^{BG} < s^G$），此时消费市场规模有限，企业并不希望平台售后服务业务占用过多的经营成本，而是更看重产品销售带来的收益。有趣的是，当平台供应链中消费者购买意愿足够大时（$a_2 > \Gamma^{\delta 1}$），与两企业分别单独提供售后服务时的服务水平相比，制造商 1 和灰色进口商 3 提供的售后服务水平变化情况不相同，制造商 1 提高了售后服务水平，去吸引更多的潜在消费者购买产品，而灰色进口商 3 则是降低了售后服务水平，仅依靠产品价格优势去吸引消费者购买产品。

管理启示：在实际平台供应链运营过程中，竞争企业同时开展售后服务业务加剧了产品间的竞争，在提高产品竞争力的同时，也会消耗企业的经营成本。企业不能因为产品竞争加剧而一味地相互追逐地提高服务水平，而是应该根据消费市场的实际情况，来合理决定自己产品的售后服务水平。

5.7 仿真分析

为了深入地探讨模型的特征与平台供应链中企业策略的选择，本部分将通过数值仿真对书中比较复杂的计算结果进行分析，主要参数赋值为 $a_1 = 1$ 和 $b = 1$。

5.7.1 制造商 2 和灰色进口商 3 的利润变化

结论 5 - 6 仅给出了平台供应链中制造商 1 在无售后服务、灰色进口商 3 提供售后服务和制造商 1 提供售后服务三种不同售后服务模型下利润的大小变化，此处将在感知质量 $\theta > \delta$ 和 $\theta < \delta$ 两种情形下通过 MatheMatica 软件计算出在无售后服务、灰色进口商 3 提供售后服务和制造商 1 提供售后服务三种不同售后服务模型下的平台供应链中制造商 2 和灰色进口商 3 的利润变化。

（1）当 $\theta > \delta$ 时，比较平台供应链中制造商 2 和灰色进口商 3 在三种不同策略下的均衡利润：

$$\pi_2^G - \pi_2^N = \frac{\delta\theta^2 a_2(2\theta a_2 - 2 - \delta a_2)(-8 + 6\theta^2 + 4\delta a_2 - 20\theta a_2 - \delta\theta^2 a_2 + 6\theta^3 + 2\delta\theta a_2^2 - 8\theta^2 a_2^2)}{4(-2 + \delta a_2 - 4\theta a_2)^2(-2 + 2\theta^2 + \delta a_2 - 4\theta a_2)^2} \quad (5-108)$$

$$\pi_2^M - \pi_2^N = \frac{\delta\theta a_2(4\delta - 18\theta - 8\delta a_2 + 32\theta a_2 + 3\delta\theta a_2 - 28\theta^2 a_2 - 4\delta a_2^2 + 16\theta^2 a_2^2 - 8\theta^3 a_2^2)}{4(-2 + \delta a_2 - 4\theta a_2)(-\delta + 4\theta + 2\delta a_2 - 8\theta a_2 + 4\theta^2 a_2)^2} \quad (5-109)$$

$$\pi_3^G - \pi_3^N = \frac{\theta^2(-2 - \delta a_2 + 2\theta a_2)^2(4\delta a_2 - 4 - 8\theta^3 a_2 - \delta^2 a_2^2 + 16\theta^2 a_2^2)}{8(-2 + 2\theta^2 + \delta a_2 - 4\theta a_2)^2(2 - \delta a_2 + 4\theta a_2)^2} \quad (5-110)$$

$$\pi_3^M - \pi_3^N = \frac{\theta(-\delta + 2\theta)a_2(2\delta - 12\theta - 8\delta a_2 + 3\delta^2 a_2 + 32\theta a_2 - 18\delta\theta a_2 + 8\theta^2 a_2 - 4\delta^2 a_2^2 + 24\delta\theta a_2^2 - 32\theta^2 a_2^2 - 8\delta\theta^2 a_2^2 + 16\theta^3 a_2^2)}{4(2 - \delta a_2 + 4\theta a_2)(-\delta + 4\theta + 2\delta a_2 - 8\theta a_2 + 4\theta^2 a_2)^2} \quad (5-111)$$

通过比较上述利润表达式，可以得到制造商 2 在三种不同策略下的利润变化关系：令 $A^1 = \dfrac{-8\delta + 32\theta + 3\delta\theta - 28\theta^2 + \sqrt{\begin{array}{l}64\delta^2 - 512\delta\theta + 16\delta^2\theta + 1024\theta^2 + 96\delta\theta^2 \\ + 9\delta^2\theta^2 - 640\theta^3 - 40\delta\theta^3 + 208\theta^4\end{array}}}{8\theta(\delta - 4\theta + 2\theta^2)}$，

可得当 $1 < a_2 < \dfrac{-2}{\delta - 2\theta}$ 时，$\pi_2^G < \pi_2^N$；当 $a_2 > \dfrac{-2}{\delta - 2\theta}$ 时，$\pi_2^G > \pi_2^N$。当 $1 < a_2 < A^1$ 时，$\pi_2^M < \pi_2^N$；当 $a_2 > A^1 > 1$ 时，$\pi_2^M > \pi_2^N$。

灰色进口商 3 在三种不同策略下的利润变化：令 $B^1 = \dfrac{2[\delta - 2\theta^3 - 2\sqrt{\theta^2(4 - \delta\theta + \theta^4)}]}{(\delta - 4\theta)(\delta + 4\theta)}$，

$C^1 = \dfrac{-8\delta + 3\delta^2 + 32\theta - 18\delta\theta + 8\theta^2 + \sqrt{\begin{array}{l}64\delta^2 - 16\delta^3 + 9\delta^4 - 512\delta\theta + 96\delta^2\theta - 108\delta^3\theta + 1024\theta^2 \\ + 128\delta\theta^2 + 436\delta^2\theta^2 - 1024\theta^3 - 800\delta\theta^3 + 832\theta^4\end{array}}}{8(\delta - 2\theta)(\delta - 4\theta + 2\theta^2)}$，

可得当 $1 < a_2 < B^1$ 时，$\pi_3^G > \pi_3^N$；当 $a_2 > B^1 > 1$ 时，$\pi_3^G < \pi_3^N$。当 $1 < a_2 < C^1$ 时，$\pi_3^M < \pi_3^N$；当 $a_2 > C^1$ 时，$\pi_3^M > \pi_3^N$。利用 MatheMatica 作图可得图 5 – 2 和图 5 – 3。

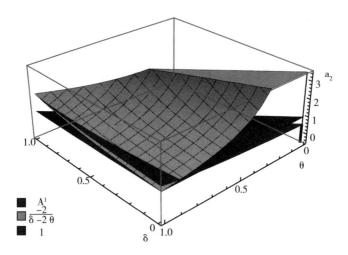

图 5 – 2　$\theta > \delta$ 时，制造商 2 的利润变化区间划分

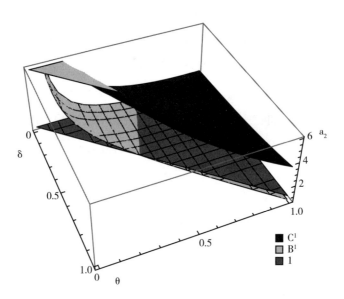

图 5 – 3　$\theta > \delta$ 时，灰色进口商 3 的利润变化区间划分

从图 5 – 2 和图 5 – 3 中可以得到不同策略下平台供应链中制造商 2 和灰色进口商 3 的利润大小比较如表 5 – 2 所示。

表 5 – 2　　　　　　　　　　θ > δ 时企业利润的大小关系

θ > δ	
$a_2 > A^1 \cap a_2 > \dfrac{-2}{\delta - 2\theta}$	$\pi_2^G > \pi_2^N,\ \ \pi_2^M > \pi_2^N$
$A^1 > a_2 > \dfrac{-2}{\delta - 2\theta}$	$\pi_2^G > \pi_2^N > \pi_2^M$
$\dfrac{-2}{\delta - 2\theta} > a_2 > A^1 > 1$	$\pi_2^M > \pi_2^N > \pi_2^G$
$1 < a_2 < A^1 \cap 1 < a_2 < \dfrac{-2}{\delta - 2\theta}$	$\pi_2^G < \pi_2^N,\ \ \pi_2^M < \pi_2^N$
$a_2 > C^1$	$\pi_3^M > \pi_3^N > \pi_3^G$
$C^1 > a_2 > B^1 > 1$	$\pi_3^M < \pi_3^N,\ \ \pi_3^G < \pi_3^N$
$B^1 > a_2 > 1$	$\pi_3^G > \pi_3^N > \pi_3^M$

（2）当 θ < δ 时，比较平台供应链中制造商 2 和灰色进口商 3 在三种不同策略下的均衡利润。

$$\pi_2^G - \pi_2^N = \frac{\begin{aligned}&\delta^2\theta^3 a_2(2 - \theta a_2)(4\delta^2 + 4\delta\theta - 4\delta^2\theta^2 - 2\delta\theta^3 + 16\delta^2\theta a_2 + 2\delta\theta^2 a_2\\ &- 2\theta^3 a_2 - 8\delta^2\theta^3 a_2 + 3\delta\theta^4 a_2 + 16\delta^2\theta^2 a_2^2 - 12\delta\theta^3 a_2^2 + 2\theta^4 a_2^2)\end{aligned}}{4(2\delta + 4\delta\theta a_2 - \theta^2 a_2)^2(2\delta - 2\delta\theta^2 + 4\delta\theta a_2 - \theta^2 a_2)^2}$$

$$(5 - 112)$$

$$\pi_2^M - \pi_2^N = \frac{\begin{aligned}&\delta(2\delta - \theta)a_2(12\delta^2 + 4\delta\theta - 2\theta^2 - 16\delta^2 a_2 + 8\delta^3 a_2 - 12\delta\theta a_2 + 32\delta^2\theta a_2\\ &+ 4\theta^2 a_2 - 18\delta\theta^2 a_2 + 3\theta^3 a_2 - 32\delta^2\theta a_2^2 + 16\delta^3\theta a_2^2 + 24\delta\theta^2 a_2^2\\ &- 8\delta^2\theta^2 a_2^2 - 4\theta^3 a_2^2)\end{aligned}}{4(4\delta - \theta - 8\delta a_2 + 4\delta^2 a_2 + 2\theta a_2)^2(2\delta + 4\delta\theta a_2 - \theta^2 a_2)}$$

$$(5 - 113)$$

$$\pi_3^G - \pi_3^N = \frac{\delta^2\theta^2(-2 + \theta a_2)^2(-4\delta^2 + 4\delta\theta^2 a_2 - 8\delta^2\theta^3 a_2 + 16\delta^2\theta^2 a_2^2 - \theta^4 a_2^2)}{8(2\delta + 4\delta\theta a_2 - \theta^2 a_2)^2(-2\delta + 2\delta\theta^2 - 4\delta\theta a_2 + \theta^2 a_2)^2}$$

$$(5 - 114)$$

$$\pi_3^M - \pi_3^N = \frac{\begin{aligned}&\delta^2\theta a_2(-14\delta + 4\theta + 32\delta a_2 - 16\delta^2 a_2 - 8\theta a_2 + 12\delta\theta a_2 - 3\theta^2 a_2\\ &- 16\delta\theta a_2^2 + 8\delta^2\theta a_2^2 + 4\theta^2 a_2^2)\end{aligned}}{4(4\delta - \theta - 8\delta a_2 + 4\delta^2 a_2 + 2\theta a_2)^2(2\delta + 4\delta\theta a_2 - \theta^2 a_2)}$$

$$(5 - 115)$$

通过比较上述利润表达式，可以得到，制造商 2 在三种不同策略下的

利润变化关系：令 $A^2 = \dfrac{-16\delta^2 + 8\delta^3 - 12\delta\theta + 32\delta^2\theta + 4\theta^2 \\ -18\delta\theta^2 + 3\theta^3 + \sqrt{*}}{8(2\delta - \theta)\theta(-4\delta + 2\delta^2 + \theta)}$，可得当 $1 < a_2 <$

$\dfrac{2}{\theta}$ 时，$\pi_2^G > \pi_2^N$；当 $a_2 > \dfrac{2}{\theta}$ 时，$\pi_2^G < \pi_2^N$。当 $1 < a_2 < A^2$ 时，$\pi_2^M < \pi_2^N$；当 $a_2 >$

$A^2 > 1$ 时，$\pi_2^M > \pi_2^N$。其中，令 $* = 256\delta^4 - 256\delta^5 + 64\delta^6 + 384\delta^3\theta + 320\delta^4\theta -$

$256\delta^5\theta + 16\delta^2\theta^2 - 768\delta^3\theta^2 + 864\delta^4\theta^2 - 96\delta\theta^3 + 144\delta^2\theta^3 - 848\delta^3\theta^3 + 16\theta^4 +$

$40\delta\theta^4 + 452\delta^2\theta^4 - 8\theta^5 - 108\delta\theta^5 + 9\theta^6$。

同样得到灰色进口商 3 在三种不同策略下的利润变化关系：当 $1 <$ $a_2 < B^2$ 时，$\pi_3^G > \pi_3^N$；当 $a_2 > B^2 > 1$ 时，$\pi_3^G < \pi_3^N$。当 $1 < a_2 < C^2$ 时，$\pi_3^M <$ π_3^N；当 $a_2 > C^2$ 时，$\pi_3^M > \pi_3^N$。

其中，令 $C^2 = \dfrac{32\delta - 16\delta^2 - 8\theta \\ +12\delta\theta - 3\theta^2} {8\theta(4\delta - 2\delta^2 - \theta)} + \sqrt{\dfrac{(32\delta - 16\delta^2 - 8\theta + 12\delta\theta - 3\theta^2)^2 \\ -4(-14\delta + 4\theta)(-16\delta\theta + 8\delta^2\theta + 4\theta^2)}{}}$，令

$B^2 = \dfrac{2\left[-\delta\theta^2 + 2\delta^2\theta^3 + 2\sqrt{\delta^3\theta^2(4\delta - \theta^3 + \delta\theta^4)}\right]}{(4\delta - \theta)\theta^2(4\delta + \theta)}$，利用 MatheMatica 作图可

得图 5 - 4 和图 5 - 5。

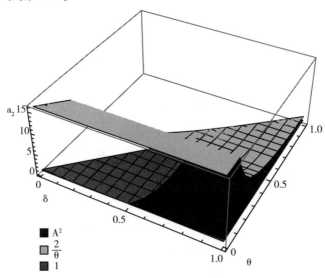

图 5 - 4　$\theta < \delta$ 时，制造商 2 的利润变化区间划分

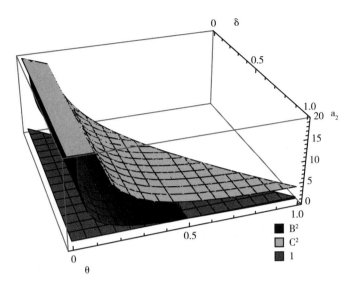

图5-5   θ<δ时，灰色进口商3的利润变化区间划分

从图5-4和图5-5中可以得到不同策略下平台供应链中制造商2和灰色进口商3的利润大小比较表（见表5-3）。

表5-3   θ<δ时企业利润的大小关系

$\theta<\delta$	
$a_2>\dfrac{2}{\theta}$	$\pi_2^M>\pi_2^N>\pi_2^G$
$\dfrac{2}{\theta}>a_2>A^2$	$\pi_2^M>\pi_2^N$，$\pi_2^G>\pi_2^N$
$A^2>a_2>1$	$\pi_2^G>\pi_2^N>\pi_2^M$
$a_2>C^2$	$\pi_3^M>\pi_3^N>\pi_3^G$
$C^2>a_2>B^2>1$	$\pi_3^M<\pi_3^N$，$\pi_3^G<\pi_3^N$
$B^2>a_2>1$	$\pi_3^G>\pi_3^N>\pi_3^M$

当市场中消费者对灰色产品3的偏好大于或者小于对竞争产品2的偏好时，通过分析表5-2和表5-3可以得出几个有趣的结论。

对于平台供应链中制造商2的利润变化分析可得：在表5-2中，（1）当市场2中消费者对产品的购买意愿 a_2 足够大时（$a_2>A^1\cap a_2>\dfrac{-2}{\delta-2\theta}$），平台供应链中制造商1提供的售后服务和灰色进口商3提供的售后服务都会带来制造商 2 的利润增加，即使制造商 2 并没有在售后服务中付出努力成本（$\pi_2^G > \pi_2^N$ 和 $\pi_2^M > \pi_2^N$）。说明相比无售后服务策略，当市场中消费者对于产品的购买意愿足够大时，平台提供售后服务可以带来更多的消费者接受和购买此类产品，从而也带来了竞争企业产品的利润上涨。（2）当市场 2 中消费者的购买意愿不强烈时（$1 < a_2 < A^1 \cap 1 < a_2 < \frac{-2}{\delta - 2\theta}$），平台供应链中制造商 1 提供的售后服务和灰色进口商 3 提供的售后服务都会造成产品竞争加剧，由于产品 2 没有更多的增值服务来吸引消费者，从而使企业利润减少。说明市场中消费者对于产品的购买意愿不够强烈时，当其他竞争企业采取措施增加产品效用，吸引消费者购买产品时，企业也应该采取行动增加自己的产品价值，企业不行动会带来自身利润的减少。（3）在表 5–3 中，当市场 2 中消费者对产品的购买意愿 a_2 在一定区间取值时（$\frac{2}{\theta} > a_2 > A^2$），平台供应链中制造商 1 提供的售后服务策略和灰色进口商 3 提供的售后服务策略都会带来制造商 2 的利润增加，即使制造商 2 并没有在售后服务中付出努力成本（$\pi_2^G > \pi_2^N$ 和 $\pi_2^M > \pi_2^N$）。这说明在平台供应链中，当市场中消费者对于竞争产品的偏好较高时（$\theta < \delta$），品牌企业与灰色进口企业提供售后和增值服务的行为会提升消费者的购买意愿，同时也会吸引更多的潜在消费者来购买此类产品，从而竞争企业在搭便车的情况下获得了更多的利润。

对平台供应链中灰色进口商 3 的利润变化分析可得：（1）当市场 2 中消费者对产品的购买意愿 a_2 足够大时（$\theta > \delta$，$a_2 > C^1$；$\theta < \delta$，$a_2 > C^2$），平台供应链中灰色进口商提供售后服务策略中灰色进口商 3 的均衡利润小于其他策略中的企业利润。说明当市场中消费者对于产品的购买意愿非常强烈时，灰色进口产品不具有售后和升级服务的弱点会被消费者所忽略，灰色进口商此时不需要采取任何措施去提高产品的效用价值，价格优势本身就可以为其带来巨大的消费市场。特别当品牌制造商在正规专卖渠道为产品提供营销、售后和升级服务时，平台供应链中的灰色制造商可以在没有付出任何增值服务成本的情况下，借助于正规渠道产品在市场中的营销与宣传，提高灰色产品销售带来的利润。（2）当市场 2 中消费者的购买意愿不强烈时（$\theta > \delta$，$B^1 > a_2 > 1$；$\theta < \delta$，$B^2 > a_2 > 1$），平台供应链中灰色进口商提供产品售后服务时的企业利润优于其他两种策略下的企业利润。说明当市场中消费者购买产品的意愿不高，产品竞争非常激烈时，灰色进口商应通过提供售后服务来吸引更多的消费者，从而提高自己的利润。虽然提供售后服务会付出一定的服务成本，但伴随灰色产品销售量和价格的提高，灰色进口商的利润仍然会增加。

5.7.2 制造商1和灰色进口商3的服务策略选择

市场2中，制造商1和灰色进口商3有决定是否提供产品售后服务的权利，本小节将通过数值分析讨论平台供应链中制造商1和灰色进口商3在市场2中的服务策略选择。在参数赋值为 $a_1 = 1$ 和 $b = 1$ 的条件下，分别取 $\theta > \delta$ 和 $\theta < \delta$ 的两组数值。参考蒋忠中等（2020）的赋值，当 $\theta > \delta$ 时，取 $\theta = 0.8$ 和 $\delta = 0.6$；当 $\theta < \delta$ 时，取 $\theta = 0.6$ 和 $\delta = 0.8$。同时，参考文献丁龙和胡斌（2018，2019），参数 a_2 的取值区间为 $a_2 \in [2,8]$。进一步分析，制造商1和灰色进口商3在双售后服务模型与企业单独提供售后服务模型中利润的变化情况。

（1）比较平台供应链中制造商1在灰色制造商3提供售后服务模型中和双售后服务模型中的利润大小可得关系如图5-6和图5-7所示。

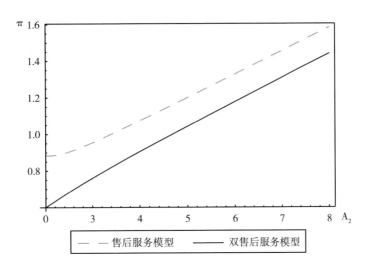

图5-6 $\theta > \delta$ 时，制造商1的利润比较

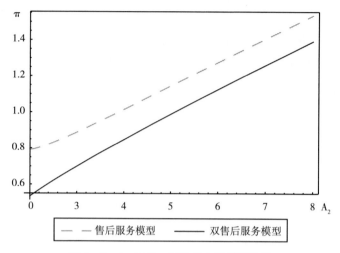

图 5 - 7 θ < δ 时，制造商 1 的利润比较

从图 5 - 6 和图 5 - 7 可知，无论 θ > δ 还是 θ < δ，在平台供应链中，制造商 1 在双售后服务模型中的利润总大于其在灰色制造商 3 提供售后服务模型中的利润。说明当制造商 1 了解到灰色进口商 3 会通过提供售后服务来提高灰色产品 3 的市场竞争力时，无论产品 1 和灰色产品 3 给予消费者的质量感知相差多少，制造商 1 都应该采取相应的行动，即为其产品 1 提供售后服务。

（2）比较平台供应链中，灰色进口商 3 在制造商 1 提供售后服务模型中和双售后服务模型中的利润大小可得关系如图 5 - 8 和图 5 - 9 所示。

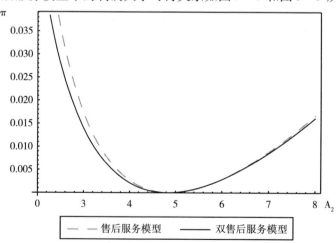

图 5 - 8 θ > δ 时，灰色进口商 3 的利润比较

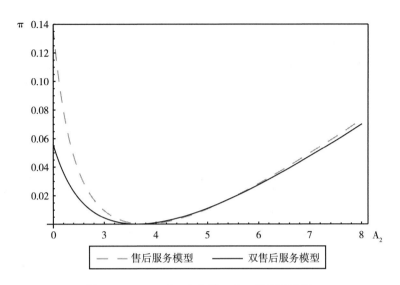

图 5 - 9 θ < δ 时，灰色进口商 3 的利润比较

从图 5 - 8 和图 5 - 9 可以看出，无论 θ > δ 还是 θ < δ，平台供应链中灰色进口商 3 在双售后服务模型中的利润不一定总是大于其在制造商 1 提供售后服务模型中的利润。说明当灰色进口商 3 了解到制造商 1 为产品 1 提供售后服务时，不能一味地为了提高产品竞争力，而仿照制造商 1 为灰色产品 3 提供售后服务。灰色进口商 3 需要去了解市场 2 的真实情况，当消费者的购买意向在一定的取值范围内时，制造商 1 为产品 1 提供售后服务，而灰色进口商不提供任何售后服务，仅仅依靠产品价格优势竞争，反而是灰色进口商 3 的最优策略选择。

5.8 本章小结

本章研究了平台供应链系统中存在授权产品和灰色产品的多产品竞争复杂模型，探讨了平台售后服务策略在双重市场竞争中的影响及作用。通过对比分析平台供应链中不同产品质量感知水平下的三种模型，研究了不同主体提供售后服务策略对企业利润和企业决策的影响。研究发现，平台供应链中制造商提供售后服务策略会影响制造商和灰色进口商的销售量与价格，不仅能够增加自身产品销售量和价格，还能够抑制竞争对手和灰色进口商的销售量和价格；灰色进口商提供售后服务策略同样会带来灰色产品销售量和价格的提升，有趣的是，平台供应链中制造商在竞争市场中的授权产品销售量不受灰色进口商售后服务的影响。当平台供应链中制造商提供售后服务时，不仅可以增加制造商的利润，还能在一定条件下减少灰色进口商和竞争对手的利润，是一种提高竞争力和管理灰色市场的有效手段。此外，研究发现平台供应链中灰色进口商一味地追随领导制造商提供售后服务并不一定为最优策略。本章提出平台供应链中灰色进口商提供售后服务模型丰富了灰色市场研究的相关理论，研究结果具有一定的实际指导价值，在今后研究中将进一步丰富和深化对于灰色市场环境下供应链运营的研究。

第**6**章

多阶段平台供应链联合广告营销的企业运营策略

6.1 引言

　　本章研究了由制造商和在线零售平台组成的两周期平台供应链的合作广告问题。制造商在第一周期提供全国广告以建立品牌形象并提高产品的知名度。在线零售平台在两个周期提供平台广告以向消费者销售产品。制造商和在线零售平台可以为全国广告和平台广告选择不同的合作广告策略，即单向补贴策略、双向补贴策略和收入分享策略。建立了一个 Stackelberg 博弈模型，通过考虑价格和广告效果来研究合作广告问题，并分析不同合作广告策略对利润的影响。研究发现，在收入分享策略下，制造商为在线零售平台广告提供的补贴率高于其他合作广告策略。有趣的是，在有些情况下，虽然只有制造商为平台广告承担了一定的成本，而在线零售平台在全国广告上没有付出任何努力，但总利润会比收入分享策略中更好，即使在收入分享策略中，制造商和在线零售平台之间的合作关系也更紧密。

　　合作广告是营销渠道中常用的一种强大工具，渠道中的一方同意补贴另一方的广告支出（Chutani & Sethi, 2018）。纳格勒（Nagler, 2006）发现，2000 年美国合作广告的总支出大约为 150 亿美元，2009 年合作广告支出约

为 500 亿美元（Yan，2009）。近年来，合作广告的实践显著增加（Chutani &
Sethi，2018；Karray et al.，2017）。在典型的机制中，制造商同意为零售商
分担部分本地广告费用，这称为单向补贴。制造商愿意为零售商承担部分
本地广告费用，同时零售商也愿意承担制造商全国广告的部分成本，这称
为双向补贴（Zhang et al.，2012）。在这种情况下，制造商和零售商承担对
方的部分广告费用通常称为补贴率。

在网络零售时代，合作广告关系体现在全国广告与平台广告的合作过
程中。一般来说，平台广告（如阿里巴巴的"天河计划"和京东的"东联
计划"）由在线零售平台管理，因为在线零售平台通常更了解平台广告媒
体的有效性，并更好地了解平台偏好和消费者群体的偏好。作为营销渠道
中常用的强大工具，合作广告不仅使制造商和零售商能够相互分担部分广
告成本，而且还使他们能够通过增加销售额从这种联盟中受益（Kennedy
et al.，2021）。例如，在中国，"媒体资源置换计划"目前是在线零售平台
和制造商广泛采用的合作营销策略，在这些计划中，制造商将在其全国广
告中反映在线零售平台的品牌视觉元素（平台名称、徽标等），而在线零
售商平台提供相应比例的平台广告资源替换（Hu & Wang，2020a）。制造
商打算通过全国广告树立品牌形象，而在线零售平台则旨在通过平台广告
提高销售额（Somers et al.，1990；Wilcox，1991）。制造商与在线零售平台
之间的广告合作可以有效提高参与方的利润（Gao et al.，2020）。例如，
2015 年以来，天猫（阿里巴巴 B2C 平台）与玛莎拉蒂、施华洛世奇等 200
多个品牌建立了广告合作关系，帮助品牌在"超级品牌日"实现品牌与销
售双丰收。2018 年，亚马逊宣布了一项新的零售业务广告计划，以与谷歌
和 Facebook 竞争。除了合作广告外，制造商和在线零售平台还有其他方法
来加强合作，如收入分享策略（Cai et al.，2017）。例如，苹果应用商店
（Apple App Store）和谷歌游戏（Google Play）使用统一的收入分享策略，
与他们销售应用的所有开发者进行合作；在亚马逊市场中，卖家向亚马逊
支付一定比例的零售价和固定费用（Bart et al.，2020）。根据收入分享策
略，制造商可能会有动机在广告上花更多的钱并降低批发价格，因为这可
以获得在线零售平台销售利润的一部分，而在线零售平台可能会从广告和
较低的批发价格中受益，即使他们必须在零售市场上与制造商分享收入。

基于这些观察，提出以下问题：（1）在两周期供应链中，合作广告对企业的广告决策和价格决策有何影响？（2）在不同的合作广告策略中，制造商和在线零售平台的利润如何变化？（3）企业是否以及何时可以从合作广告中受益？

在本章中，我们试图解决这些问题，本章建立了一个由制造商和在线零售平台组成的两周期平台供应链系统。与以往的模型不同，本书考虑全国广告、平台广告以及产品价格对需求的影响随时间而变化，这自然将销售阶段分为两个时期。制造商通过在线零售平台销售其产品，并选择不同级别的全国广告。在线零售平台将产品出售给消费者，并选择不同级别的平台广告。制造商和在线零售平台可以为全国广告和平台广告选择不同的合作广告策略，即单向补贴策略、双向补贴策略和收入分享策略。建立Stackelberg博弈模型，通过考虑价格和广告效果来研究合作广告问题，并分析不同合作广告策略对利润的影响。

研究结果揭示了合作策略对合作广告的影响。首先，在收入分享策略下，制造商为平台广告提供的补贴率高于其他策略。其次，在收入分享策略中，有一个特殊的区域。随着收入分享率的提高，在线零售平台通过将更多的收入转移给制造商来获得制造商的广告补贴支持。最后，识别合作广告的价值，即制造商和在线零售平台采取双向补贴策略是平台供应链系统的最佳选择。

本章从以下三个方面对文献作出了贡献。首先，它考虑了多周期供应链中的合作广告问题，而大多数文章只考虑了单周期供应链中的合作广告问题（Gao et al.，2020；Chen et al.，2016；Zhang et al.，2013）。其次，本章同时考虑了价格和广告对市场需求的影响，并考虑了不同时期全国广告和平台广告对消费者的影响不同。最后，与张等（Zhang et al.，2013）在单向补贴策略和双向补贴策略下考虑合作广告问题不同，本章增加了收入分享策略，丰富了企业的合作广告选择。

考虑到广告对参考价格的影响，张等（Zhang et al.，2013）提出了制造商—零售商供应链的动态合作广告模型，假设消费者的商誉和产品参考价格都受到广告的影响，以微分动力学方程进行建模，考虑在单向补贴和双向补贴的广告合作策略下参考价格效应如何影响所有渠道成员的决策。

与他们不同的是，本章通过考虑平台供应链系统中存在两周期运营的情况来扩展对研究的理解，制造商和在线零售平台可以基于齐和谢（Qi & Xie，2019）的结果使用双向补贴策略或收入分享策略来提升合作程度。需求函数同时受到价格和广告的影响，而全国广告和平台广告在这两个时期的影响是不同的。表6－1显示，一些研究考虑了两周期供应链，而另一些研究则考虑了合作广告的一或两个方面。这些研究很少考虑不同的合作广告策略，同时存在广告和价格的影响，因此将在研究中解决这一问题。

表6－1 文献摘要和本研究涉及的因素

参考文献	在线合作广告	两期供应链	单向补贴合同	双向补贴合同	收益共享合同	广告和价格
张等（Zhang et al.，2013）			√	√		√
何等（He et al.，2014）		√	√	√	√	
陈（Chen，2015）	√		√			√
陈等（Chen et al.，2016）	√		√		√	√
陶和李（Tao & Li，2018）		√				
李等（Li et al.，2019）	√			√		
闫和贺（Yan & He，2020）		√	√	√	√	√
舒和王（Shu & Wang，2020a）	√		√			
舒和王（Shu & Wang，2020b）	√			√	√	
高等（Gao et al.，2020）	√		√			
李等（Li et al.，2021）	√		√			√
本研究	√	√	√	√	√	√

6.2 模型框架

在本节中，考虑一个由单个制造商和单个在线零售平台组成的两周期平台供应链，在线零售平台通过平台向消费者销售产品。制造商和在线零售平台都将为产品提供广告。制造商在第一周期提供全国广告以建立品牌形象并提高产品的知名度，在线零售平台在两个周期提供平台广告以促进消费者在平台上购买产品（Zhou et al.，2018）。例如，苹果会在谷歌和其他浏览器上做全国广告以建立苹果的形象。同时，亚马逊市场会为苹果提供平台广告以吸引消费者在其在线平台上购买这些产品。制造商和在线零售平台在全国广告和平台广告之间选择不同的策略来进行合作，即单向补贴策略，双向补贴策略和收入分享策略。在本书中，制造商是领导者，在线零售平台是跟随者。制造商决定全国广告水平 A、平台广告补贴率 ϕ_1 和 ϕ_2（Chernonog，2020）。在线零售平台决定两个周期的平台广告水平 e_i、零售价格 p_i，$[i \in (1,2)]$。批发价 w 是一个外生变量，且 $w < p_i$。具体结构如图 6-1 所示。

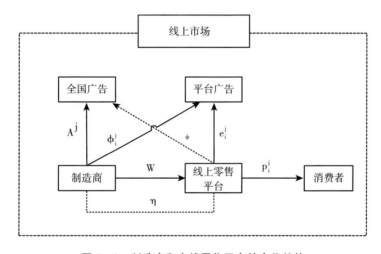

图 6-1　制造商和在线零售平台的合作结构

通过研究文献中普遍存在的假设，可以假设消费者需求为如下形式。

$$D(p_i, e_i, A) = g(p_i) \times h(e_i, A) \tag{6-1}$$

需求函数与谢和魏（Xie & Wei，2009）、西耶德斯法哈尼等（SeyedEsfahani et al.，2011）、阿斯特和布舍尔（Aust & Buscher，2012）和贺等（He et al.，2014）的研究类似，其中 $g(p_i)$ 反映了零售价格对需求的影响，$h(e_i, A)$ 反映了广告支出对需求的影响。第一周期的需求表达式如下式所示：

$$D_1 = (1 - \delta p_1)(a_1 + \beta A + \lambda e_1) \tag{6-2}$$

其中，δ，β 和 λ 是常数，β 和 λ 反映了每种类型的广告在产生销售方面的效果。$a_1 > 0$ 是第一周期的潜在需求。因为 $1 - \delta p_1 > 0$，可以得到 $0 < p_1 <$

$1/\delta$ 和 $w < p_1 < 1/\delta$。

一般来说，制造商通常在产品首次出现在市场时做全国广告。因为在市场上制造商通常擅长研发和生产，但不擅长营销。假设制造商只在第一周期做全国广告。

因此，第二周期的需求函数如下所示：

$$D_2 = (1 - \delta p_2)(a_2 + \theta \lambda e_2) \tag{6-3}$$

其中，$a_2 > 0$ 是第二周期的潜在需求，$0 < \theta \leqslant 1$ 表示平台广告效果在第二周期会减弱。同理，可以得到 $0 < p_2 < 1/\delta$ 和 $w < p_2 < 1/\delta$。

全国广告和平台广告关于广告水平的成本函数分别如下所示：

$$C(A) = \frac{1}{2}A^2 \tag{6-4}$$

$$C(e_1) = \frac{1}{2}e_1^2 \tag{6-5}$$

$$C(e_2) = \frac{1}{2}e_2^2 \tag{6-6}$$

其他参数的说明如表 6-2 所示。

表 6-2 参数符号及说明

参数符号	参数符号说明
$i \in \{1, 2\}$	第一期和第二期
$j \in \{o, t, r\}$	o 表示单向补贴策略，t 表示双向补贴策略，r 表示收益分享策略
p_i^j	策略 j 下的产品在 i 期的价格
e_i^j	第 i 期 j 策略下产品的平台广告水平
ϕ_i^j	第 i 期 j 策略下的平台广告补贴率
A^j	策略 j 下产品的全国广告水平
ψ	网络零售平台全国广告补贴率 T
η	收益分享
π_R^j	策略 j 下的网络零售平台利润
π_M^j	策略 j 下的制造商利润

6.2.1 单向补贴策略

在这种情况下，只有制造商为在线零售平台分担部分平台广告费用。而博弈顺序如下：首先，制造商确定平台广告的补贴率。其次，制造商决定全国广告水平。再次，在线零售平台决定第一周期的零售价格和平台广告水平。最后，在线零售平台确定第二周期的上述两个变量。制造商和在线零售平台的利润函数为：

$$\pi_M^o = w \times D_1 + w \times D_2 - \frac{1}{2}A^{o2} - \frac{1}{2}\phi_1^o e_1^{o2} - \frac{1}{2}\phi_2^o e_2^{o2} \quad (6-7)$$

$$\pi_R^o = (p_1^o - w)D_1 + (p_2^o - w)D_2 - \frac{1}{2}(1 - \phi_1^o)e_1^{o2} - \frac{1}{2}(1 - \phi_2^o)e_2^{o2}$$
$$(6-8)$$

其中，$\phi_i^o[i \in (1,2)]$ 是制造商对平台广告的补贴率。

使用逆向归纳法，得到 Stackelberg 的均衡结果。

命题 6-1 最佳广告水平、补贴率和零售价是：

$$A^o = \frac{1}{2}w\beta(1 - w\delta) \quad (6-9)$$

$$\phi_i^o = (5w\delta - 1)/(1 + 3w\delta) \quad (6-10)$$

$$e_1^o = (1 - w\delta)(1 + 3w\delta)\lambda/8\delta \quad (6-11)$$

$$e_2^o = (1 - w\delta)(1 + 3w\delta)\theta\lambda/8\delta \quad (6-12)$$

$$p_i^o = (1 + w\delta)/2\delta \quad (6-13)$$

其中，$i \in \{1,2\}$。

制造商和在线零售平台的利润如下所示：

$$\pi_M^o = \frac{(-1 + w\delta)\begin{pmatrix} -16w^2\beta^2\delta^2 + 16w^3\beta^2\delta^2 - \lambda^2 - 5w\delta\lambda^2 - 3w^2\delta^2\lambda^2 \\ +9w^3\delta^3\lambda^2 - \theta^2\lambda^2 - 5w\delta\theta^2\lambda^2 - 3w^2\delta^2\theta^2\lambda^2 \\ +9w^3\delta^3\theta^2\lambda^2 - 64w\delta^2 a_1 - 64w\delta^2 a_2 \end{pmatrix}}{128\delta^2}$$
$$(6-14)$$

$$\pi_R^o = \frac{(-1 + w\delta)^2(-8w\beta^2\delta + 8w^2\beta^2\delta^2 - \lambda^2 - 2w\delta\lambda^2 + 3w^2\delta^2\lambda^2}{-64\delta^2}$$
$$\frac{-\theta^2\lambda^2 - 2w\delta\theta^2\lambda^2 + 3w^2\delta^2\theta^2\lambda^2 - 16\delta a_1 - 16\delta a_2)}{}$$
$$(6-15)$$

命题 6-1 表明，随着批发价格 w 的变化，最优补贴率 ϕ_i^o 分为两种不同的情况。当批发价较高（$\frac{1}{5\delta} \leq w < \frac{1}{\delta}$）时，制造商选择投资最优的平台

广告水平；当批发价格较低（$0 < w < \frac{1}{5\delta}$）时，制造商选择在平台广告上不投资任何资金。

事实上，如果批发市场的批发价格较低，制造商将无法获得足够的资金来投资合作广告策略。制造商在批发市场的利润将影响他们分担零售商广告成本的意愿和决策。

然后，分析 A° 和 e_i° 相对于 w 的变化，得到命题6-2。

命题6-2 研究有关 w 的灵敏度分析。

（1）$\frac{\partial A^{\circ}}{\partial w} > 0$ 和 $\frac{\partial e_i^{\circ}}{\partial w} > 0$，得到 $0 < w < 1/3\delta$；

（2）$\frac{\partial A^{\circ}}{\partial w} > 0$ 和 $\frac{\partial e_i^{\circ}}{\partial w} < 0$，得到 $1/3\delta < w < 1/2\delta$；

（3）$\frac{\partial A^{\circ}}{\partial w} < 0$ 和 $\frac{\partial e_i^{\circ}}{\partial w} < 0$，得到 $1/2\delta < w < 1/\delta$。

本研究考虑了全国广告水平和平台广告水平受市场批发价格的影响，得到如图6-2所示的 A° 和 e_i° 的不同变化趋势，并按数学方式表示如下。

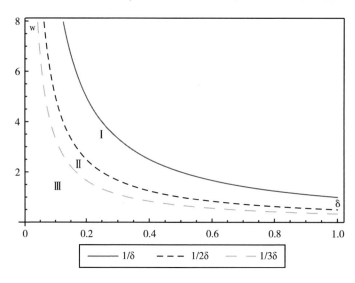

图6-2 A° 和 e_i° 关于 w 的变化趋势

从图6-2可以看出，当在区域 I（$0 < w < 1/3\delta$）批发价格非常低时，随着批发价格的提高，制造商和在线零售平台会分别在广告上付出更多的

努力。因为随着批发价格的上涨，制造商可以在批发市场获得更多的利润，在线零售平台希望通过平台广告激励更多的消费者购买该产品。当在区域Ⅱ（$1/3\delta < w < 1/2\delta$）批发价格适中时，随着批发价格的提高，制造商可以在全国广告上付出更多的努力，但在线零售平台减少了在平台上的广告努力。因为随着批发价格的提高，在线零售平台在批发市场上要支付更多的钱。当在区域Ⅲ（$1/2\delta < w < 1/\delta$）批发价格非常高时，随着批发价格的提高，制造商和在线零售平台在广告上付出更少的努力。制造商可以在批发市场获得大量利润，并且没有动力在全国广告上做出巨大努力。

实际上，当批发市场上产品的批发价格较高时，制造商没有动力为产品做广告。较高的批发价格可能是由于产品本身的价值较高或市场上没有替代产品，所以制造商不需要广告来增加市场对产品的需求。

在本节中，描述了只有制造商为平台广告贡献一些努力的情况。接下来，描述用于制造和在线零售平台之间合作广告的两种情况：双向补贴策略和收入分享策略。

6.2.2 双向补贴策略

在这种情况下，制造商和在线零售平台同时承担对方的部分广告费用。博弈顺序如下：首先，制造商和在线零售平台同时确定对方的补贴率。其次，制造商决定全国广告水平。再次，在线零售平台决定第一周期的零售价格和平台广告水平。最后，在线零售平台确定第二周期的两个变量。在不失去通用性的情况下，本章省略了相同的需求函数以避免冗余，只为制造商和在线零售平台定义了利润函数。用 $\psi(0 < \psi < 1)$ 表示在线零售平台的补贴率。可以将利润函数表示如下：

$$\pi_M^t = w \times D_1 + w \times D_2 - \frac{1}{2}(1-\psi)A^{t2} - \frac{1}{2}\phi_1^t e_1^{t2} - \frac{1}{2}\phi_2^t e_2^{t2} \quad (6-16)$$

$$\pi_R^t = (p_1^t - w)D_1 + (p_2^t - w)D_2 - \frac{1}{2}\psi A^{t2} - \frac{1}{2}(1-\phi_1^t)e_1^{t2} - \frac{1}{2}(1-\phi_2^t)e_2^{t2}$$

$$(6-17)$$

通过使用逆向归纳来获得以下结果，并使用上标 t 表示双向补贴策略。

例如，π_M^t 表示双向补贴策略下制造商的利润。

命题6-3　最佳广告水平、补贴率和零售价是：

$$A^t = \beta(1-w\delta)/4\delta \tag{6-18}$$

$$\psi = 1-2w\delta \tag{6-19}$$

$$\phi_i^t = (5w\delta-1)/(1+3w\delta) \tag{6-20}$$

$$e_1^t = (1-w\delta)(1+3w\delta)\lambda/8\delta \tag{6-21}$$

$$e_2^t = (1-w\delta)(1+3w\delta)\theta\lambda/8\delta \tag{6-22}$$

$$p_i^t = (1+w\delta)/2\delta \tag{6-23}$$

其中，$i \in \{1,2\}$。此外，为了确保 $0 < \psi < 1$，必须满足条件 $w\delta < 1/2$。制造商和在线零售平台的最佳利润如下所示。

$$\pi_M^t = \frac{(-1+w\delta)\left[\begin{array}{c}-8w\beta^2+8w^2\beta^2\delta^2-\lambda^2-5w\delta\lambda^2-3w^2\delta^2\lambda^2+9w^3\delta^3\lambda^2 \\ -\theta^2\lambda^2-5w\delta\theta^2\lambda^2-3w^2\delta^2\theta^2\lambda^2+9w^3\delta^3\theta^2\lambda^2-64w\delta^2(a_1+a_2)\end{array}\right]}{128\delta^2} \tag{6-24}$$

$$\pi_R^t = \frac{(-1+w\delta)^2\left(\begin{array}{c}2\beta^2+\lambda^2+2w\delta\lambda^2-3w^2\delta^2\lambda^2+\theta^2\lambda^2+2w\delta\theta^2\lambda^2 \\ -3w^2\delta^2\theta^2\lambda^2+16\delta a_1+16\delta a_1\end{array}\right)}{64\delta^2} \tag{6-25}$$

命题6-3表明，随着批发价格的提高，在线零售平台可以降低全国广告的补贴率（$\frac{\partial\psi}{\partial w} = -2\delta < 0$）。如果批发价格提高导致产品边际利润下降，则在线零售平台对制造商的补贴政策将减少。

因此，在实践中，制造商可以适当降低批发价格，零售商将有更多的动力和资金来投资合作广告。

6.2.3　收入分享策略

在这种情况下，制造商和在线零售平台之间存在收入分享策略。在线零售平台将与零售市场的制造商分享收入，收入分享率是与制造商和在线零售平台的权力相关的外生变量。η 表示收入分享率且 $0 < \eta < 1$。当 $1/2 <$

$\eta < 1$ 时，在线零售平台在市场上具有强大的力量；当 $0 < \eta < 1/2$ 时，制造商具有强大的力量。博弈顺序如下：首先，制造商确定补贴率。其次，制造商决定全国广告水平。最后，在线零售平台确定第一周期的零售价格和平台广告水平，然后确定第二周期的这两个变量。同理，在双向补贴策略中，只表达了利润函数。可以定义如下利润函数：

$$\pi_M^r = (1 - \eta)(p_1^r D_1 + p_2^r D_2) + w \times D_1 + w \times D_2 - \frac{1}{2}A^{r2} - \frac{1}{2}\phi_1^r e_1^{r2} - \frac{1}{2}\phi_2^r e_2^{r2}$$

$$(6-26)$$

$$\pi_R^r = \eta(p_1^r D_1 + p_2^r D_2) - w(D_1 + D_2) - \frac{1}{2}(1 - \phi_1^r)e_1^{r2} - \frac{1}{2}(1 - \phi_2^r)e_2^{r2}$$

$$(6-27)$$

还使用逆向归纳来解决这个博弈，并使用上标 r 来表示收入分享策略中的结果。

命题 6-4 最佳广告水平、补贴率和零售价是：

$$A^r = -\frac{\beta(w\delta - \eta)(w\delta + \eta + w\delta\eta - \eta^2)}{4\delta\eta^2} \qquad (6-28)$$

$$\phi_i^r = \frac{2w\delta + 2\eta + 3w\eta - 3\eta^2}{2w\delta + 2\eta + w\delta\eta - \eta^2} \qquad (6-29)$$

$$e_1^r = -\frac{(w\delta - \eta)(2w\delta + 2\eta + w\delta\eta - \eta^2)\lambda}{8\delta\eta^2} \qquad (6-30)$$

$$e_2^r = -\frac{(w\delta - \eta)(2w\delta + 2\eta + w\delta\eta - \eta^2)\theta\lambda}{8\delta\eta^2} \qquad (6-31)$$

$$p_i^r = \frac{w\delta + \eta}{2\delta\eta} \qquad (6-32)$$

制造商和在线零售平台的最佳利润如下所示：

$$\pi_M^r = \frac{1}{128\delta^2\eta^4}(w\delta - \eta)(4w^3\beta^2\delta^3 + 4w^2\beta^2\delta^2\eta + 8w^3\beta^2\delta^3\eta - 4w\beta^2\delta\eta^2$$

$$- 8w^2\beta^2\delta^2\eta^2 + 4w^3\beta^2\delta^3\eta^2 - 4\beta^2\eta^3 - 8w\beta^2\delta\eta^3 - 12w^2\beta^2\delta^2\eta^3$$

$$+ 8\beta^2\eta^4 + 12w\beta^2\delta\eta^4 - 4\beta^2\eta^5 + 4w^3\delta^3\lambda^2 + 4w^2\delta^2\eta\lambda^2$$

$$+ 4w^3\delta^3\eta\lambda^2 - 4w\delta\eta^2\lambda^2 - 4w^2\delta^2\eta^2\lambda^2 + w^3\delta^3\eta^2\lambda^2 - 4\eta^3\lambda^2$$

$$- 4w\delta\eta^3\lambda^2 - 3w^2\delta^2\eta^3\lambda^2 + 4\eta^4\lambda^2 + 3w\delta\eta^4\lambda^2 - \eta^5\lambda^2 + 4w^3\delta^3\theta^2\lambda^2$$

$$+ 4w^2\delta^2\eta\theta^2\lambda^2 + 4w^3\delta^3\eta\theta^2\lambda^2 - 4w\delta\eta^2\theta^2\lambda^2 - 4w^2\delta^2\eta^2\theta^2\lambda^2$$

$$+ w^3 \delta^3 \eta^2 \theta^2 \lambda^2 - 4\eta^3 \theta^2 \lambda^2 - 4w\delta\eta^3 \theta^2 \lambda^2 - 3w^2 \delta^2 \eta^3 \theta^2 \lambda^2$$

$$+ 4\eta^4 \theta^2 \lambda^2 + 3w\delta\eta^4 \theta^2 \lambda^2 - \eta^5 \theta^2 \lambda^2 - 32w\delta^2 \eta^2 \alpha_1 - 32\delta\eta^3 \alpha_1$$

$$- 32w\delta^2 \eta^3 \alpha_1 + 32\delta\eta^4 \alpha_1 - 32w\delta^2 \eta^2 \alpha_2 - 32\delta\eta^3 \alpha_2 - 32w\delta^2 \eta^3 \alpha_2$$

$$+ 32\delta\eta^4 \alpha_2) \tag{6-33}$$

$$\pi_R^r = -\frac{1}{64\delta^2\eta^3}(w\delta - \eta)^2 (4w^2\beta^2\delta^2 + 4w^2\beta^2\delta^2\eta - 4\beta^2\eta^2 - 8w\beta^2\delta\eta^2$$

$$+ 4\beta^2\eta^3 + 2w^2\delta^2\lambda^2 + w^2\delta^2\eta\lambda^2 - 2\eta^2\lambda^2 - 2w\delta\eta^2\lambda^2 + \eta^3\lambda^2$$

$$+ 2w^2\delta^2\theta^2\lambda^2 + w^2\delta^2\eta\theta^2\lambda^2 - 2\eta^2\theta^2\lambda^2 - 2w\delta\eta^2\theta^2\lambda^2 + \eta^3\theta^2\lambda^2$$

$$- 16\delta\eta^2 \alpha_1 - 16\delta\eta^2 \alpha_2) \tag{6-34}$$

命题 6-4 表明，在收入分享策略下，收入分享率将影响产品的零售价格（$\frac{\partial p_i^r}{\partial \eta} = -\frac{w}{2\eta^2} < 0$）。随着收入分享率的提高，零售价格会下降；否则，零售价格会上升。

事实上，在建立制造商和零售商之间的收入分享策略后，如果制造商拥有强大的权力并从零售商那里获得更多的收入，零售商就会将损失转移给消费者并提高零售价以弥补损失。

6.3 比较与管理意义

通过比较三种策略的均衡结果，总结以下命题中一些重要的管理见解。

此外，为了确保在线零售平台在双向补贴策略中为制造商分担全国广告成本，必须满足 $w < \frac{1}{2\delta}$ 的条件。

命题 6-5 （1）制造商在单向补贴策略和双向补贴策略中提供相同的补贴率 [$\phi_i^o = \phi_i^t = (5w\delta - 1)/(1 + 3w\delta)$]；（2）在收益分享策略中为平台广告提供更高的补贴率（$\phi_i^r > \phi_i^t$）。

命题 6-5（1）表明，即使在线零售平台对制造商的全国广告贡献了补贴率，制造商在单向补贴策略和双向补贴策略中提供相同的补贴率。人们会认为在双向补贴策略中，在线零售平台为制造商的全国广告提供资金，制造商将通过收取更高的补贴率（ϕ）将节省的成本（$\frac{1}{2}\psi A^2$）转移到平台广告中，以激励在线零售平台在两个周期内提高平台广告水平。然而实际上，制造商支付更多的钱来提高自己的全国广告水平，即使全国广告只在第一周期影响需求。

根据命题 6-5（2），制造商在收入分享策略中提供了更高的补贴率。在这种策略中，制造商和在线零售平台之间存在收入分享关系。制造商通过向在线零售平台销售产品并分享在线零售平台的部分收入来最大化其收入。所以制造商希望通过自己在平台上的更多努力来吸引更多的消费者，增加需求。当制造商同意在平台上支付更多广告费用时，在线零售平台将具有做平台广告的动力，并通过销售更多产品来最大化其利润。

实际上，与零售商承担部分全国广告投资成本的策略相比，制造商更愿意在收入分享策略中提高零售商广告的投资率。零售商可以与制造商签署适当的收入分享策略，以促进制造商的投资。

命题 6-6 制造商的全国广告水平在这三种策略之间有以下关系：

（1）$A^t > A^o$，$A^r > A^o$；

（2）$A^r \geqslant A^t$，当 $\dfrac{\eta^{3/2}\,(3\sqrt{\eta}+4\sqrt{-4+5\eta})}{2\,(1+\eta)\,\delta} \leqslant w \leqslant \dfrac{1}{2\delta}$；$A^r < A^t$，其他。

命题 6-6（1）指出，在双向补贴策略中，在线零售平台为全国广告提供补贴率；制造商将通过提高全国广告水平来增加第一周期的需求，以最大化其利润。在收入分享策略中，制造商将从在线零售平台获得部分销售收入，他有能力和资金来提高全国广告水平。因此，当双向补贴策略和收入分享策略的合作关系越来越紧密时，制造商愿意增加全国广告以吸引潜在消费者。

命题 6-6（2）中，非常有趣的是，当批发价格在一定特定区间（$\dfrac{\eta^{3/2}(3\sqrt{\eta}+4\sqrt{-4+5\eta})}{2(1+\eta)\delta} \leqslant w \leqslant \dfrac{1}{2\delta}$）时，制造商在收入分享策略中设置比双向补贴策略更高水平的全国广告。因为，当批发价格高时，制造商将从批发市场获得更多利润。制造商有能力在全国广告上付出更多的努力，即使在线零售平台在收入分享策略中不分担全国广告成本的任何部分。当批

发价格不够高 $\left[0 < w < \dfrac{\eta^{3/2}(3\sqrt{\eta}+4\sqrt{-4+5\eta})}{2(1+\eta)\delta}\right]$ 时，制造商希望通过增加需求来增加利润。当批发价格较低时，在线零售平台愿意为全国广告付钱，因此制造商会在双向补贴策略中制作高水平的全国广告以吸引潜在消费者。然而，在收入分享策略中，制造商的收入由批发市场收入和零售市场收入组成。即使批发价格很低，制造商也可以从在线零售平台获得部分销售收入。因此，制造商不会通过提高全国广告水平来促进需求的增长。

实际上，成本分摊和收入分享都可以鼓励制造商增加对全国广告的投入，从而更好地塑造品牌形象，吸引更多潜在消费者。

命题 6 - 7 在线零售平台的平台广告水平在三种策略之间有以下关系：

(1) $e^o = e^t$；

(2) $e^o = e^t \geqslant e^r$，当 $\dfrac{\sqrt{1-\eta}}{\delta\sqrt{(2+\eta-3\eta^2)/\eta^2}} \leqslant w \leqslant \dfrac{1}{2\delta}$；$e^o = e^t < e^r$，其他。

命题 6 - 7（1）指出，即使在双向补贴策略中，在线零售平台对全国广告贡献了补贴率（ψ），但平台广告水平与单向补贴策略相同。由于需求随着全国广告效果的增加而增加，而 $A^t > A^o$，当在线零售平台观察到制造商在双向补贴策略中提高全国广告水平（$A^t \geqslant A^o$）时，它会设定相同的平台广告水平以获得更多的需求和利润。

人们会认为，在收入分享策略中，在线零售平台与制造商分享部分收入，并且他会在平台广告上支付更少的钱。但博弈均衡表明，在 $0 < w < \dfrac{\sqrt{1-\eta}}{\delta\sqrt{(2+\eta-3\eta^2)/\eta^2}}$ 的条件下，在线零售平台将增加平台广告支出［命题 6 - 7（2）］。与之前的研究一致，制造商在收入分享策略中为平台广告设定了更高的补贴率，在单向补贴策略和双向补贴策略中设定了相同的补贴率（命题 6 - 5）。所以，当批发价格不高，制造商为平台广告分担的支出越多时，在线零售平台就会设置更高的平台广告水平来刺激消费者的购买行为，获得更多的利润。随着批发价的提高，当 w 超过阈值 $\left[\dfrac{\sqrt{1-\eta}}{\delta\sqrt{(2+\eta-3\eta^2)/\eta^2}} \leqslant w \leqslant \dfrac{1}{2\delta}\right]$ 时，在线零售平台将减少平台广告支出，因为他必须在批发市场上支付更多的钱，并用部分收入抵消收入分享

利润损失。

实际上，零售商不会通过分担广告费用来随意改变广告投资水平。因此，在双向补贴策略中，零售商的广告水平与单向补贴策略相同。然而，在收入分享策略中，零售商收入的变化会影响他们对广告的投资水平。特别是随着产品批发价格的变化，零售商对产品广告的投资也会发生变化。

命题 6-8 在线零售平台的零售价在三种情况下具有 $p^o = p^t < p^r$ 的关系。

该命题指出，在单向补贴策略和双向补贴策略中，在线零售平台对产品收取相同的零售价，但在收入分享策略中，在线零售平台收取更高的零售价。有趣的是，在单向补贴策略和双向补贴策略下，制造商和在线零售平台对 ϕ、e 和 p（命题 6-5、命题 6-7 和命题 6-8）具有相同的价值决策变量。只是制造商的全国广告水平在双向补贴策略中高于单向补贴策略。因为全国广告只是在第一周期影响潜在消费者考虑这个品牌，并帮助扩大品牌影响力。即使制造商在双向补贴策略中提升全国广告水平（命题 6-6），在线零售平台分担一部分全国广告，在线零售平台仍然设定相同的平台广告水平，并收取与双向补贴策略相同的零售价，以实现利润最大化。

在收入分享策略中，制造商间接从在线零售平台获得部分销售产品收入。在线零售平台提高了零售价以增加利润，即使制造商设定了很高的补贴率［命题 6-5（2）］以减少他在收入分享策略中的损失。特别是，从命题 6-7（2）和命题 6-8 中，可以发现在线零售平台在收入分享策略中收取更高的零售价格，即使他为平台广告支付的钱比其他策略少。

实际上，当零售商和制造商达成收入分享策略时，零售商通常会通过提高零售市场的零售价格来转移其收入损失，这将削弱消费者购买产品的意愿。

命题 6-9 研究收入分享策略中 η 的敏感性分析。

（1）当 $0 < \eta < (-1+\sqrt{2})w\delta$ 时，$\dfrac{\partial \phi_i^r}{\partial \eta} > 0$；当 $(-1+\sqrt{2})w\delta < \eta < 1$ 时，$\dfrac{\partial \phi_i^r}{\partial \eta} < 0$；

（2）当 $0 < \eta < \dfrac{3^{1/3}w^2\delta^2 + \Delta^{2/3}}{3^{2/3}\Delta^{1/3}}$ 时，$\dfrac{\partial e_i^r}{\partial \eta} > 0$；当 $\dfrac{3^{1/3}w^2\delta^2 + \Delta^{2/3}}{3^{2/3}\Delta^{1/3}} < \eta < 1$ 时，$\dfrac{\partial e_i^r}{\partial \eta} < 0$。

其中，$\Delta = -18w^2\delta^2 + \sqrt{3}\sqrt{-w^4\delta^4(-108 + w^2\delta^2)}$。

在这项研究中，认为收入分享率是一个外生变量，并受到在线零售平台和制造商在市场上的力量的影响。当 $0 < \eta < (-1 + \sqrt{2})w\delta < 1/2$ 时，制造商在收入分享策略中拥有强大的力量并获得更多的利润。随着收入分享率的增加，制造商可以在平台上支付更多的努力以激励消费者购买产品。当 $(-1 + \sqrt{2})w\delta < \eta < 1$ 时，在线零售平台在讨价还价方面有很大的力量。由于制造商在收入分享策略中没有得到足够的利润，他会随着收入分享率的增加而降低平台广告的补贴率。接下来，通过收入分享率分析平台广告水平的变化趋势。从命题 6-9（2）中知道，当 $0 < \eta < \dfrac{3^{1/3}w^2\delta^2 + \Delta^{2/3}}{3^{2/3}\Delta^{1/3}}$ 时，在线零售平台将随着收入分享率的增加来增加平台广告的补贴率。在线零售平台希望通过平台广告效应来提升消费者的需求，以弥补收入分享策略中的利润损失。当 $\dfrac{3^{1/3}w^2\delta^2 + \Delta^{2/3}}{3^{2/3}\Delta^{1/3}} < \eta < 1$ 时，在线零售平台对销售市场的利润和收入分享率的提高感到满意，他会降低平台广告水平。通过上述分析得到了 ϕ_i^r 和 e_i^r 的不同变化趋势，如图 6-3 所示。

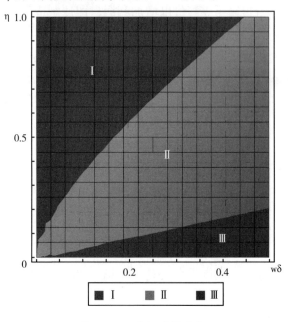

图 6-3　ϕ_i^r 和 e_i^r 的分布

首先，在区域（Ⅰ）中，可以得到 ϕ_1^r 和 e_1^r 具有相同的变化趋势。随着 η 的增加，制造商降低了平台广告的补贴率，在线零售平台同时降低了平台广告水平。非常有趣的是，在区域（Ⅰ）中，即使在线零售平台也有很强的议价能力（$\eta \rightarrow 1$），他仍然减少了对平台广告的投资。也许在线零售平台认为，与其他策略相比，它已经通过更高的零售价［命题 6 – 5（2）］和制造商更高的补贴率（命题 6 – 8）获得了足够的利润，他可以通过降低平台广告水平来减少损失的份额。

其次，在区域（Ⅱ）中了解到，随着 η 的增加，在线零售平台将在平台上付出更多的努力，即使制造商的补贴率正在下降。因为随着 η 的增加，在线零售平台在收入分享策略中获得了更多的利润，并且有资本在平台上付出更多的努力，即使制造商降低了平台广告的补贴率。

最后，在区域（Ⅲ）中，随着 η 的增加，制造商提高了平台广告的补贴率，在线零售平台同时提升了平台广告水平。在区域（Ⅲ）中，认为制造商在讨价还价方面具有很强的力量。当制造商在收益分享策略上有更多份额时，他愿意对平台广告承担高额补贴率。当在线零售平台观察到这种情况时，他可以提升平台广告水平，以激励更多消费者购买该产品。

在实际操作过程中，在收入分享策略中，零售商可以通过将更多的收入转移给制造商来获得制造商对其广告的支持。即使零售商增加广告投入，制造商也会提高广告的补贴率。

6.4 数值分析

在本节中，将给出不同参数的值，以比较这些策略和最优利润。在数值分析中，本章为制造商和在线零售平台设置了以下参数：$a_1 = 1$，$a_2 = 1$，$\beta = 1$，$\lambda = 1$，$\theta = 1/2$，$\delta = 1$ 并设置 $\eta = 1/2$，让制造商和在线零售平台在讨价还价博弈中具有相同的力量。由于条件 $1 - 2w\delta > 0$，可以得到 $0 < w < 1/2$。将 S^o（S^t 或 S^r）定义为在单向补贴策略（双向补贴策略或收入分享策略）的情况下，制造商和在线零售平台的供应链总利润，并得到以下三

种策略下的总利润。

$$S^o = \frac{(-1+w)(-271-355w+99w^2+15w^3)}{512} \qquad (6-35)$$

$$S^t = \frac{(-1+w)(7+w)(-41-38w+15w^2)}{512} \qquad (6-36)$$

$$S^r = \frac{(-1+2w)(-1147-2462w+828w^2+984w^3)}{2048} \qquad (6-37)$$

总利润如图 6-4 所示。

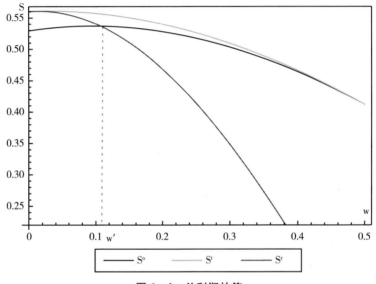

图 6-4　总利润的值

从图 6-4 中发现，在双向补贴策略中，供应链的总利润总是高于其他合作策略（$S^t > S^r$，$S^t > S^o$）。因为在双向补贴策略中，制造商和在线零售平台相互承担广告投资成本，并分担广告投资风险。双向补贴策略鼓励他们通过适当增加广告投入来追求更多的企业利润，并带来更高的供应链总利润。同时，研究还发现，当产品的批发价格是特殊值时，单向补贴策略中供应链的总利润与收入分享策略中的利润相同。在此处将此特定值设置为 w'。当 $w < w'$ 时，制造商与在线零售平台在收入分享策略中更紧密地合作可以使总利润优于单向补贴策略（$S^r > S^o$）。因为当产品的批发价格较低时，在线零售平台具有更大的权力和能力投资广告推广产品。由于产品知名度和竞争力的提高，整个供应链的总利润将增加。当 w > w′ 时，制造商与在线零售平台在收入分享策略中更紧密地合作可能会使总利润比单向补贴策略更差（S^r < S^o）。因为当产品的批发价格高时，在线零售平台需要在批发市场投入更多的购买成本。同时，在线零售平台还需要在收入分享策略中与制造商分享他的销售收入。他将没有权力和能力投资广告，这将影响产品的市场销售并减少收入。

实际上，供应链参与者应从供应链的整体利益出发，积极探索合理的合作联盟以增加供应链的总利润。

在三种策略下比较在线零售平台的利润，如图 6 – 5 所示。

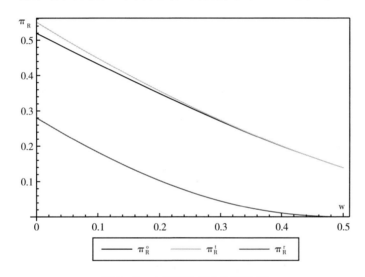

图 6 – 5　在线零售平台利润的值

从图 6 – 5 中可以看出，双向补贴策略下在线零售平台的利润总是高于单向补贴策略和收入分享策略，即使在双向补贴策略下，在线零售平台必须为制造商的全国广告提供一些资金。特别是在收入分享策略中，在线零售平台需要将部分产品的销售收入转移给制造商以换取合作，这样它的收入就远远低于其他合作策略中的利润。事实上，零售商应积极加强与制造商之间的合作，通过签署双向补贴策略来提高利润。

此外，比较了制造商在三种策略下的利润，并观察到了有趣的结论（见图 6 – 6）。

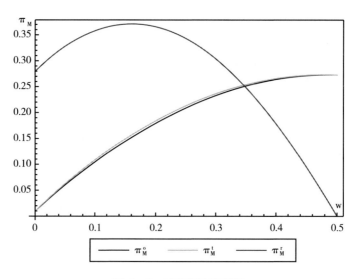

图 6 - 6　制造商的利润值

　　因为在收入分享策略下，制造商将获得在线零售平台销售产品利润的一部分，认为收入分享策略下制造商的利润优于其他策略。图 6 - 6 显示，当批发价格高时，制造商的利润比其他策略更差，即使他从批发市场和零售市场获得收入也是如此。在收入分享策略中，在线零售平台需要与制造商分享自己零售市场的产品销售收入。随着产品批发价格的上涨，在线零售平台也将提高产品零售价，争取更多的利润。过高的产品零售价会损害消费者购买产品的积极性。当制造商在批发市场的收入减少时，他在销售收入中的份额也会减少。因此，当产品的批发价格过高时，制造商的利润可能低于其他两种策略。实际上，制造商可以根据产品批发价格的变化选择与零售商的合作策略，而不是一成不变。

6.5　本章小结

　　作为消费者决定是否购买产品的重要考虑因素，零售价格和广告都会影响消费者的意愿（Zhang et al. , 2013）。本章在两周期平台供应链中通过考虑价格和广告效果对合作广告问题进行了研究。利用 Stackelberg 模型，计算三种合作广告策略中制造商和在线零售平台在全国广告和平台广告上的最佳水平。正如张等（Zhang et al.，2013）所说，在双向补贴策略中，制造商和在线零售平台都分担对方的广告成本。特别是在收入分享策略中，制造商既承担在线零售平台的部分广告成本，又分享零售收入。

本章的主要结果如下：首先，在收益分享合作广告策略下，制造商为在线零售平台广告提供的补贴率高于其他合作广告策略。其次，在线零售平台并没有因为平台广告补贴率高，就在收入分享策略上盲目地投入比其他策略更多的平台广告成本，广告水平受产品批发价格的影响。再次，在收入分享策略中，有一个特殊的区域。随着收入分享率的提高，在线零售平台通过将更多的收入转移给制造商来获得制造商的广告补贴支持。当在线零售平台增加对平台广告的投资时，制造商也会提高对平台广告的补贴率。最后，识别合作广告的价值，即制造商和在线零售平台采取双向补贴策略是平台供应链系统的最佳选择。有趣的是，在有些情况下，虽然只有制造商承担了平台广告的部分成本，而在线零售平台在全国广告上没有付出任何努力，但总利润会比收入分享策略中更好，即使在收入分享策略中，制造商和在线零售平台之间的合作关系也更紧密。

在未来的研究中，本章的一些有价值的扩展可能包括以下内容。首先，可以考虑网络市场具有双边网络外部性的特征。如果定义对广告的影响可以是正面的或是负面的，那可能会更有趣。其次，假设一个两周期供应链的动态模型，其中后期合作广告的效果是基于前一周期的影响。最后，有多个制造商和多个在线零售平台，它们之间存在竞争，竞争水平影响所有制造商的最佳补贴率和所有在线零售平台的最佳广告水平。

第7章

平台供应链不同回收渠道模式企业运营策略

7.1 引言

闭环供应链运营是提高经济与环境双重效益的有效途径。本章借鉴了闭环供应链协调的实践，研究不同回收模式和专利许可策略的平台供应链运营策略，并考虑政府补贴的影响。本章构建了废旧产品回收模式、专利许可策略和政府补贴制度下的由原始制造商、再制造商和平台零售商组成的多人博弈模型。提供不同策略组合下平台供应链的运营策略，然后分析其差异和各主体的利益，并进一步分析了政府补贴对平台供应链运营策略的影响。结果表明，当原始制造商采取固定费专利许可策略时，废旧产品的回收价格更高。当原始制造商采取单位费专利许可策略且平台零售商与再制造商同时参与废旧产品回收时，原始制造商将提高单位专利许可费。当再制造商单独回收废旧产品时，消费者可以在废旧产品回收市场上获得更多的单位收入。不同的政府补贴对新产品和再制造产品的批发价和零售价有不同的影响。

由于全球资源的日益短缺和自然环境污染加重，人们越来越重视废旧产品的回收、再造、循环利用等闭环供应链管理问题。收集、回收和再制造程序是闭环供应链的重要组成部分（Long et al.，2019）。闭环供应链是基于增加前向供应链而形成的完整循环供应系统（Huang & Liang，2021）。在闭环供应链中，企业从消费者手中回收用过的产品，通过再制造过程利用产品的剩余价值（Wu et al.，2021）。把废旧产品投入，恢复到新的状态，然后转售（Guide et al.，2009；Atasu et al.，2008；Huang et al.，2013）。

绿色闭环供应链的实施不仅有助于企业提高资源利用率，减少资源浪费，还可以降低成本，创造利润，提高企业竞争力（Cheng et al.，2019；Orsdemir et al.，2014）。柯达、惠普和施乐等企业已经参与了产品的回收和再制造（Qiang et al.，2013），施乐公司通过实施再生战略中废旧产品的回收和再利用为公司节约了45%~60%的制造成本，获得了上亿美元的收益（Ovchinnikov et al.，2014）。特别的，在2020年东京奥运会上，奥组委设定了一个目标，即用电子废旧产品制造所有奖牌，包括旧智能手机和笔记本电脑（Dey & Giri，2021）。日本全民积极参与电子废旧产品回收的行为促进了目标的实现。废旧产品回收作为闭环供应链的重要组成部分已被广泛研究。企业回收废旧产品渠道存在多种模式。施乐公司采用制造商回收渠道模式，直接从客户那里收集二手复印机。伊士曼柯达采用零售商回收渠道模式，从大型零售商那里回收一次性相机（Savaskan et al.，2004）。福特、通用汽车和戴姆勒·克莱斯勒采用第三方回收渠道模式，将二手产品的收集外包给独立的第三方（Wu et al.，2021）。回收模式影响供应链成员的表现（Huang et al.，2013）。废旧产品回收模式的研究是再制造供应链管理的重要领域（Esenduran et al.，2020；Ranjbar et al.，2020）。再制造产品进入消费市场，不可避免与原产品在市场上产生竞争，原始制造商与再制造商的利益冲突和知识产权纠纷问题逐渐显现。

上述研究主要集中在不同回收模式或单一专利许可策略对供应链的影响。在某些情况下，单一废旧产品回收模式的价格、时间和空间的限制会阻碍消费者积极返还废旧产品，单一专利许可策略将限制再制造企业的主动性。然而，很少有研究考虑不同的废旧产品回收模式和不同的专利许可策略以及政府为处理再制造产品而给予的补贴对平台供应链企业决策和利润的影响。因此，为了缩小这些研究差距，本章提出了以下研究问题。

（1）专利许可策略和废旧产品回收模式怎样同时影响平台供应链中原

始制造商、再制造商和平台零售商的企业利润变化？

（2）在原始制造商为产品设定专利许可策略时，再制造商与平台零售商参与废旧产品回收的模式选择对平台供应链和企业的利润有怎样的影响？

（3）政府制定再制造补贴如何影响再制造商的决策，如何推进再制造产业的可持续发展？

为了回答这些问题，本章在废品回收模式、专利许可策略和政府补贴制度下，构建了一个原始制造商、再制造商和平台零售商的多人博弈模型。根据对当前文献和实际情况的观察，本章的创新之处如下所示：（1）建立了由原始制造商、再制造商和平台零售商组成的平台供应链模型。其中，原始制造商向再制造商收取专利许可费。在专利许可策略方面，考虑了固定费专利许可策略和单位费专利许可策略。（2）在废旧产品回收过程中，考虑了三种废旧产品回收模式：平台零售商回收模式、再制造商回收模式以及平台零售商和再制造商混合回收模式。政府为再制造商提供再制造产品加工补贴。（3）讨论了消费市场中新产品与再制造产品的竞争关系，以及平台零售商与再制造商在废旧产品回收市场的竞争关系。通过对比分析三种废旧产品回收模式下原始制造商、再制造商和平台零售商的最优利润，得到废旧产品回收模式和专利许可策略对平台供应链企业决策过程的影响。

7.2 问题描述与假设

7.2.1 问题描述

考虑了由原始制造商、平台零售商和再制造商组成的平台供应链。原始制造商生产拥有专利的新产品并决定专利许可费，再制造商通过向原始制造商支付专利许可费来生产再制造产品。此外，专利许可费分为固定专利许可费和单位专利许可费（Cao et al.，2020）。新产品与再制造产品具有相同的功能，但生产成本不同。此外，新产品的生产成本高于再制造产品。它们以批发价出售给平台零售商。然后，平台零售商以零售价将它们出售给消费者。

与萨瓦斯坎等（Savaskan et al.，2004）研究中的三种回收渠道一样，本章提出了不同的废旧产品回收渠道：平台零售商回收、再制造商回收以及平台零售商和再制造商混合回收。也就是说，当平台零售商参与回收时，在收到消费者的废旧产品后，平台零售商将其出售给再制造商。为了刺激平台零售商获得更多收益，再制造商提供了高于平台零售商回收价格的二次回收价格。此外，为鼓励再制造商积极开展再制造业务，政府将对未售出的再制造产品给予再制造商一定的加工补贴。为了专注于本章所研究的问题，本章考虑了外生的政府补贴。相应地，建立了三种回收模式（见图7-1），分别是平台零售商回收模式、再制造商回收模式及平台零售商和再制造商混合回收模式。

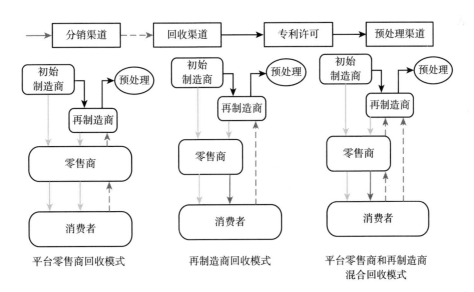

图 7 - 1　废旧产品回收模式

7.2.2　参数及变量含义

本章中使用的参数如表7-1所示，其他符号在需要时给出。

表 7 – 1　　　　　　　　　　　　　　　参数符号及说明

参数符号	参数符号说明
P_M^{ik}	在 i 回收模式和 k 专利许可策略组合下，平台零售商销售新产品的零售价格
P_T^{ik}	在 i 回收模式和 k 专利许可策略组合下，平台零售商销售再制造产品的零售价格
w_M^{ik}	在 i 回收模式和 k 专利许可策略组合下，新产品的单位批发价格
w_T^{ik}	在 i 回收模式和 k 专利许可策略组合下，再制造产品的单位批发价格
r_1^{ik}	在 i 回收模式和 k 专利许可策略组合下，平台零售商支付给消费者的废旧产品回收价格
r_2^{ik}	在 i 回收模式和 k 专利许可策略组合下，再制造商支付给消费者的废旧产品回收价格
R^{ik}	在 i 回收模式和 k 专利许可策略组合下，再制造商支付给平台零售商的废旧产品二次回收价格
s	政府给予再制造商处理未卖出再制造产品的单位产品补贴
f^i	在 i 回收模式下，原始制造商确定的专利许可单位费用
K	原始制造商与再制造商共同协议的专利许可固定费用，为常量
c_M	原始制造商以原材料生产新产品的单位生产成本
c_T	再制造商以废旧产品生产再制造产品的单位生产成本，其中 $c_M > c_T$
π_j^{ik}	在 i 回收模式和 k 专利许可策略组合下，平台供应链企业 j 的利润
Π_*^{ik}	在 i 回收模式和 k 专利许可策略组合下，平台供应链的总利润
$j \in \{M, T, R\}$	M 表示原始制造商，R 表示平台零售商，T 表示再制造商
$i \in \{1, 2, 3\}$	1 表示平台零售商回收废旧产品模式，2 表示再制造商回收废旧产品模式，3 表示平台零售商与再制造商同时回收废旧产品模式
$k \in \{U, F\}$	U 表示单位费用专利许可策略，F 表示固定费用专利许可策略

7.2.3　相关假设

本章将问题建模为 Stackelberg 博弈，其中原始制造商是领导者，再制造商平台零售商是跟随者。考虑这种情况的动机是，在许多行业中，原始制造商仍然比再制造商和平台零售商具有更大的议价能力（Huang et al.，2022；Wang et al.，2011；Zhou et al.，2018），特别是当原始制造商拥有产品专利时。

假设原始制造商不进行废旧产品回收和再制造产品生产，而是在再制造过程中收取专利许可费。在专利许可费方面，认为原始制造商采用固定专利许可费 K 和单位专利许可费 f。

由于全球资源的日益短缺和自然环境污染加重，消费者的绿色环保观念逐渐强化。然而，消费者对再制造产品质量的感知仍然低于新产品（Cao et al., 2020）。假设 a 是产品的总市场需求，ν 是新产品的感知质量，$\theta\nu$ 是再制造产品的感知质量，其中 $\theta \in (0,1)$（Atasu et al., 2008）。由于新产品和再制造产品在市场上竞争激烈，根据唐和徐（Tang & Xu, 2019）的研究结果，采用 Hotelling 模型，得到新产品的需求函数为 $D_1 = a - \dfrac{P_M^{ik} - P_T^{ik}}{1-\theta}$，再制造产品的需求函数为 $D_2 = \dfrac{\theta P_M^{ik} - P_T^{ik}}{\theta(1-\theta)}$。

考虑当平台零售商和再制造商分别回收废旧产品时，消费者向平台零售商供应废旧产品 D_3 是回收价格 r_1 的函数：$D_3 = \alpha + \beta r_1^{ik}$；消费者向再制造商供应废旧产品 D_4 是回收价格 r_2 的函数：$D_4 = \alpha + \beta r_2^{ik}$，其中 α 和 β 是常量，$\alpha > 0$ 和 $\beta > 0$。α 表示消费者因环保意识而自愿返回的废旧产品数量，α 越大，表明消费者的社会环保意识越高。β 表明了消费者对回收价格的敏感性，β 越大，表明消费者对回收价格越敏感。当平台零售商和再制造商同时回收废旧产品时，回收过程中存在价格竞争。消费者根据废旧产品的回收价格，选择向平台零售商或再制造商出售废旧产品。在这里，只考虑了回收价格，而不考虑回收距离、成本，劳动力成本和其他因素（Li et al., 2021）。因此，当平台零售商和再制造商同时回收废旧产品时，再制造商回收废旧产品的供应函数为：$D_5 = \alpha + \beta r_2^{ik} - \lambda r_1^{ik}$，平台零售商回收废旧产品的供应函数为：$D_6 = \alpha + \beta r_1^{ik} - \lambda r_2^{ik}$，其中 $\beta > \lambda$。

7.3 不同回收模式下模型建立与求解

7.3.1 平台零售商回收模式

在平台零售商回收模式下，原始制造商、平台零售商和再制造商之间的博弈顺序如下。原始制造商作为市场的第一个进入者，首先，确定批发价 w_M^{1k} 和产品的专利许可策略。其次，再制造商确定再制造产品的批发价格 w_T^{1k} 和支付给平台零售商的回收价格 R^{1k}。最后，平台零售商确定新产品和再制造产品的零售价格 P_M^{1k} 和 P_T^{1k}，以及支付给消费者的回收价格 r_1^{1k}。

当原始制造商采用单位费专利许可策略时，原始制造商、再制造商、平台零售商的利润目标函数为：

$$\pi_M^{1U} = (w_M^{1U} - c_M) \times D_1 + f^1 \times D_3 \tag{7-1}$$

$$\pi_T^{1U} = w_T^{1U} \times D_2 - c_T \times D_3 - (R^{1U} + f^1) \times D_3 + s \times (D_3 - D_2) \tag{7-2}$$

$$\pi_R^{1U} = (P_M^{1U} - w_M^{1U}) \times D_1 + (P_T^{1U} - w_T^{1U}) D_2 + (R^{1U} - r_1^{1U}) \times D_3 \tag{7-3}$$

根据博弈的顺序，使用逆向求解法，得到：

$$P_M^{1U} = \frac{-6a - 2c_M - s + 4a\theta + c_M\theta}{4(-2+\theta)} \tag{7-4}$$

$$P_T^{1U} = \frac{-4s - 10a\theta - 2c_M\theta + s\theta + 6a\theta^2 + c_M\theta^2}{8(-2+\theta)} \tag{7-5}$$

$$w_M^{1U} = \frac{-2a - 2c_M - s + 2a\theta + c_M\theta}{2(-2+\theta)} \tag{7-6}$$

$$w_T^{1U} = \frac{-4s - 2a\theta - 2c_M\theta + s\theta + 2a\theta^2 + c_M\theta^2}{4(-2+\theta)} \tag{7-7}$$

$$R^{1U} = \frac{-3\alpha + s\beta - \beta c_T}{4\beta} \tag{7-8}$$

$$r_1^{1U} = \frac{-7\alpha + s\beta - \beta c_T}{8\beta} \tag{7-9}$$

$$f^1 = \frac{\alpha + s\beta - \beta c_T}{2\beta} \tag{7-10}$$

当原始制造商采用固定费专利许可策略时，原始制造商、再制造商和平台零售商的利润目标函数是：

$$\pi_M^{1F} = (w_M^{1F} - c_M) \times D_1 + K \tag{7-11}$$

$$\pi_T^{1F} = w_T^{1F} \times D_2 - (R^{1F} + c_T) \times D_3 + s \times (D_3 - D_2) - K \tag{7-12}$$

$$\pi_R^{1F} = (P_M^{1F} - w_M^{1F}) \times D_1 + (P_T^{1F} - w_T^{1F}) D_2 + (R^{1F} - r_1^{1F}) \times D_3 \tag{7-13}$$

根据博弈的顺序，使用逆向求解法，得到：

$$P_M^{1F} = \frac{-6a - 2c_M - s + 4a\theta + c_M\theta}{4(-2+\theta)} \qquad (7-14)$$

$$P_T^{1F} = \frac{-4s - 10a\theta - 2c_M\theta + s\theta + 6a\theta^2 + c_M\theta^2}{8(-2+\theta)} \qquad (7-15)$$

$$w_M^{1F} = \frac{-2a - 2c_M - s + 2a\theta + c_M\theta}{2(-2+\theta)} \qquad (7-16)$$

$$w_T^{1F} = \frac{-4s - 2a\theta - 2c_M\theta + s\theta + 2a\theta^2 + c_M\theta^2}{4(-2+\theta)} \qquad (7-17)$$

$$R^{1F} = \frac{-\alpha + s\beta - \beta c_T}{2\beta} \qquad (7-18)$$

$$r_1^{1F} = \frac{-3\alpha + s\beta - \beta c_T}{4\beta} \qquad (7-19)$$

7.3.2　再制造商回收模式

在再制造商回收模式下，原始制造商、平台零售商和再制造商之间的博弈顺序如下。原始制造商作为市场的第一个进入者，首先，确定批发价 w_M^{2k} 和产品的专利许可策略。其次，再制造商确定再制造产品的批发价格 w_T^{2k}，支付给消费者的回收价格 r_2^{2k}。最后，平台零售商确定新产品和再制造产品的零售价格 P_M^{2k} 和 P_T^{2k}。

当原始制造商采用单位费专利许可策略时，原始制造商、再制造商、平台零售商的利润目标函数为：

$$\pi_M^{2U} = (w_M^{2U} - c_M) \times D_1 + f^2 \times D_4 \qquad (7-20)$$

$$\pi_T^{2U} = w_T^{2U} \times D_2 - c_T \times D_4 - (r_2^{2U} + f^2) \times D_4 + s \times (D_4 - D_2) \qquad (7-21)$$

$$\pi_R^{2U} = (P_M^{2U} - w_M^{2U}) \times D_1 + (P_T^{2U} - w_T^{2U}) D_2 \qquad (7-22)$$

根据博弈的顺序，使用逆向求解法，得到：

$$P_M^{2U} = \frac{-6a - 2c_M - s + 4a\theta + c_M\theta}{4(-2+\theta)} \qquad (7-23)$$

$$P_T^{2U} = \frac{-4s - 10a\theta - 2c_M\theta + s\theta + 6a\theta^2 + c_M\theta^2}{8(-2+\theta)} \qquad (7-24)$$

$$w_M^{2U} = \frac{-2a - 2c_M - s + 2a\theta + c_M\theta}{2(-2+\theta)} \quad\quad (7-25)$$

$$w_T^{2U} = \frac{-4s - 2a\theta - 2c_M\theta + s\theta + 2a\theta^2 + c_M\theta^2}{4(-2+\theta)} \quad\quad (7-26)$$

$$r_2^{2U} = \frac{-3\alpha + s\beta - \beta c_T}{4\beta} \quad\quad (7-27)$$

$$f^2 = \frac{\alpha + s\beta - \beta c_T}{2\beta} \qu\quad (7-28)$$

当原始制造商采用固定费专利许可策略时，原始制造商、再制造商、平台零售商的利润目标函数为：

$$\pi_M^{2F} = (w_M^{2F} - c_M) \times D_1 + K \qu\quad (7-29)$$

$$\pi_T^{2F} = w_T^{2F} \times D_2 - (r_2^{2F} + c_T) \times D_4 + s \times (D_4 - D_2) - K \qu\quad (7-30)$$

$$\pi_R^{2F} = (P_M^{2F} - w_M^{2F}) \times D_1 + (P_T^{2F} - w_T^{2F})D_2 \qu\quad (7-31)$$

根据博弈的顺序，使用逆向求解法，得到：

$$P_M^{2F} = \frac{-6a - 2c_M - s + 4a\theta + c_M\theta}{4(-2+\theta)} \qu\quad (7-32)$$

$$P_T^{2F} = \frac{-4s - 10a\theta - 2c_M\theta + s\theta + 6a\theta^2 + c_M\theta^2}{8(-2+\theta)} \qu\quad (7-33)$$

$$w_M^{2F} = \frac{-2a - 2c_M - s + 2a\theta + c_M\theta}{2(-2+\theta)} \qu\quad (7-34)$$

$$w_T^{2F} = \frac{-4s - 2a\theta - 2c_M\theta + s\theta + 2a\theta^2 + c_M\theta^2}{4(-2+\theta)} \qu\quad (7-35)$$

$$r_2^{2F} = \frac{-\alpha + s\beta - \beta c_T}{2\beta} \qu\quad (7-36)$$

7.3.3　平台零售商和再制造商混合回收模式

在平台零售商和再制造商混合回收模式下，原始制造商、平台零售商和再制造商之间的博弈顺序如下。原始制造商作为市场的第一个进入者，首先，决定了批发价 w_M^{3k} 和产品的专利许可策略。其次，再制造商确定批发价 w_T^{3k}，支付给消费者的回收价格 r_2^{3k}，以及支付给平台零售商的回收价

格 R^{3k}。最后，平台零售商确定新产品和再制造产品的零售价格 P_M^{3k} 和 P_T^{3k}，以及支付给消费者的回收价格 r_1^{3k}。

当原始制造商采用单位费专利许可策略时，原始制造商、再制造商、平台零售商的利润目标函数为：

$$\pi_M^{3U} = (w_M^{3U} - c_M) \times D_1 + f^3 \times (D_6 + D_5) \tag{7-37}$$

$$\pi_T^{3U} = w_T^{3U} \times D_2 - (c_T + f^3) \times (D_5 + D_6) - R^{3U} \times D_6 - r_2^{3U} \times D_5 + s(D_6 + D_5 - D_2) \tag{7-38}$$

$$\pi_R^{3U} = (P_M^{3U} - w_M^{3U}) \times D_1 + (P_T^{3U} - w_T^{3U}) D_2 + (R^{3U} - r_1^{3U}) \times D_6 \tag{7-39}$$

根据博弈的顺序，使用逆向求解法，得到：

$$P_M^{3U} = \frac{-6a - 2c_M - s + 4a\theta + c_M\theta}{4(-2+\theta)} \tag{7-40}$$

$$P_T^{3U} = \frac{-4s - 10a\theta - 2c_M\theta + s\theta + 6a\theta^2 + c_M\theta^2}{8(-2+\theta)} \tag{7-41}$$

$$w_M^{3U} = \frac{-2a - 2c_M - s + 2a\theta + c_M\theta}{2(-2+\theta)} \tag{7-42}$$

$$w_T^{3U} = \frac{-4s - 2a\theta - 2c_M\theta + s\theta + 2a\theta^2 + c_M\theta^2}{4(-2+\theta)} \tag{7-43}$$

$$r_1^{3U} = \frac{-7\alpha\beta + s\beta^2 + \alpha\lambda - s\lambda^2 - \beta^2 c_T + \lambda^2 c_T}{8\beta(\beta-\lambda)} \tag{7-44}$$

$$r_2^{3U} = \frac{-3\alpha + s\beta - s\lambda - \beta c_T + \lambda c_T}{4(\beta-\lambda)} \tag{7-45}$$

$$R^{3U} = \frac{-3\alpha + s\beta - s\lambda - \beta c_T + \lambda c_T}{4(\beta-\lambda)} \tag{7-46}$$

$$f^3 = \frac{\alpha + s\beta - s\lambda - \beta c_T + \lambda c_T}{2(\beta-\lambda)} \tag{7-47}$$

当原始制造商采用固定费专利许可策略时，原始制造商、再制造商、平台零售商的利润目标函数为：

$$\pi_M^{3F} = (w_M^{3F} - c_M) \times D_1 + K \tag{7-48}$$

$$\pi_T^{3F} = w_T^{3F} \times D_2 - c_T \times (D_5 + D_6) - R^{3F} \times D_6 - r_2^{3F} \times D_5 + s \times (D_6 + D_5 - D_2) - K \tag{7-49}$$

$$\pi_R^{3F} = (P_M^{3F} - w_M^{3F}) \times D_1 + (P_T^{3F} - w_T^{3F})D_2 + (R^{3F} - r_1^{3F}) \times D_6 \quad (7-50)$$

根据博弈的顺序，使用逆向求解法，得到：

$$P_M^{3F} = \frac{-6a - 2c_M - s + 4a\theta + c_M\theta}{4(-2+\theta)} \quad (7-51)$$

$$P_T^{3F} = \frac{-4s - 10a\theta - 2c_M\theta + s\theta + 6a\theta^2 + c_M\theta^2}{8(-2+\theta)} \quad (7-52)$$

$$w_M^{3F} = \frac{-2a - 2c_M - s + 2a\theta + c_M\theta}{2(-2+\theta)} \quad (7-53)$$

$$w_T^{3F} = \frac{-4s - 2a\theta - 2c_M\theta + s\theta + 2a\theta^2 + c_M\theta^2}{4(-2+\theta)} \quad (7-54)$$

$$R^{3F} = \frac{-\alpha + s\beta - s\lambda - \beta c_T + \lambda c_T}{2(\beta - \lambda)} \quad (7-55)$$

$$r_1^{3F} = \frac{-3\alpha\beta + s\beta^2 + \alpha\lambda - s\lambda^2 - \beta^2 c_T + \lambda^2 c_T}{4\beta(\beta - \lambda)} \quad (7-56)$$

$$r_2^{3F} = \frac{-\alpha + s\beta - s\lambda - \beta c_T + \lambda c_T}{2(\beta - \lambda)} \quad (7-57)$$

7.3.4 不同回收模式下平台供应链运营策略比较与分析

在本节中，我们比较了不同模型的均衡结果。

命题 7-1 在相同的废旧产品回收模式下，与单位费专利许可策略相比，当原始制造商对再制造商实施固定费专利许可策略时，废旧产品的回收价格和二次回收价格较高，即 $r_1^{iF} > r_1^{iU}$，$r_2^{iF} > r_2^{iU}$ 和 $R^{iF} > R^{iU}$。

命题 7-1 表明，当原始制造商对再制造商采用固定费专利许可策略时，废旧产品的回收价格和二次回收价格高于单位费专利许可策略。当原始制造商采用固定费专利许可策略时，再制造商可以通过生产更多的再制造产品来获得更多的收入，以弥补支付专利许可费的成本。因此，再制造商需要更多的废旧产品进行再制造。废旧产品的回收量与回收价格呈正相关；也就是说，当回收商（平台零售商或再制造商）提高消费者对废旧产品的回收价格时，很明显，消费者对回收废旧产品的热情会提高，废旧产品的回收量也会相应增加。因此，当再制造商直接从消费者手里回收废旧产品时，他们会提高废旧产品的回收价格，以吸引消费者提供废旧产品。当再制造商从平台零售商那里回收废旧产品时，他们会提高废旧产品的二次回收价格，以鼓励平台零售商积极回收消费者的废旧产品。对于平台零售商来说，当再制造商对废旧产品的需求增加，二次回收价格上涨时，他们会通过提高废旧产品的回收价格，积极吸引更多的消费者提供废旧产品，从而在废旧产品的回收渠道中获得更多的效益。因此，当原始制造商对再制造商实施固定费专利许可策略时，废旧产品的回收价格和二次回收价格将会增加。

实践中，当专利许可企业选择固定费专利许可策略时，专利被许可企业将有更大的空间选择废旧产品的回收再制造。当市场对再制造产品有巨大的市场需求时，专利被许可企业可以通过提高回收价格，回收更多的废旧产品用于再制造，从而在运行过程中提高自身的经济效益，兼顾环境效益。

命题 7 - 2 在相同的专利许可策略下，当市场上只有再制造商回收废旧产品时，废旧产品的回收价格高于其他两种模式（平台零售商回收和平台零售商和再制造商混合回收），即 $r_2^{1k} > r_1^{1k}$，$r_2^{2k} > r_1^{3k}$ 和 $r_2^{2k} > r_2^{3k}$。

命题 7 - 2 中，在相同的专利许可策略下，当再制造商单独回收废旧产品时，消费者可以从回收过程中获得更多的单位收入。首先，当平台零售商单独回收时，平台零售商对回收收入的追求总是大于零。废旧产品的回收价格必须低于再制造商的废旧产品二次回收价格，即 $r_1^{1k} = \dfrac{-7\alpha + s\beta - \beta c_T}{8\beta} <$

$\dfrac{-3\alpha + s\beta - \beta c_T}{4\beta} = R^{1k}$。目前，废旧产品回收价格低，不利于废旧产品的回

收过程 $\left(\dfrac{dD}{dr} > 0\right)$，不能充分激发消费者参与废旧产品回收过程的积极性。

其次，当平台零售商和再制造商同时回收废旧产品时，再制造商可以从再制造产品的批发销售和再制造产品的报废处理中受益，因此他们不会在废旧产品的回收过程中设置过高的回收价格与平台零售商激烈竞争。因此，当平台零售商和再制造商同时回收废旧产品时，再制造商的回收价格仍然低于单独回收 $\left[r_2^{3k} - r_2^{2k} = -\dfrac{3\alpha\lambda}{4\beta(\beta - \lambda)} < 0 \right]$。从以上分析可以看出，

平台零售商往往成为废旧产品回收的主要承担者，因为他们拥有完善的销售渠道和物流体系。他们以较低的回收价格从消费市场回收废旧产品，然后将其转售给再制造商进行再制造。平台零售商的回收价格激励不明显，无法最大限度地提高消费者参与废旧产品回收过程的意愿，因此绿色平台供应链的回收效率将被削弱。当再制造商单独回收废旧产品时，消费者可以享受更高的回收价格，并拥有更大的权力加入回收过程。事实上，企业应积极完善废旧产品的回收环节，避免回收过程中的二次边际成本，通过向消费者转移更多价格优惠，鼓励更多消费者加入绿色再制造平台供应链。

命题 7 - 3 当再制造商回收平台零售商的废旧产品时，平台零售商回收模式下的二次回收价格高于平台零售商和再制造商混合回收模式下的二次回收价格，即 $R^{1k} > R^{3k}$。

命题 7 - 3 显示，当平台零售商单独回收废旧产品时，再制造商将收取更高的二次回收价格，以回收平台零售商的废旧产品，以满足对废旧产品的需求。较高的回收价格可以鼓励平台零售商积极参与回收过程。当平台零售商和再制造商同时回收废旧产品时，再制造商不必完全依赖平台零售商的回收渠道。再制造商可以通过自己的回收渠道回收消费者的废旧产品，他们不必支付太高的二次回收价格来鼓励平台零售商回收废旧产品。因此，当平台零售商和再制造商同时回收废旧产品时，再制造商设定的二次回收价格低于平台零售商回收模式。在真正的废旧产品回收市场中，企业以多种方式回收废旧产品，如施乐选择自己回收，柯达通过零售商回收，乐喜金星集团（Lucky - Goldstar Group，LG）通过第三方回收商回收等（Chen et al.，2021）。企业对回收渠道的选择取决于对利润的考虑。当企业拥有自己的回收渠道时，他们在回收定价方面就具有更大的议价能力。

命题 7 - 4 当平台零售商和再制造商同时回收废旧产品时，原始制造商将增加授权再制造商生产再制造产品的单位专利许可费，即 $f^3 > f^1 = f^2$。

命题 7 - 4 说明，当平台零售商和再制造商同时在市场上回收废旧产品时，原始制造商将增加再制造商生产的再制造产品的单位专利许可费。当消费市场上只有一家企业负责废旧产品的回收时，无论是平台零售商还是再制造商负责回收，原始制造商制定的单位专利许可费都是一样的，即 $f^1 = f^2$。当平台零售商和再制造商同时回收废旧产品时，再制造商在废旧产品回收渠道上具有一定的优势，在回收价格谈判中具有一定的优势。没有必要提供更高的二次回收价格来鼓励平台零售商回收废旧产品。同时，政府给予再制造商一定的再制造产品处理补贴。因此，在平台零售商和再制造商的混合回收模式下，原始制造商将通过提高再制造产品的单位专利许可费来增加自身收入，不会削弱再制造商开展废旧产品再制造业务的积极性。当市场上只有一家企业负责废旧产品的回收时，原始制造商不会在意企业是再制造商还是平台零售商，而只会依靠产品专利权来制定专利许可费。实际上，当市场对再制造产品的需求增加，越来越多的企业参与废旧产品的回收过程时，专利许可企业可以依靠其拥有专利产品的权利，适当提高专利许可费，以获得更多的专利许可收入。

命题 7-5　当政府对再制造商的补贴发生变化时，新产品和再制造产品的批发价格和零售价满足以下关系：当 $0 < s < 2a(1-\theta) + c_M(2-\theta)$ 时，$P_M^{ik} > P_T^{ik}$，$w_M^{ik} > w_T^{ik}$；当 $2a(1-\theta) + c_M(2-\theta) < s < 6a(1-\theta) + c_M(2-\theta)$ 时，$P_M^{ik} > P_T^{ik}$，$w_M^{ik} < w_T^{ik}$；当 $6a(1-\theta) + c_M(2-\theta) < s$ 时，$P_M^{ik} < P_T^{ik}$，$w_M^{ik} < w_T^{ik}$。

命题 7-5 说明了每种回收模式下批发价格与零售价格的关系。当 $0 < s < 2a(1-\theta) + c_M(2-\theta)$ 时，新产品的批发价格和零售价格高于再制造产品。这是因为政府给予的补贴较低，再制造商没有动力优化再制造工艺，创新再制造技术。再制造产品在性能和质量方面无法与新产品相提并论，在使用寿命和后期维护方面不如新产品。因此，再制造商以较低的批发价格向平台零售商出售再制造产品，从而使平台零售商以较低的零售价格向消费者销售再制造产品，以确保再制造产品在消费市场上比新产品具有价格竞争优势。因此，再制造产品只能以较低的零售价格在市场上销售。

当 $2a(1-\theta) + c_M(2-\theta) < s < 6a(1-\theta) + c_M(2-\theta)$ 时，新产品的批发价格低于再制造产品的批发价格，但新产品的零售价格高于再制造产品的零售价格。当政府给予再制造商更高的补贴时，再制造商有能力和动力提高再制造产品的创新价值，使其更加环保。因此，再制造产品的批发价格可能高于批发市场上新产品的批发价格。例如，机械制造企业

卡特彼勒以旧机械设备为原材料，采用特殊工艺和技术，在原有制造的基础上进行新的创造。因此，确保再制造产品在性能和质量方面不逊色于新产品（Zhang，2020）。然而，在消费市场，由于再制造产品的接受度有限和信息不对称，再制造产品与新产品相比在价格上没有优势。因此，平台零售商仍将以较高的价格销售新产品，并以较低的价格销售再制造产品。

当 $6a(1-\theta)+c_M(2-\theta)<s$ 时，新产品的批发价格和零售价格低于再制造产品。当政府给予再制造商足够高的补贴时，再制造商不会担心再制造产品的销售，而是会投入更多的资金来积极优化和创新再制造过程。随着消费者对再制造产品接受度的提高，再制造产品的批发价和零售价可以高于新产品，即 $P_M^{ik}<P_T^{ik}$ 和 $w_M^{ik}<w_T^{ik}$ 同时成立。这一结论与朱等（Zhu et al.，2018）提出的情况是一致的，即通过提高再制造产品的技术创新水平来提高再制造产品的社会认可度和接受度，将导致再制造产品的批发价格和零售价格高于或等于新产品。

在再制造平台供应链的运作过程中，政府的支持和援助政策在企业再制造业务的发展中发挥了重要作用。政府可以通过补贴、减税等政策支持企业发展再制造业务，生产性能和质量更好的再制造产品，进一步促进制造业绿色环保发展。

命题 7 - 6 当原始制造商对再制造商采用固定费专利许可费时，原始制造商的利润不受废旧产品回收模式的影响。

命题 7 - 6 表明，当原始制造商采用固定费专利许可策略时，原始制造商在不同的废旧产品回收模式下的利润是相同的。从 $\pi_M^{iF}=(w_M^{iF}-c_M)\times D_1+K$ 可以看出，原始制造商的利润仅与新产品的批发利润和固定专利许可费有关。因为新产品批发市场的收入不受废旧产品回收模式的影响，只与新产品的批发价格和需求有关。因此，当原始制造商对再制造商采用固定费专利许可策略时，原始制造商在不同废旧产品回收模式下的利润是相同的。实际上，专利许可企业可以通过采用不同的专利许可策略来改变利润。特别是固定费专利许可策略，可以使专利许可企业的利润不受废旧产品回收模式的影响。

7.4 数值分析

本节通过数值示例讨论平台供应链中企业利润和平台供应链的总利润。假设市场相关参数如下：$a = 50$，$c_M = 20$，$c_T = 5$，$\alpha = 30$，$\beta = 1$，$\lambda = 0.5$，$s = 10$，$K = 100$。可以获得原始制造商、再制造商、平台零售商和平台供应链在不同废旧产品回收模式和不同专利许可策略下的利润比较。

当原始制造商采用单位费专利许可策略或固定费专利许可策略时，原始制造商在三种不同废旧产品回收模式下的利润对比如下所示。

从图7-2和图7-3可以看出，当原始制造商采用单位费专利许可策略时，原始制造商在三种不同废旧产品回收模式下的利润大小关系为：$\pi_M^{1U} < \pi_M^{2U} < \pi_M^{3U}$。结果表明，当平台零售商和再制造商同时回收废旧产品时，原始制造商的利润大于其他两种模式。本章认为再制造商的生产能力足以使所有回收的废旧产品用于再制造。因此，回收的废旧产品数量增加，专利许可费总额相应增加，原始制造商的利润相应增加。当原始制造商采用固定费专利许可策略时，在三种不同的废旧产品回收模式下，原始制造商的利润为 $\pi_M^{1F} = \pi_M^{2F} = \pi_M^{3F}$，这在命题7-6被证明。

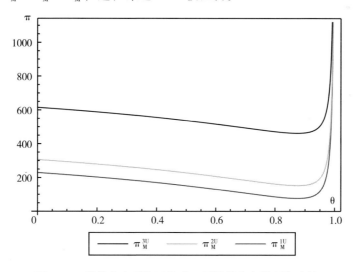

图7-2 单位费专利许可策略下原始制造商的利润比较

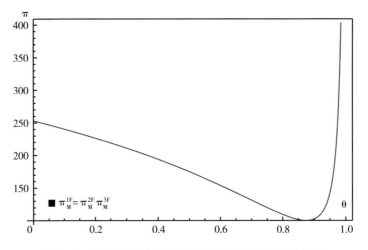

图 7 - 3　固定费专利许可策略下原始制造商的利润比较

当原始制造商采用单位费专利许可策略或固定费专利许可策略时，再制造商在三种不同废旧产品回收模式下的利润比较如下所示。

从图 7 - 4 和图 7 - 5 可以看出，无论原始制造商采取何种专利许可策略，再制造商在三种不同的废旧产品回收模式下的利润均有 $\pi_T^{1k} < \pi_T^{2k} < \pi_T^{3k}$。当平台零售商负责回收废旧产品时，再制造商只负责再制造废旧产品，收入只来自再制造产品的批发市场。当再制造商负责回收废旧产品

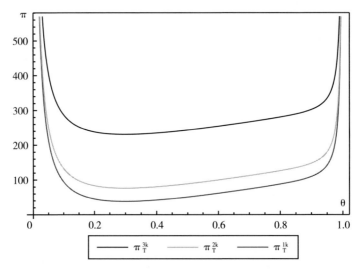

图 7 - 4　单位费专利许可策略下再制造商的利润比较

时，再制造商可以通过增加废旧产品的回收量来增加其再制造产品的产量，从而获得更多的再制造产品的批发收入。当平台零售商和再制造商同时负责回收废旧产品时，两家企业回收的废旧产品数量的增加给再制造商在再制造产品批发市场上带来了更多的好处，再制造商的利润具有 $\pi_T^{1k} < \pi_T^{2k} < \pi_T^{3k}$ 的关系。因此，对于再制造商来说，积极参与废旧产品的回收过程有利于提高企业利润。

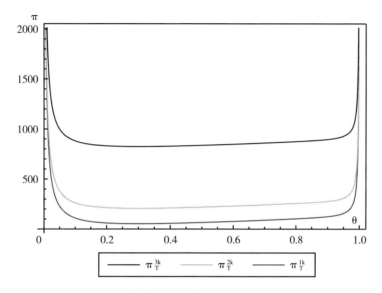

图 7-5　固定费专利许可策略下再制造商的利润比较

当原始制造商采用单位费专利许可策略或固定费专利许可策略时，平台零售商在三种不同废旧产品回收模式下的利润比较如下所示。

从图 7-6 和图 7-7 可以看出，无论原始制造商采用何种专利许可策略，平台零售商在三种不同的废旧产品回收模式下的利润均为 $\pi_R^{2k} < \pi_R^{3k} < \pi_R^{1k}$。当再制造商单独回收废旧产品时，平台零售商的收入仅取决于消费市场的产品销售情况，因此平台零售商的利润低于其他两种废旧产品回收模式下的利润。当平台零售商单独回收废旧产品时，他们可以从废旧产品的回收过程中获得更多的利润，同时从消费市场上新产品和再制造产品的销售中获利。当平台零售商和再制造商同时回收废旧产品时，再制造商将在回收过程中分享部分利润。

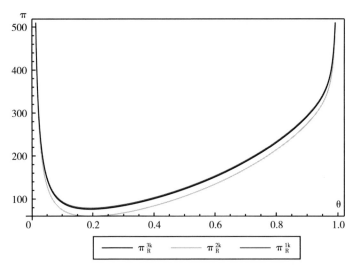

图7-6　单位费专利许可策略下平台零售商的利润比较

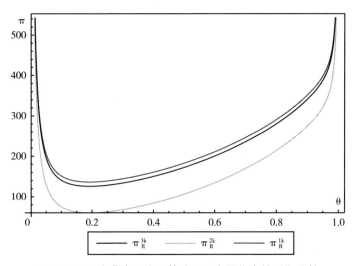

图7-7　固定费专利许可策略下平台零售商的利润比较

因此，平台零售商在平台零售商回收模式下的利润大于平台零售商与再制造商混合回收模式下的利润。

当原始制造商采用单位费专利许可策略或固定费专利许可策略时，将三种不同废旧产品回收模式下平台供应链的总利润进行比较，具体如下所示。

从图7-8和图7-9可以看出，当原始制造商选择单位费专利许可策略或固定费专利许可策略时，三种不同废旧产品回收模式下平台供应链的总利润为 $\Pi_*^{1k} < \Pi_*^{2k} < \Pi_*^{3k}$。结果表明，当再制造商和平台零售商同时回收废旧产品时，无论原始制造商选择何种专利许可策略，平台供应链的总利润都大于其他两种废旧产品的回收模式。在实际操作过程中，要积极调动平台供应链企业进行废旧产品回收利用的积极性，让更多的企业参与到废旧产品回收过程中，提高绿色环保意识，从而实现绿色平台供应链整体效益的最大化。

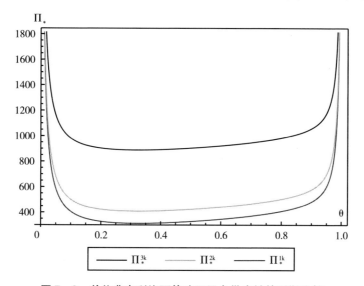

图 7 - 8　单位费专利许可策略下平台供应链的利润比较

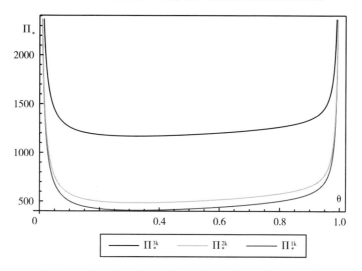

图 7 - 9　固定费专利许可策略下平台供应链的利润比较

7.5 本章小结

　　废旧产品的回收模式和再制造产品的专利许可策略影响着闭环供应链企业的收入和决策。虽然回收模式和专利许可策略的效果已经得到证实，但很少有研究基于平台考虑两者在闭环供应链企业中的作用，特别是政府补贴在平台供应链中的作用。

　　本章研究了不同回收模式和专利许可策略对平台供应链的影响。首先，建立了三种回收模式下的平台供应链模型。其次，研究了专利许可策略对再制造商批发价和回收价决策的影响。此外，还比较分析了三种回收模式下渠道成员和平台供应链的利润。综上所述，结论如下：（1）当原始制造商采用固定费专利许可策略时，废旧产品的回收价格较高；当原始制造商不采用单位费专利许可策略时，再制造商有更大的热情生产更多的再制造产品来追求更多的收入，因此他们需要在消费市场上回收更多的废旧产品。通过提高废旧产品的回收价格，可以吸引更多的消费者加入废旧产品的回收过程。（2）当原始制造商采用单位费专利许可策略，平台零售商和再制造商同时参与废旧产品回收时，原始制造商将增加单位专利许可费。当原始制造商意识到废旧产品回收市场竞争激烈时，他们可能会通过适当地提高再制造产品的单位专利许可费来赚取更多的利润。（3）当再制造商单独回收废旧产品时，消费者可以在废旧产品回收市场中获得更大的单位收入。再制造商直接回收消费者的废旧产品进行再制造，而无须通过平台零售商进行二次回收。因此，再制造商可以将节省下来的二次回收成本转移给消费者，提高废旧产品的回收价格，将更多的利益转移给消费者，更好地调动消费者参与废旧产品回收的积极性。（4）政府补贴的增加将使再制造产品的批发价格和零售价高于新产品。这一发现很有趣，与以前的研究不同。当政府补贴非常完善时，可以促进再制造企业的再制造投资和创新，从而创造出更有价值、更环保的再制造产品。这些结论为研究平台供应链中回收模式和专利许可策略的价值提供了研究线索，还为企业参与废旧产品回收和专利许可提出了建议。

本章的下一步研究可以从以下几个方面进行。本章没有构建多周期回收再制造的动态博弈过程，未考虑废旧产品回收利用引起的再制造产品产出的随机性问题。在进一步的研究过程中，将考虑动态多期平台供应链中的回收和再制造过程，以及回收废旧产品与再制造产品需求之间的不平衡，并进一步探讨回收渠道和再制造过程对平台供应链的影响。

第 7 章　平台供应链不同回收渠道模式企业运营策略

第**8**章

平台供应链不同专利授权的企业运营策略

8.1 引言

　　新发展理念是"十四五"及今后一个时期我国经济社会发展的基本遵循。创新、协调、绿色、开放、共享五大发展理念分别对制造业的高质量发展提出要求。近年来，在新发展理念的引领下，我国制造业发展取得了新的成绩，但在具体工作中存在不适应、不适合甚至违背新发展理念的认识、行为和做法。对于废旧产品处理不当的问题，不仅会导致资源浪费，更会给环境带来无法估量的损害，而充分利用资源实现可持续发展则成为重中之重。在此背景下，再制造应运而生。

　　再制造使废旧产品可以被重复利用（姚锋敏等，2022；王娜和张玉林，2022），还能使企业获得巨大的经济效益，如施乐公司（Xerox Corporation）已经通过回收再制造为公司节省了大量成本（王强，2019）。目前，各国政府及企业都在大力推动发展回收再制造产业以实现经济的可持续发展。但由于回收再制造所产生的回收、运输、生产等成本，很多制造商通常不选择自己再制造，而是委托再制造商进行再制造，如路虎委托卡特彼勒负责其再制造业务；苹果委托富士康进行再制造（王娜和张玉林，2022）。而再制造商往往因为规模较小而回收运输方便，生产再制造产品成本较低，在市场竞争中有明显的价格优势。制造商在面对再制造商的竞争威胁时通常通过收取专利许可费的方式，采取再制造专利许可这个最合理也是最为有效的手段去保障自己的利益（王强，2019）。

再制造产业不仅带来了巨大的经济效益，也促进了环保效益的提升。国家早在2011年就把"再制造产业化"列入循环经济重点工程（王强，2019）。制造商在面临再制造商的再制造竞争时，通常采用专利许可来保障自己的利益，同时也使再制造商能够合法进行再制造活动从而获利。因此，基于平台，研究制造商多专利许可策略和回收再制造决策下闭环供应链的协调具有重要的学术价值和应用意义，对现实中的制造企业以及实现经济和环境的双重效益具有指导意义。

8.2 文献综述

再制造商实施废旧产品的回收再制造活动必须要获得制造商的专利许可，否则难免会引起利益冲突和知识产权纠纷（胡开忠，2006）。目前一些学者在对闭环供应链的研究中已注意到这一问题并开展了相关研究。

熊中楷等（2011）基于再制造商回收再制造模式，分析了专利许可对回收再制造的影响，提出收益费用共享契约实现供应链协调（高鹏和聂佳佳，2014）。黄宗盛等（2012）研究了专利保护下供应链中垄断制造商的最优再制造模式选择问题。孙浩等（2017）和闻卉等（2017）都研究了闭环供应链各主体的最优博弈策略，后者在此基础上又分析了再制造成本节约的变化规律。闭环供应链可以通过收益费用共享、两部分关税合同进行协调；政府根据制造商的碳排放量对其征税，制造商通过回收废旧产品可以降低生产成本和碳排放税（Zhan et al.，2019；Wu et al.，2021；Zhang et al.，2020；Jin et al.，2021；Xie et al.，2022）。申成然等（2013）基于再制造商回收再制造模式，用收益费用分享契约对政府补贴下的闭环供应链进行协调。曹柬等（2020）对有无专利许可和政府规制模式下制造商与再制造商的产量、定价以及收益进行分析。

上述文献考虑的都是制造商许可再制造商对产品进行回收再制造，也有学者从非竞争性回收再制造的角度对制造商参与回收再制造进行了研究。熊中楷等（2012）研究由零售商回收的三种再制造模式下的闭环供应链模型，发现再制造成本节约是再制造活动开展的直接驱动因素（申成然等，2015）。少有学者讨论制造商和再制造商同时对废旧产品进行回收再制造的情况。其中，刘光富和刘文侠（2017）研究了制造商和再制造商同时进行再制造时供应链的最优定价策略。李凌雁和高阳（2017）讨论了再制造成本节约和单位专利费对供应链成员利润及决策的影响。上述对于制造商和再制造商同时参与回收再制造都做出了再制造成本节约以及制造商的再制造成本更低的假设，但都没有考虑制造商拥有可以许可给再制造商以降低其再制造成本的成本降低型专利技术。高洁和洪宪培（2016）研究了制造商许可再制造商成本降低型专利技术且同时参与回收再制造时供应链的最优决策和协调问题。高等（Gao et al.，2020）基于双渠道回收闭环供应链研究了成本降低型专利技术的使用费策略。

再制造产品的再制造程度将影响消费者的产品购买决策（Cao et al.，2019）。上述文献都是在再制造产品与新产品质量无差异的严格假设上开展研究的，而再制造产品的质量可能因为再制造商没有制造商先进的再制造技术而低于新产品。王建明（2013）和曹晓刚等（2014）都研究了质量存在差异时闭环供应链各主体最优差别定价决策及协调机制，不同的是后者考虑了新产品需求随机、再制造产品需求受销售价格影响。刘志等（2018）基于产品产生竞争以及消费者异质需求，考虑制造商将专利许可作为外部竞争要素时许可策略对供应链生产决策、利润和环境效益的影响。即使学者们做出了新产品与再制造产品存在差异的假设，但都没有考虑制造商拥有先进的可以许可给再制造商以使其再制造产品质量达到新产品质量水平的质量改善型专利技术。上述文献都是考虑制造商进行专利许可时采用单位专利许可费方式，也有学者对固定专利许可费方式进行了研究。刘继明等（2018）基于消费者质量偏好，探讨了制造商与再制造商在不同专利许可费方式下的最优博弈策略。许民利等（2021）基于两种专利许可费方式和再制造产品产出不确定，设计了收益共享契约实现闭环供应链的协调。

关于专利保护下闭环供应链协调的研究，以往的文献大多考虑的是再制造商对产品回收和再制造的问题或非竞争性回收再制造（熊中楷等，2011；高鹏和聂佳佳，2014；孙浩等，2017；闻卉等，2017），很少涉及制造商同时也对产品回收和再制造的情况（刘光富和刘文侠，2017；李凌雁和高阳，2017）。而实际上，双方同时进行回收再制造会在回收和销售市场上产生竞争。但这种情况不仅有利于消费者，也提高了环保效益。以往研究大多考虑制造商进行专利许可时采用单位专利许可费方式（Gao et al.，2020；Cao et al.，2019；王建明，2013；曹晓刚等，2014），部分文献考虑了固定专利许可费方式（刘继明等，2018；许民利等，2021）。闭环供应链运作时往往会存在废旧产品再制造过程中经济或技术上的不可行性等。专利许可能够让再制造商通过利用制造商先进的生产再制造技术来提高自身生产水平，最终使制造商和再制造商都能从中受益，进而使再制造活动在技术或经济上更具可行性。制造商通过自身的研发拥有成本降低型专利技术，能够使再制造成本降低，质量改善型专利技术使再制造产品的质量与新产品无差异。上述在专利保护的背景下对闭环供应链协调进行研究的文献大多都是在严格假设的基础上进行的，假设再制造产品与新产品无质量差异（申成然等，2013；曹柬等，2020；熊中楷等，2012；高洁和洪宪培，2016），而没有对制造商许可再制造商质量改善型专利技术进行研究。大多文献假设制造商与再制造商再制造的成本相同且低于生产新产品的成本（熊中楷等，2012；李凌雁和高阳，2017），而没有考虑制造商未进行成本降低型专利许可时再制造商再制造成本高于制造商再制造成本。对专利保护下闭环供应链协调的研究中，大多文献是对于供应链节点企业利润的协调（高洁和洪宪培，2016；王建明，2013；曹晓刚等，2014；许民利等，2021），部分文献考虑了消费者剩余和环境保护（高鹏和聂佳佳，2014；黄宗盛等，2012；刘志等，2018；刘继明等，2018），而从供应链利润、消费者剩余、社会福利以及环境保护等方面综合考虑则更为全面。

基于此，本章将在现有研究的基础上进行扩展研究。在不同回收再制造模式下引入专利许可对再制造决策的影响；考虑消费者质量偏好，制造商拥有成本降低和质量改善型专利技术，并采用固定费对再制造商进行单一专利技术许可或多专利技术许可，再制造商为在线平台，通过平台进行回收再制造，进而将再制造产品销售给消费者，从企业、消费者、政府以及环境保护的角度更加全面地对不同回收再制造决策和专利许可策略组合下的市场覆盖率、供应链利润、消费者剩余、社会福利以及回收率进行了比较，讨论了制造商和平台再制造商回收再制造的决策及平台供应链的协调。从上述角度对制造商在专利保护下许可平台再制造商再制造的研究还较少，需要进行进一步的研究，从而解决知识产权保护与环境保护所产生的冲突，使再制造得以发展进而改善环境的同时，企业和消费者的利益也能得到保护，社会福利也能提升，这就是本书研究的目的和意义所在。

8.3　模型描述与参数设置

8.3.1　模型描述

考虑一个由制造商—平台再制造商构成的提供具有专利保护的新产品和再制造产品的市场。制造商生产新产品，依据回收决策和专利许可策略决定是否参与再制造产品的再制造，其持有两种再制造生产专利技术：成本降低型专利技术和质量改善型专利技术。平台再制造商仅依据制造商专利许可情况参与废旧产品的回收和再制造。

整个博弈的过程由两期构成，如图 8 - 1 所示。

第一期，制造商作为唯一的新产品生产企业，选择最优的产量最大化其利润函数。其利润函数表达式如式（8 - 1）所示。

$$\max_{q_m} \pi_m^1 = (p_m - c_m) q_m \tag{8 - 1}$$

$$p_m = \beta_m (1 - q_m) \tag{8 - 2}$$

其中，$p_m = \beta_m (1 - q_m)$ 通过消费者的效用函数 $U_i = \beta_m \theta_i - p_m$ 得到。不妨假定消费者具有不同的质量偏好 θ，市场规模标准化为 1，且均匀分布在 $[0,1]$ 的区间上。令消费者的保留效用为 0，则质量偏好 $\theta \geq \underline{\theta} = \dfrac{p_m}{\beta_m}$ 的消费者购买制造商的新产品，市场也未完全覆盖。

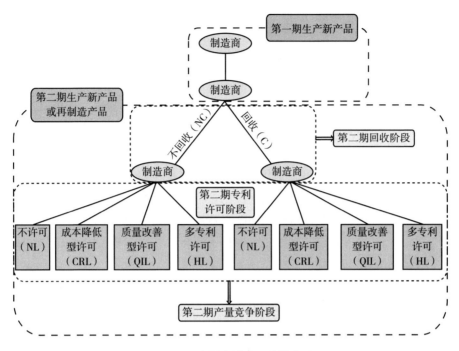

图 8-1　平台供应链成员的博弈过程

制造商与平台再制造商进行两期三阶段的博弈，第二期博弈过程分三个阶段。

阶段 1：制造商决定是否参与回收并再制造：参与——则下游市场上存在新产品和再制造产品；不参与——则是否存在再制造产品取决于阶段 2。

阶段 2：制造商决定采取何种许可策略及创新技术类型给平台再制造商：单一专利许可策略——成本降低型专利许可和质量改善型专利许可的优劣问题；多专利许可策略——多专利许可与单一专利许可的优劣问题（最优技术和次优技术）。

平台再制造商决定是否接受特定的专利许可：接受——则下游市场存在两种类型的产品；不接受——则下游市场取决于给定的制造商回收再制造策略。

阶段 3：制造商和平台再制造商同时决定各自最优的回收率（制造商不参与回收但许可，则平台再制造商选择最优的回收率；制造商参与回收且不许可，则只有制造商选择最优的回收率），并在下游市场进行产量竞争。

为得到整个两期三阶段博弈过程的子博弈完美 Nash 均衡解，逆推归纳法成为首选。

第二期，制造商决定是否参与废旧产品的回收和再制造。在本章实际上隐含假定了回收和再制造行为合并为一个决策，且无第三方参与。

若制造商不参与再制造，则需结合其再制造技术考虑是否许可给平台再制造商。制造商进行单一专利许可，即面临成本降低型专利许可与质量改善型专利许可的优劣问题，其生产的产品与平台再制造商产品的竞争问题。制造商进行多专利许可，即面临最优技术和次优技术的优劣问题。制造商不进行专利许可时，其在第二期仅生产新产品。

若制造商参与再制造，则需结合新产品与再制造产品市场，其在第二期不仅生产新产品，同时回收生产再制造产品。不许可时，制造商作为唯一的再制造产品生产企业，选择最优的产量和回收率最大化其利润函数。其利润函数表达式如式（8-3）所示。

$$\max_{q_m, \tau_m} \pi_m^2 = (p_m - c_m)q_m + \Delta\tau_m q_m - \frac{1}{2}\tau_m^2 \qquad (8-3)$$

$$p_m = \beta_m(1 - q_m) \qquad (8-4)$$

在专利许可阶段，无论何种许可费方式（固定费、单位费、两部制）及专利许可模式，若使专利许可发生，需得证许可方和被许可方均具有许可的动机。

参与动机：$\pi_m^L \geq \pi_m^{NL}$；$\pi_r^L \geq \pi_r^{NL}$（e.g. =0）

激励动机：在参与的基础上，$\max\pi_i\{\pi_i^{CRL}, \pi_i^{QIL}, \pi_i^{HL}\}$。

假定许可方（制造商）具有完全的议价能力，意味着专利许可后，这时制造商的利润等于产业利润或生产者剩余。

制造商和平台再制造商有关于专利相关的共同信息，即不存在信息结构的问题。

8.3.2 参数设置

在本章中，为了简化模型的结果，令 $\beta_m = 1$，$\beta_r = \beta \in (0, 1)$；$c_{rl} = 0$,

$c_{r2} = c_r \in (0, c_m)$；$\Delta = c_m - c_{r1} = c_m \in (0, 1)$；$0 \leqslant c_{r1} < c_{r2} < c_m \in (0, 1)$；$\tau_i =$

$\sqrt{\dfrac{I_i + SI_j}{c}}$，其中 $i \neq j = m$，r；$C = 1/2$，投入溢出 $S \in [0, 1]$，KMZ 投入溢出

模型（1992）：$I_m = \dfrac{C(\tau_m^2 - S\tau_r^2)}{1 - S^2}$，$I_r = \dfrac{C(\tau_r^2 - S\tau_m^2)}{1 - S^2}$，本章不考虑投入溢出

的影响，令 $S = 0$。该假设不影响本章的定性结论。具体参数符号及说明如表 8 – 1 所示。

表 8 – 1　　　　　　　　　　　参数符号及说明

参数符号	参数符号说明
p_m	单位制造商产品的零售价格
p_r	单位平台再制造商产品的零售价格
β_m	消费者对制造商产品的感知质量
β_r	消费者对平台再制造商产品的感知质量
c_m	制造商生产新产品的成本
c_{r1}	制造商生产再制造产品的成本
c_{r2}	平台再制造商生产再制造产品的成本
I_m	制造商的回收投入成本
I_r	平台再制造商的回收投入成本
C	研发强度
S	制造商与平台再制造商同时竞争回收的投入溢出
q_m^k	k 模式下制造商产品的市场需求量
q_r^k	k 模式下平台再制造商产品的市场需求量
τ_m^k	k 模式下制造商的废旧产品回收率
τ_r^k	k 模式下平台再制造商的废旧产品回收率
τ_{sc}^k	k 模式下平台供应链的废旧产品总回收率
π_m^k	k 模式下制造商的利润
π_r^k	k 模式下平台再制造商的利润
π_{sc}^k	k 模式下平台供应链总利润即生产者剩余
CS^k	k 模式下消费者剩余
W^k	k 模式下社会福利

多期反需求函数（数量竞争）：

$p_m = \beta_m - \beta_m q_m - \beta_r q_r$，$\beta_m$——消费者对制造商产品的感知质量；

$p_r = \beta_r - \beta_r q_m - \beta_r q_r$，$\beta_r$——消费者对平台再制造商产品的感知质量。

市场上，消费者伴随不同感知偏好，均匀分布于$[0,1]$。

8.4 制造商不回收时最优专利许可策略

8.4.1 制造商不回收也不许可专利技术（NCNL 模式）

在这种情况下，制造商既不参与回收，也不许可其任一创新类型的再制造专利技术给平台再制造商（以下简称"NCNL 模式"）。与第一期时的情况相同，制造商第二期仅生产新产品。消费者的反需求函数、利润函数与式（8-5）相同。根据制造商利润最大化的 FOC 条件，得到均衡状态下新产品的价格和产量、废旧产品的回收率分别为：

$$[p_m^{NCNL*}, q_m^{NCNL*}, \tau_{sc}^{NCNL*}] = \left[\frac{1+\Delta}{2}, \frac{1-\Delta}{2}, 0\right] \qquad (8-5)$$

进而得到第二期制造商和平台再制造商的均衡利润和生产者剩余分别为：

$$[\pi_m^{NCNL*}, \pi_r^{NCNL*}] = \left[\frac{1}{4}(1-\Delta)^2, 0\right] \qquad (8-6)$$

供应链利润（或生产者剩余）为：

$$\pi_{sc}^{NCNL*} = \frac{1}{4}(1-\Delta)^2 \qquad (8-7)$$

消费者剩余为：

$$CS^{NCNL*} = \frac{1}{2}(q_m^{NCNL*})^2 = \frac{1}{8}(1-\Delta)^2 \qquad (8-8)$$

社会福利为：

$$W^{NCNL*} = \pi_{sc}^{NCNL*} + CS^{NCNL*} = \frac{3}{8}(1-\Delta)^2 \qquad (8-9)$$

平台供应链企业交易机制和服务支撑研究

由上述式（8-5）到式（8-9），以及图8-2和图8-3可知，在 NCNL 模式下制造商产品的产量、供应链利润、消费者剩余乃至社会福利均随着制造商创新规模 Δ 的提升而降低。同时制造商产品的价格则随着制造商创新规模 Δ 的提升而提高。这些意味着当创新规模 Δ 足够大时，制造商的回收策略和专利许可动机可能会发生变化。同时也暗示在回收条件匮乏或专利保护力度欠佳的市场，不仅制造商倾向于从事非显著创新，消费者、社会福利也由于缺乏技术扩散而无法从显著创新中受益（伴随着较高的产品价格）。

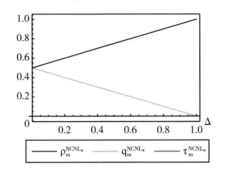

图8-2 制造商产品的价格、产量和回收率

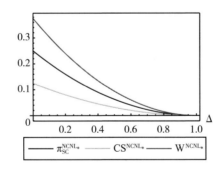

图8-3 供应链利润、消费者剩余和社会福利

8.4.2 制造商不回收但许可成本降低型专利技术（NCCRL 模式）

在这种情况下，制造商不参与回收但许可其成本降低型再制造专利技术给平台再制造商（以下简称"NCCRL模式"）。此时制造商在平台供应链第一期和第二期均只生产新产品，平台再制造商在平台供应链第二期回收生产再制造产品，且其再制造的生产成本 $c_{r_2} = c_r = c_{r_1} = 0$。质量偏好为 θ 的消费者 i 购买制造商产品和平台再制造商产品的效用函数分别为 $\beta_m\theta - p_m$ 和 $\beta_r\theta - p_r$。于是质量偏好较高的消费者 $\theta \geqslant \overline{\theta}^{NCCRL} = \dfrac{p_m - p_r}{\beta_m - \beta_r}$ 购买制造商的产品，质量偏好适中的消费者 $\dfrac{p_r}{\beta_r} = \underline{\theta} \leqslant \theta < \overline{\theta}^{NCCRL}$ 购买平台再制造商的产品，质量偏好较低的消费者 $\theta \in [0, \underline{\theta})$ 将不购买制造商和平台再制造商的任何产品。于是由消费者的效用函数，得到此时制造商和平台再制造商的反需求函数分别为：

$$p_m = \beta_m - \beta_m q_m - \beta_r q_r \qquad (8-10)$$

$$p_r = \beta_r(1 - q_m - q_r) \qquad (8-11)$$

制造商和平台再制造商的利润函数分别为：

$$\max_{q_m,F}\pi_m^{NCCRL} = (\beta_m - \beta_m q_m - \beta_r q_r - c_m)q_m + F \qquad (8-12)$$

$$\max_{q_r,\tau_r}\pi_r^{NCCRL} = (\beta_r - \beta_r q_m - \beta_r q_r - c_r)q_r - \frac{1}{2}\tau_r^2 - F$$

$$\text{s. t. } \tau_r q_m^{NCNL*} - q_r \geqslant 0 \qquad (8-13)$$

上述式（8-13）制造商利润函数中第一部分为生产销售产品的利润，第二部分为许可成本降低型专利技术给平台再制造商所收取的固定专利许可费。平台再制造商利润函数中第一部分为生产销售再制造产品的利润，第二部分为提高回收率所投入的研发费用，第三部分为得到制造商回收及再制造生产专利许可后所支付的费用。

在下游市场竞争阶段，制造商选择最优的产品产量最大化其利润，平台再制造商则同时选择最优的回收率和再制造产品的产量最大化其利润。由利润最大化时的FOC条件以及海森矩阵负定，判定其解唯一且稳定。于是得到均衡状态下制造商产品和平台再制造商产品的价格和产量、废旧产品的回收率分别为：

$$\left[p_m^{NCCRL*}, p_r^{NCCRL*}\right] = \left[\frac{(1+\Delta)\left[4 + 2(1-\Delta)^2\beta - (1-\Delta)\beta^2\right]}{8 + 4(1-\Delta)^2\beta - (1-\Delta)^2\beta^2},\right.$$

$$\left.\frac{(1+\Delta)\left[4 + \beta(1-\Delta)^2\right]\beta}{8 + 4(1-\Delta)^2\beta - (1-\Delta)^2\beta^2}\right] \qquad (8-14)$$

$$\left[q_m^{NCCRL*}, q_r^{NCCRL*} \right] = \left[\frac{(1-\Delta)\left[4 + 2(1-\Delta)^2\beta - (1-\Delta)\beta^2\right]}{8 + 4(1-\Delta)^2\beta - (1-\Delta)^2\beta^2}, \right.$$

$$\left. \frac{(1-\Delta)^2(1+\Delta)\beta}{8 + 4(1-\Delta)^2\beta - (1-\Delta)^2\beta^2} \right] \qquad (8-15)$$

$$\tau_{sc}^{NCCRL*} = \frac{2(1-\Delta)(1+\Delta)\beta}{8 + 4(1-\Delta)^2\beta - (1-\Delta)^2\beta^2} \qquad (8-16)$$

对于任意的 $\Delta \in (0,1)$, $\beta \in (0,1)$, 始终有 $q_m^{NCCRL*} + q_r^{NCCRL*} < 1$, 确定市场未完全覆盖。

在专利许可阶段, 制造商选择最优的固定费 F 最大化其利润, 平台再制造商则根据制造商的要约①决定是否接受成本降低型专利许可。实际上, 只要保证制造商、平台再制造商许可后的利润不低于许可前的利润, 则可保证专利许可发生。这个阶段的最优化问题为:

$$F^{NCCRL*} = \arg\ \max \pi_m^{NCCRL} \qquad (8-17)$$

$$s.\ t.\ \pi_m^{NCCRL} = \frac{(1-\Delta)^2\left[4 + 2(1-\Delta)^2\beta - (1-\Delta)\beta^2\right]^2}{\left[8 + 4(1-\Delta)^2\beta - (1-\Delta)^2\beta^2\right]^2} + F \geqslant \pi_m^{NCNL*}$$

$$(8-18)$$

$$s.\ t.\ \pi_r^{NCCRL} = \frac{(1-\Delta^2)^2\left[2 + (1-\Delta)^2\beta\right]\beta^2}{\left[8 + 4(1-\Delta)^2\beta - (1-\Delta)^2\beta^2\right]^2} - F \geqslant \pi_r^{NCNL*} = 0$$

$$(8-19)$$

由上述式 (8-17) 可知, 平台再制造商的利润是固定费 F 的减函数, 其愿意支付的最大固定费 $\max F_r^{NCCRL} = \frac{(1-\Delta^2)^2\left[2 + (1-\Delta)^2\beta\right]\beta^2}{\left[8 + 4(1-\Delta)^2\beta - (1-\Delta)^2\beta^2\right]^2}$。对于制造商而言, 其利润是固定费 F 的增函数。因此, 制造商可收取的最优固定费 $F^{NCCRL*} = \max F_r^{NCCRL}$, 还需保证许可后的利润不低于许可前的利润。下述命题 8-1 给出了 NCCRL 模式发生的条件。

命题 8-1 当创新规模较大 (如 $\Delta \geqslant 0.3333$), 或创新规模适中 (如 $0.2876 \leqslant \Delta < 0.3333$) 且质量差异较小时 (如 $\beta \geqslant \beta_1^*$), NCCRL 模式具备

---

① 在这种情况下, 再制造商要么接受, 要么拒绝制造商的专利要约。这就意味着本章隐含假定制造商具有完全的议价能力, 即采取一口价的定价方式提供专利技术契约。后续的研究中, 将会结合具体问题对讨价还价、拍卖等价格形成机制的影响进行分析。

发生的可能。

其中，$\beta_1^* = \dfrac{2\left[1-5\Delta+7\Delta^2-3\Delta^3+(1-\Delta)\sqrt{7-28\Delta+28\Delta^2-24\Delta^3+9\Delta^4}\right]}{(3-\Delta)(1-\Delta)^2} \in (0,1)$。

证明： 易证明当 $\Delta < 0.2876$，或当 $0.2876 \leqslant \Delta < 0.3333$ 且 $\beta < \beta_1^*$ 时，$\pi_{sc}^{NCCRL*} < \pi_{sc}^{NCNL*}$（见图 8-4）。

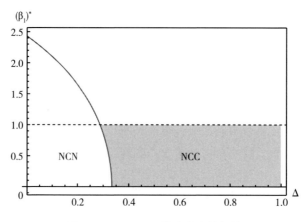

图 8-4 NCCRL 模式发生的条件

命题 8-1 暗示了 NCCRL 模式下创新规模较小或质量差异较大时，制造商具有明显的不许可动机。这是因为：一方面，专利许可不发生时，制造商的利润随着创新规模的增大而减小［见式（8-6）］。这说明在创新规模较小（如 $\Delta < 0.2876$）时，制造商缺乏调整其许可策略的动机。另一方面，较大的质量差异（如 $\beta < \beta_1^*$）削弱了竞争，使制造商在调整许可策略上无显著差异。因此在这种情况下，若创新规模较小（如 $\Delta < 0.2876$），制造商则倾向于不许可策略；若创新规模较大（如 $\Delta \geqslant 0.3333$），制造商总是倾向于调整许可策略。然而当创新规模适中（如 $0.2876 \leqslant \Delta < 0.3333$）时，若使制造商具有调整许可策略的动机，必须保证产品质量差异不能高于特定临界值（如 $1-\beta \leqslant 1-\beta_1^*$），否则制造商宁愿不调整其许可策略。

在再制造产品市场上，命题 8-1 表明只要创新规模足够大，制造商就有专利许可的参与动机。这与新产品市场上固定费许可发生的条件一致。这也说明，无论对于再制造产品还是新产品，一方面，专利许可不发生时，制造商的利润随着创新规模的增大而减小。这意味着制造商在创新规模较大时有专利许可的参与动机。另一方面，在专利许可的情况下，许可效应只要大于竞争效应，制造商作为许可方便有参与动机。

于是由式（8 – 14）到式（8 – 17），得到第二期制造商和平台再制造商的均衡利润和生产者剩余分别为：

$$[\pi_m^{NCCRL*}, \pi_r^{NCCRL*}] =$$

$$\left[\frac{\begin{array}{l}(1-\Delta)^2[16+16(1-\Delta)^2\beta-2(1+2\Delta-13\Delta^2+8\Delta^3 \\ -2\Delta^4)\beta^2-(1-\Delta)^2(3-6\Delta-\Delta^2)\beta^3+(1-\Delta)^2\beta^4]\end{array}}{[8+4(1-\Delta)^2\beta-(1-\Delta)^2\beta^2]^2}, 0 \right] \quad (8-20)$$

供应链利润（或生产者剩余）为：

$$\pi_{sc}^{NCCRL*} = \frac{\begin{array}{l}(1-\Delta)^2[16+16(1-\Delta)^2\beta-2(1+2\Delta-13\Delta^2+8\Delta^3 \\ -2\Delta^4)\beta^2-(1-\Delta)^2(3-6\Delta-\Delta^2)\beta^3+(1-\Delta)^2\beta^4]\end{array}}{[8+4(1-\Delta)^2\beta-(1-\Delta)^2\beta^2]^2}$$

$$(8-21)$$

消费者剩余为：

$$CS^{NCCRL*} = \frac{1}{2}(q_m^{NCCRL*\,2} + \beta\, q_r^{NCCRL*\,2} + 2\beta q_m^{NCCRL*} q_r^{NCCRL*})$$

$$= \frac{\begin{array}{l}(1-\Delta)^2[16+16(1-\Delta)^2\beta+4(1-2\Delta+4\Delta^2-4\Delta^3+\Delta^4)\beta^2 \\ +(1-\Delta)^2(1+6\Delta-3\Delta^2)\beta^3-(1-\Delta)^2(1+2\Delta)\beta^4]\end{array}}{2[8+4(1-\Delta)^2\beta-(1-\Delta)^2\beta^2]^2}$$

$$(8-22)$$

社会福利为：

$$W^{NCNL*} = \pi_{sc}^{NCNL*} + CS^{NCNL*} = \frac{3}{8}(1-\Delta)^2 \quad (8-23)$$

8.4.3 制造商不回收但许可质量改善型专利技术（NCQIL 模式）

在这种情况下，制造商不参与回收但许可其质量改善型再制造专利技术给平台再制造商（以下简称"NCQIL 模式"）。此时制造商在平台供应链第一期和第二期均只生产新产品，平台再制造商在平台供应链第二期回收生产再制造产品，且其再制造产品质量与新产品相同，即 $\beta_r = \beta = \beta_m = 1$，而其生产成本 $c_{r2} = c_r > c_{r1} = 0$。因此，消费者 i 在购买制造商产品和平台再制造商产品上无质量偏好。当平台再制造商产品和制造商产品的价格相同时，制造商和平台再制造商具有相同的反需求函数。而当平台再制造商产品的价格低于制造商产品时，质量偏好 $\theta \geqslant \overline{\theta}^{NCQIL} = \dfrac{p_r}{\beta_m}$ 的消费者 i 只购买平台再制造商产品。这两种情况下消费者反需求函数[①]分别为：

$$p_r^{NCQIL} = \begin{cases} \beta_m(1 - q_r), & p_r < p_m \\ \beta_m(1 - q_m - q_r), & p_r = p_m \end{cases} \qquad (8-24)$$

由式（8-16）得到两种情况下制造商和平台再制造商的最优化问题分别为：

$$\max_{q_m, F} \pi_m^{NCQIL} = (p_r - c_m)q_m + F \qquad (8-25)$$

$$\max_{q_r, \tau_r} \pi_r^{NCQIL} = (p_r - c_r)q_r - \frac{1}{2}\tau_r^2 - F \qquad (8-26)$$

$$\text{s. t. } \tau_r q_m^{NCNL*} - q_r \geqslant 0$$

上述式（8-25）制造商利润函数中第一部分为生产销售产品的利润，第二部分为许可质量改善型专利技术给平台再制造商所收取的固定专利许可费。式（8-26）平台再制造商利润函数中第一部分为生产销售再制造产品的利润，第二部分为提高回收率所投入的研发费用，第三部分为得到制造商再制造生产专利许可后所支付的费用。当 $p_r < p_m$ 时，制造商变为外部研发机构，不参与下游市场竞争（产量为0），只需选择最优的专利费即可。而平台再制造商则变为下游市场的垄断者，选择最优的回收率和再制造产品产量即可。当 $p_r = p_m$ 时，制造商在专利许可阶段和产量竞争阶段选择最优的专利费和产品产量。平台再制造商则在产量竞争阶段选择最优的回收率和再制造产品产量。

在下游市场竞争阶段，同样由各自利润最大化时的 FOC 条件以及海森

---

① $p_r > p_m$ 的情况，意味着制造商不参与回收也不许可，结论与 NCNL 模式相同。

矩阵负定条件，得到均衡状态下制造商产品和平台再制造商产品的价格和产量、废旧产品的回收率分别为：

$$p_r^{NCQIL*} = \begin{cases} \dfrac{5 - 2\Delta + \Delta^2 - (1-\Delta)^2 c_r}{2(3 - 2\Delta + \Delta^2)}, & p_r < p_m \\[3mm] \dfrac{5 + 3\Delta - \Delta^2 + \Delta^3 + (1-\Delta)^2 c_r}{11 - 6\Delta + 3\Delta^2}, & p_r = p_m \end{cases} \quad (8-27)$$

$$q_m^{NCQIL*} = \begin{cases} 0, & p_r < p_m \\[3mm] \dfrac{(1-\Delta)[5 - 3\Delta + 2\Delta^2 + (1-\Delta)c_r]}{11 - 6\Delta + 3\Delta^2}, & p_r = p_m \end{cases} \quad (8-28)$$

$$q_r^{NCQIL*} = \begin{cases} \dfrac{(1-\Delta)^2(1-c_r)}{2(3 - 2\Delta + \Delta^2)}, & p_r < p_m \\[3mm] \dfrac{(1-\Delta)^2(1+\Delta - 2c_r)}{11 - 6\Delta + 3\Delta^2}, & p_r = p_m \end{cases} \quad (8-29)$$

$$\tau_{sc}^{NCQIL*} = \begin{cases} \dfrac{(1-\Delta)(1-c_r)}{3 - 2\Delta + \Delta^2}, & p_r < p_m \\[3mm] \dfrac{2(1-\Delta)(1+\Delta - 2c_r)}{11 - 6\Delta + 3\Delta^2}, & p_r = p_m \end{cases} \quad (8-30)$$

对于任意的 $\Delta \in (0,1), \beta \in (0,1)$，始终有 $q_m^{NCCRL*} + q_r^{NCCRL*} < 1$，确定市场未完全覆盖。

在专利许可阶段，制造商的最优化问题为：

（1）$p_r < p_m$。

$$F^{NCQIL*} = \arg \max_F \pi_m^{NCQIL} \quad (8-31)$$

$$\text{s. t. } \pi_m^{NCQIL} = F \geqslant \pi_m^{NCNL*}$$

$$\text{s. t. } \pi_r^{NCQIL} = \frac{(1-\Delta)^2(1-c_r)^2}{4(3 - 2\Delta + \Delta^2)} - F \geqslant \pi_r^{NCNL*}$$

（2）$p_r = p_m$。

$$F^{NCQIL*} = \arg \max_F \pi_m^{NCQIL} \quad (8-32)$$

$$\text{s. t. } \pi_m^{NCQIL} = \frac{(1-\Delta)^2[5 - 3\Delta + 2\Delta^2 + (1-\Delta)c_r]^2}{(11 - 6\Delta + 3\Delta^2)^2} + F \geqslant \pi_m^{NCNL*}$$

$$\text{s. t. } \pi_r^{NCQIL} = \frac{(1-\Delta)^2(3 - 2\Delta + \Delta^2)(1+\Delta - 2c_r)^2}{(11 - 6\Delta + 3\Delta^2)^2} - F \geqslant \pi_r^{NCNL*}$$

由上述式（8-31）和式（8-32）可知，平台再制造商愿意支付的最

大固定费 $maxF_r^{NCQIL} = \begin{cases} \dfrac{(1-\Delta)^2(1-c_r)^2}{4(3-2\Delta+\Delta^2)}, & p_r < p_m \\ \dfrac{(1-\Delta)^2(3-2\Delta+\Delta^2)(1+\Delta-2c_r)^2}{(11-6\Delta+3\Delta^2)^2}, & p_r = p_m \end{cases}$。对于

制造商而言，其利润是固定费 F 的增函数。因此，制造商可收取的最优固定费 $F^{NCCRL*} = maxF_r^{NCCRL}$，还需保证许可后的利润不低于许可前的利润。下述命题 8-2 给出了 NCQIL 模式发生的条件。

命题 8-2 （1）$p_r < p_m$ 或 $p_r > p_m$ 时，NCQIL 模式总是不发生；

（2）$p_r = p_m$ 时，只有当创新规模较大（如 $\Delta \geq 0.2876$）且成本差异较小时（如 $c_r < c_r^{1*}$），NCQIL 模式具备发生的可能。

其中，$c_r^{1*} = \dfrac{-9+37\Delta-23\Delta^2+11\Delta^3}{2(13-10\Delta+5\Delta^2)} \in (0,1)$。

证明： 易证明当 $\Delta < 0.2876$，或当 $\Delta > 0.2876$，$c_r > c_r^{1*}$ 时，$\pi_{sc}^{NCQIL*} < \pi_{sc}^{NCNL*}$（见图 8-5）。

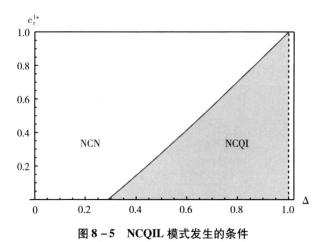

图 8-5　NCQIL 模式发生的条件

当平台再制造商产品的价格高于制造商产品时，即 $p_r > p_m$。若质量改善型专利许可发生，则所有消费者均购买制造商产品。这就意味着即便得到许可，平台再制造商的销量仍然为零，同时还要投入大量研发费用用于再制造生产过程，并向制造商支付专利使用费，因此平台再制造商缺乏参与许可的动机。而当平台再制造商产品的价格低于制造商产品时，如 $p_r < p_m$。在

质量改善型专利许可下，所有消费者均购买平台再制造商产品，制造商不参与下游产品市场的竞争。此时制造商成为外部创新机构，收取专利许可费也成为其唯一的收入来源。然而命题 8 - 2 的第 1 个结论表明，在制造商不参与再制造的情况下，其不会因为仅仅得到专利收入而放弃新产品市场。直觉上，制造商某种程度上愿意间接通过许可专利技术给平台再制造商［如命题 8 - 2（2）的结论］，而非自身直接参与产品再制造来获取收入。但若让制造商同时放弃新产品市场和再制造产品两个市场，来换取单一再制造市场的垄断收入，显然不可行。

命题 8 - 1 和命题 8 - 2（2）的结论暗示：无论许可的专利技术类型是质量改善型还是成本降低型，只要许可前创新规模较小（如 $\Delta <$ 0.2876）或竞争强度较低（如成本差异较大时的 $c_{r2} - c_{r1} \geq c_r^{1*}$，质量差异较大时的 $\beta_m - \beta_r \geq \beta_1^*$），则制造商在再制造产品市场就具有较强的不许可动机。但随着创新规模的增大，制造商的许可动机开始明显增强（不许可时，制造商利润是创新规模的减函数）。当创新规模达到某一临界值（如 $\Delta \geq 0.2876$）时，只有许可前竞争强度较大（如 $c_{r2} - c_{r1} < c_r^{1*}$ 或 $\beta_m - \beta_r < \beta_1^*$），制造商才会有进行专利许可的动机。否则，许可效应不足以弥补许可前较小的竞争强度所带来的收益。而当创新规模足够大时（如 $\Delta \geq 0.3333$），专利许可的动机可能总是发生，无论质量差异大小如何。

于是由式（8 - 27）到式（8 - 32），得到第二期制造商和平台再制造商的均衡利润和生产者剩余分别为：

$$\left[\pi_m^{NCQIL*}, \pi_r^{NCQIL*}\right] = \left[\frac{\begin{array}{c}(1 - \Delta)^2\left[28 - 26\Delta + 29\Delta^2 - 12\Delta^3 + 5\Delta^4 - 2(1 + 10\Delta \\ - 7\Delta^2 + 4\Delta^3)c_r + (13 - 10\Delta + 5\Delta^2)c_r^2\right]\end{array}}{(11 - 6\Delta + 3\Delta^2)^2}, 0\right]$$

$$(8 - 33)$$

供应链利润（或生产者剩余）为：

$$\pi_{sc}^{NCQIL*} = \frac{(1 - \Delta)^2\left[28 - 26\Delta + 29\Delta^2 - 12\Delta^3 + 5\Delta^4 - 2(1 + 10\Delta - 7\Delta^2 + 4\Delta^3)c_r + (13 - 10\Delta + 5\Delta^2)c_r^2\right]}{(11 - 6\Delta + 3\Delta^2)^2} \quad (8 - 34)$$

消费者剩余为：

$$CS^{NCQIL*} = \frac{1}{2}(q_m^{NCQIL*} + q_r^{NCQIL*})^2 = \frac{(1-\Delta)^2[6-3\Delta+\Delta^2-(1-\Delta)c_r]^2}{2(11-6\Delta+3\Delta^2)^2}$$

$$(8-35)$$

社会福利为：

$$W^{NCQIL*} = \pi_{sc}^{NCQIL*} + CS^{NCQIL*}$$

$$= \frac{(1-\Delta)^2[92-88\Delta+79\Delta^2-30\Delta^3+11\Delta^4-2(8+11\Delta-10\Delta^2+7\Delta^3)c_r+(27-22\Delta+11\Delta^2)c_r^2]}{2(11-6\Delta+3\Delta^2)^2}$$

$$(8-36)$$

8.4.4 三种模式对比分析

前面已经对制造商不参与回收时，不许可、成本降低型专利许可、质量改善型专利许可三种模式下制造商和平台再制造商的利润、供应链利润、消费者剩余、社会福利以及回收率进行了分析。本节旨在对企业、平台供应链、消费者、政府以及环保的角度下，何种模式最优以及是否存在一致偏好的模式进而达到协调这些利益相关方利益的效果进行总结。

1. 利润对比

对于参与方，特别是具有完全议价能力的制造商而言，在其具有参与动机的基础上，其激励动机取决于各种模式下利润之间的比较。因此，特定模式下参与方的利润大小决定了该模式是否发生。以下命题8-3给出了各模式发生的条件。

命题8-3 假定制造商不参与回收。

（1）当创新规模 Δ 较小时（如 $\Delta < 0.2876$），无论生产成本差异和产品质量差异如何，制造商始终缺乏专利许可的参与动机，NCNL模式发生。

（2）当创新规模 Δ 足够大时（如 $\Delta \geq 0.2876$），制造商是否具有专利许可的激励动机取决于其与平台再制造商之间成本差异的大小：

① 若生产成本差异较小时（如 $c_r < c_r^{2*}$），有 $\pi_{sc}^{NCQIL*} > \pi_{sc}^{NCCRL*}$，则 NCQIL 模式发生；

② 若生产成本差异较大时（如 $c_r \geqslant c_r^{2*}$），有 $\pi_{sc}^{NCCRL*} > \pi_{sc}^{NCQIL*}$，则 NCCRL 模式发生。

其中 $c_r^{2*} \in (0, \Delta)$，满足 $\pi_{sc}^{NCCRL*} = \pi_{sc}^{NCQIL*}$（见图 8 - 6）。

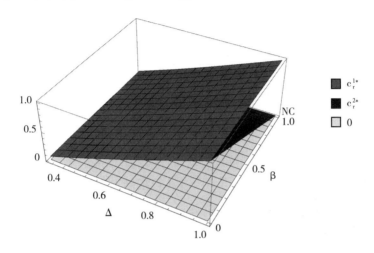

图 8 - 6　NCCRL 模式与 NCQIL 模式发生的条件比较

命题 8 - 3 至少暗示了以下三个方面：第一，当制造商创新规模较小时，其倾向于不仅仅不直接参与再制造产品市场，同时间接也不愿意许可其再制造技术给平台再制造商，进而避免影响新产品市场的销售；第二，随着制造商创新规模的增大，其参与专利许可的动机增强（不许可时的利润下降），但何种许可策略更能激励制造商参与，主要取决于其对平台再制造商成本差异的预期：若生产成本差异较大（小），则制造商从成本降低型（质量改善型）专利许可中获益更大；第三，关于对制造商利润乃至整个平台供应链的影响，产品质量差异远不如生产成本差异所带来的影响大。然而从消费者或政府角度来看，其影响则可能恰恰相反，如命题 8 - 4 和命题 8 - 5 所示。

2. 消费者剩余对比

命题 8 - 4　假定制造商不参与回收但具有专利许可的参与动机（命题 8 - 1 和命题 8 - 2），始终有 $CS^{NCQIL*} > CS^{NCCRL*} > CS^{NCNL*}$（见图 8 - 7）。

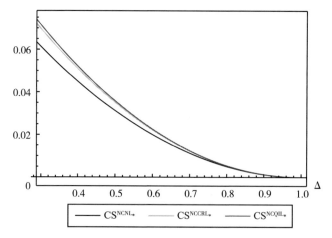

图 8 - 7　制造商不回收时各模式下消费者剩余对比

命题 8 - 4 的结论不难理解：一方面，较高的产品质量有助于消费者剩余的提升；另一方面，较高的市场产量（包括制造商产品和平台再制造商产品），有助于覆盖更多的消费者，进而提升消费者剩余。在 NCNL 模式下，只有质量偏好较高的消费者购买制造商产品，质量偏好较低的消费者则由于支付能力的问题无法购买产品。在 NCCRL 模式下，质量偏好较高的消费者购买制造商产品，质量偏好适中的消费者购买平台再制造商产品，而质量偏好较低的消费者则同样由于支付能力的问题无法购买产品。而在 NC-QIL 模式下，下游市场所有产品均具有较高的产品质量，同时由于同质化的激烈竞争导致平台再制造商产品和制造商产品的价格下降。换句话说，原本质量偏好和支付能力均较低的部分消费者也能购买产品（即便市场仍未完全覆盖），因此在该模式下的消费者剩余最高。命题 8 - 4 的结论同时暗示了消费者剩余与生产成本差异无直接关系。然而，制造商对生产成本差异较小的预期，有助于 NCQIL 模式的发生，进而有利于提高消费者剩余。

3. 社会福利对比

命题 8 - 5　假定制造商不参与回收但具有专利许可的参与动机（命题 8 - 1 和命题 8 - 2），始终有 $W^{NCQIL*} > W^{NCCRL*} > W^{NCNL*}$（见图 8 - 8）。

与命题 8 - 4 下消费者剩余的结论相似，社会福利在 NCQIL 模式下仍然最高。与 NCNL 模式相比，无论是提升市场覆盖率的 NCCRL 模式，还是市场覆盖率和产品质量双提升的 NCQIL 模式，均产生更高的社会福利。命

平台供应链企业交易机制和服务支撑研究

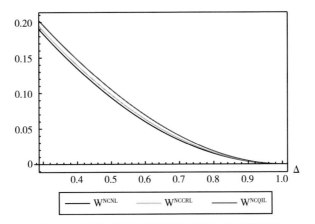

图 8 - 8　制造商不回收时各模式下社会福利对比

题 8 - 3 和命题 8 - 4 也进一步说明消费者和政府更关注的是能给终端产品市场带来直观效果的产品质量，而非企业所关注的生产成本降低。

4. 回收率对比

命题 8 - 6　假定制造商不参与回收但具有专利许可的参与动机（命题 8 - 1 和命题 8 - 2），当产品质量差异较大时（如 $\beta < \beta_2^*$），质量改善型专利许可更优；当产品质量差异较小时（如 $\beta > \beta_2^*$），成本降低型专利许可更优。

其中，$\beta_2^* = \dfrac{\left(\begin{array}{l} -7-9\Delta-\Delta^2+\Delta^3-8c_r+16\Delta c_r-8\Delta^2 c_r+ \\ \sqrt{\begin{array}{l}(-7-9\Delta-\Delta^2+\Delta^3-8c_r+16\Delta c_r-8\Delta^2 c_r)^2-4(8+8\Delta-16c_r) \\ (-1+\Delta+\Delta^2-\Delta^3+2c_r-4\Delta c_r+2\Delta^2 c_r)\end{array}} \end{array}\right)}{2(1-\Delta)^2(1+\Delta-2c_r)}$。

已证明当 $\Delta > 0.2876$，$c_r < c_r^{1*}$ 时，$\beta_2^* > \beta_1^*$（见图 8 - 9）。

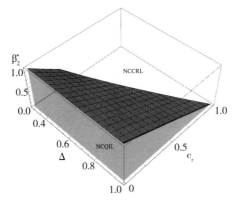

图 8 - 9　制造商不回收时各模式下回收率对比

联合命题 8-4 和命题 8-5，命题 8-6 表明制造商不参与再制造产品市场竞争时，消费者剩余、社会福利以及环保更关注的是产品质量，因此其偏好的最优许可策略更倾向于质量改善型创新。然而无论是参与新产品生产的制造商还是再制造产品市场的再制造企业，由命题 8-3 可知其许可动机主要取决于生产成本。因此存在产品质量差异和生产成本差异的组合区域：（1）若生产成本差异较小（如 $c_r < c_r^{2*}$）且质量差异较大时（如 $\beta < \beta_2^*$），所有的利益相关方均偏好 NCQIL 模式；（2）若生产成本差异较大（如 $c_r \geqslant c_r^{2*}$）且质量差异较小（如 $\beta > \beta_2^*$）时，所有的利益相关方均偏好 NCCRL 模式；（3）若生产成本差异和产品质量差异均较大时，制造商或平台再制造商所偏好的 NCCRL 模式与消费者、政府、环保所偏好的 NCQIL 模式存在冲突；（4）若生产成本差异和产品质量差异均较大时，制造商或平台再制造商所偏好的 NCCRL 模式与消费者、政府、环保所偏好的 NCQIL 模式存在冲突；（5）若生产成本差异和产品质量差异均较小时，制造商、消费者以及政府所偏好的 NCQIL 模式与环保或平台再制造商所偏好的 NCCRL 模式存在冲突。

8.5 制造商回收时最优专利许可策略

8.5.1 制造商回收但不许可专利技术（CNL 模式）

在这种情况下，制造商参与回收，但不许可其任一创新类型的再制造专利技术给平台再制造商（以下简称"CNL 模式"）。制造商在第一期生产新产品，在第二期同时生产新产品和回收生产再制造产品。消费者的反需求函数、利润函数与式（8-5）相同。根据制造商利润最大化的 FOC 条件，得到均衡状态下产品的价格和产量、废旧产品的回收率分别为：

$$\left[p_m^{CNL*}, q_m^{CNL*}, \tau_{sc}^{CNL*} \right] = \left[\frac{1 + \Delta - \Delta^2}{2 - \Delta^2}, \frac{1 - \Delta}{2 - \Delta^2}, \frac{(1 - \Delta)\Delta}{2 - \Delta^2} \right] \quad (8-37)$$

进而得到第二期制造商和平台再制造商的均衡利润和生产者剩余分别为：

$$\left[\pi_m^{CNL*}, \pi_r^{CNL*}\right] = \left[\frac{(1-\Delta)^2}{2(2-\Delta^2)}, 0\right] \qquad (8-38)$$

供应链利润（或生产者剩余）为：

$$\pi_{sc}^{CNL*} = \frac{(1-\Delta)^2}{2(2-\Delta^2)} \qquad (8-39)$$

消费者剩余为：

$$CS^{CNL*} = \frac{1}{2}(q_m^{CNL*})^2 = \frac{(1-\Delta)^2}{2(2-\Delta^2)^2} \qquad (8-40)$$

社会福利为：

$$W^{CNL*} = \pi_{sc}^{CNL*} + CS^{CNL*} = \frac{(1-\Delta)^2(3-\Delta^2)}{2(2-\Delta^2)^2} \qquad (8-41)$$

由上述式（8-37）到式（8-41），以及图 8-10 和图 8-11 易知，在 NCNL 模式下废旧产品的回收率随着制造商创新规模 Δ 的提升先增大后减小。这意味着提高废旧产品的回收率并不一定需要创新规模 Δ 足够大，反而在创新规模 Δ 适中时，回收率达到最高。同时制造商产品的产量、供应链利润、消费者剩余乃至社会福利均随着制造商创新规模 Δ 的提升而降低。而制造商产品的价格则随着制造商创新规模 Δ 的提升而提高。这些意味着当创新规模 Δ 足够大时，制造商的回收决策和专利许可动机可能会发生变化。同时也暗示在回收条件匮乏或专利保护力度欠佳的市场，不仅制造商倾向于从事非显著创新，消费者、社会福利也由于缺乏技术扩散而无法从显著创新中受益（伴随着较高的产品价格）。

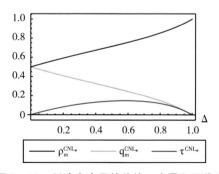

图 8-10　制造商产品的价格、产量和回收率

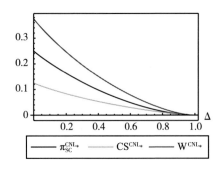

图 8-11　供应链利润、消费者剩余和社会福利

8.5.2　制造商回收且许可成本降低型专利技术（CCRL 模式)

在这种情况下，制造商参与回收且许可其成本降低型再制造专利技术给平台再制造商（以下简称"CCRL 模式"）。此时制造商在平台供应链第一期生产新产品，在第二期同时生产新产品和回收生产再制造产品，平台再制造商在平台供应链第二期回收生产再制造产品，且其再制造的生产成本 $c_{r_2} = c_r = c_{r_1} = 0$。质量偏好为 θ 的消费者 i 购买制造商产品和平台再制造商产品的效用函数分别为 $\beta_m\theta - p_m$ 和 $\beta_r\theta - p_r$。于是质量偏好较高的消费者 $\theta \geqslant \bar{\theta}^{CCRL} = \dfrac{p_m - p_r}{\beta_m - \beta_r}$ 购买制造商的产品，质量偏好适中的消费者 $\dfrac{p_r}{\beta_r} = \underline{\theta} \leqslant \theta < \bar{\theta}^{CCRL}$ 购买平台再制造商的产品，质量偏好较低的消费者 $\theta \in [0, \underline{\theta})$ 将不购买制造商和平台再制造商的任何产品。于是由消费者的效用函数，得到此时制造商和平台再制造商的反需求函数分别为：

$$p_m = \beta_m - \beta_m q_m - \beta_r q_r$$
$$p_r = \beta_r (1 - q_m - q_r) \tag{8-42}$$

制造商和平台再制造商的利润函数分别为：

$$\max_{q_m, \tau_m, F} \pi_m^{CCRL} = (\beta_m - \beta_m q_m - \beta_r q_r - c_m) q_m + \Delta\, \tau_m q_m - \frac{1}{2}\tau_m^2 + F \tag{8-43}$$

$$\max_{q_r, \tau_r} \pi_r^{CCRL} = (\beta_r - \beta_r q_m - \beta_r q_r - c_r) q_r - \frac{1}{2}\tau_r^2 - F \tag{8-44}$$

$$\text{s. t. } \tau_r q_m^{NCNL*} - q_r \geqslant 0$$

上述式（8-43）制造商利润函数中第一部分为生产销售产品的利润，第二部分为生产再制造产品所节约的成本，第三部分为提高回收率所投入的研发费用，第四部分为许可成本降低型专利技术给平台再制造商所收取的固定专利许可费。式（8-44）平台再制造商利润函数中第一部分为生产销售再制造产品的利润，第二部分为提高回收率所投入的研发费用，第三部分为得到制造商回收及再制造生产专利许可后所支付的费用。

在下游市场竞争阶段，制造商同时选择最优的回收率和产品产量最大化其利润，平台再制造商也同时选择最优的回收率和再制造产品的产量最大化其利润。由利润最大化时的 FOC 条件以及海森矩阵负定，判定其解唯一且稳定。于是得到均衡状态下制造商产品和平台再制造商产品的价格和产量、废旧产品的回收率分别为：

$$\left[p_m^{CCRL*}, p_r^{CCRL*} \right] = \left[\frac{\left[-4 - 2\beta(1-\Delta)^2 + \beta^2(1-\Delta)^2 \right](1+\Delta-\Delta^2)}{\beta^2(1-\Delta)^2 - 4(2-\Delta^2) - 2\beta(1-\Delta)^2(2-\Delta^2)}, \right.$$
$$\left. \frac{-\beta\left[4+\beta(1-\Delta)^2\right](1+\Delta-\Delta^2)}{\beta^2(1-\Delta)^2 - 4(2-\Delta^2) - 2\beta(1-\Delta)^2(2-\Delta^2)} \right]$$

$$(8-45)$$

$$\left[q_m^{CCRL*}, q_r^{CCRL*} \right] = \left[\frac{-\left[4-\beta^2(1-\Delta)+2\beta(1-\Delta)^2\right](1-\Delta)}{\beta^2(1-\Delta)^2 - 4(2-\Delta^2) - 2\beta(1-\Delta)^2(2-\Delta^2)}, \right.$$
$$\left. \frac{-\beta(1-\Delta)^2(1+\Delta-\Delta^2)}{\beta^2(1-\Delta)^2 - 4(2-\Delta^2) - 2\beta(1-\Delta)^2(2-\Delta^2)} \right]$$

$$(8-46)$$

$$\tau_{sc}^{CCRL*} = -\frac{(1-\Delta)\left[4\Delta-\beta^2(1-\Delta)\Delta+2\beta(1+2\Delta-3\Delta^2+\Delta^3)\right]}{\beta^2(1-\Delta)^2 - 4(2-\Delta^2) - 2\beta(1-\Delta)^2(2-\Delta^2)}$$

$$(8-47)$$

对于任意的 $\Delta \in (0,1), \beta \in (0,1)$，始终有 $q_m^{CCRL*} + q_r^{CCRL*} < 1$，确定市场未完全覆盖。

在专利许可阶段，制造商选择最优的固定费 F 最大化其利润，平台再制造商则根据制造商的要约决定是否接受成本降低型专利许可。实际上，只要保证制造商、平台再制造商许可后的利润不低于许可前的利润，则可保证专利许可发生。这个阶段的最优化问题为：

$$F^{CCRL*} = \arg \max_F \pi_m^{CCRL} \qquad (8-48)$$

$$\text{s. t. } \pi_m^{CCRL} = \frac{\left[4 - \beta^2(1-\Delta) + 2\beta(1-\Delta)^2\right]^2 (1-\Delta)^2(2-\Delta^2)}{2\left[\beta^2(1-\Delta)^2 - 4(2-\Delta^2) - 2\beta(1-\Delta)^2(2-\Delta^2)\right]^2} + F \geqslant \pi_m^{CNL*}$$

$$(8-49)$$

$$\text{s. t. } \pi_r^{CCRL} = \frac{\beta^2\left[2 + \beta(1-\Delta)^2\right](1-2\Delta^2+\Delta^3)^2}{\left[\beta^2(1-\Delta)^2 - 4(2-\Delta^2) - 2\beta(1-\Delta)^2(2-\Delta^2)\right]^2} - F \geqslant \pi_r^{CNL*} = 0$$

$$(8-50)$$

由上述式（8-48）可知，平台再制造商的利润是固定费 F 的减函数，

其愿意支付的最大固定费 $\mathrm{max}F_r^{CCRL} = \dfrac{\beta^2\left[2 + \beta(1-\Delta)^2\right](1-2\Delta^2+\Delta^3)^2}{\left[\begin{array}{c}\beta^2(1-\Delta)^2 - 4(2-\Delta^2) \\ -2\beta(1-\Delta)^2(2-\Delta^2)\end{array}\right]^2}$。

对于制造商而言，其利润是固定费 F 的增函数。因此，制造商可收取的最优固定费 $F^{CCRL*} = \mathrm{max}F_r^{CCRL}$，还需保证许可后的利润不低于许可前的利润。下述命题 8-7 给出了 CCRL 模式发生的条件。

命题 8-7 当创新规模较大（如 $\Delta \geqslant 0.3820$），或创新规模适中（如 $0.3274 \leqslant \Delta < 0.3820$）且质量差异较小时（如 $\beta \geqslant \beta_3^*$），CCRL 模式具备发生的可能。

其中，$\beta_3^* = \dfrac{2 - 10\Delta + 15\Delta^2 - 5\Delta^3 - 6\Delta^4 + 5\Delta^5 - \Delta^6 + \sqrt{\begin{array}{c}(1-\Delta)^2(28 - 112\Delta + 120\Delta^2 - 48\Delta^3 - 27\Delta^4 \\ + 88\Delta^5 - 64\Delta^6 - 2\Delta^7 + 20\Delta^8 - 8\Delta^9 + \Delta^{10})\end{array}}}{(1-\Delta)^2(3-\Delta-\Delta^2)} \in$

$(0,1)$。

证明： 易证明当 $\Delta < 0.3274$，或当 $0.3274 \leqslant \Delta < 0.3820$ 且 $\beta < \beta_3^*$ 时，$\pi_{sc}^{CCRL*} < \pi_{sc}^{CNL*}$（见图 8-12）。

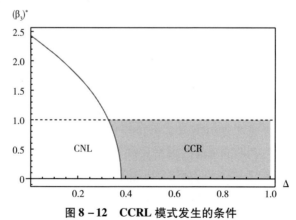

图 8-12 CCRL 模式发生的条件

命题 8 - 7 暗示了 CCRL 模式下创新规模较小或质量差异较大时，制造商具有明显的不许可动机。这是因为：一方面，专利许可不发生时，制造商的利润随着创新规模的增大而减小［如式（8 - 38）所示］。这说明在创新规模较小（如 $\Delta < 0.3274$）时，制造商缺乏调整其许可策略的动机。另一方面，较大的质量差异（如 $\beta < \beta_3^*$）削弱了竞争，使制造商在调整许可策略上无显著差异。因此在这种情况下，若创新规模较小（如 $\Delta < 0.3274$），制造商则倾向于不许可策略；若创新规模较大（如 $\Delta \geqslant 0.3820$），制造商总是倾向于调整许可策略。然而当创新规模适中（如 $0.3274 \leqslant \Delta < 0.3820$）时，若使制造商具有调整许可策略的动机，必须保证产品质量差异不能高于特定临界值（如 $1 - \beta \leqslant 1 - \beta_3^*$），否则制造商宁愿不调整其许可策略。

于是由式（8 - 45）至式（8 - 48），得到第二期制造商和平台再制造商的均衡利润和生产者剩余分别为：

$$
\left[\pi_m^{CCRL*}, \pi_r^{CCRL*} \right] =
$$

$$
\left[\frac{(1-\Delta)^2 \begin{bmatrix} 16(2-\Delta^2)+16\beta(1-\Delta)^2(2-\Delta^2)+\beta^4(1-\Delta)^2(2-\Delta^2) \\ +2\beta^3(1-\Delta)^2(-3+6\Delta+\Delta^2-4\Delta^3+\Delta^4)-4\beta^2(1+2\Delta \\ -12\Delta^2+8\Delta^3+3\Delta^4-4\Delta^5+\Delta^6) \end{bmatrix}}{2\left[\beta^2(1-\Delta)^2-4(2-\Delta^2)-2\beta(1-\Delta)^2(2-\Delta^2)\right]^2}, 0 \right]
$$

$$
(8-51)
$$

供应链利润（或生产者剩余）为：

$$
\pi_{sc}^{CCRL*} = \frac{(1-\Delta)^2 \begin{bmatrix} 16(2-\Delta^2)+16\beta(1-\Delta)^2(2-\Delta^2)+\beta^4(1-\Delta)^2(2-\Delta^2) \\ +2\beta^3(1-\Delta)^2(-3+6\Delta+\Delta^2-4\Delta^3+\Delta^4)-4\beta^2(1+2\Delta \\ -12\Delta^2+8\Delta^3+3\Delta^4-4\Delta^5+\Delta^6) \end{bmatrix}}{2\left[\beta^2(1-\Delta)^2-4(2-\Delta^2)-2\beta(1-\Delta)^2(2-\Delta^2)\right]^2}
$$

$$
(8-52)
$$

消费者剩余为：

$$
CS^{CCRL*} = \frac{1}{2}\left(q_m^{CCRL*\,2} + \beta\, q_r^{CCRL*\,2} + 2\beta q_m^{CCRL*} q_r^{CCRL*} \right)
$$

$$
= \frac{(1-\Delta)^2 [16+16\beta(1-\Delta)^2+4\beta^2(1-\Delta)^2(1+\Delta^2)-\beta^4(1-\Delta)^2}{(1+2\Delta-2\Delta^2)+\beta^3(1-\Delta)^2(1+6\Delta-9\Delta^2+2\Delta^3+\Delta^4)]}{2\left[\beta^2(1-\Delta)^2-4(2-\Delta^2)-2\beta(1-\Delta)^2(2-\Delta^2)\right]^2}
$$

$$
(8-53)
$$

社会福利为：

$$W^{CCRL*} = \pi_{sc}^{CCRL*} + CS^{CCRL*}$$

$$= \frac{(1-\Delta)^2 [\beta^4 (1-\Delta)^4 + 16(3-\Delta^2) + 16\beta (1-\Delta)^2 (3-\Delta^2) + \beta^3 (1-\Delta)^2 (-5 + 18\Delta - 7\Delta^2 - 6\Delta^3 + 3\Delta^4) - 4\beta^2 \Delta (4 - 14\Delta + 10\Delta^2 + 2\Delta^3 - 4\Delta^4 + \Delta^5)]}{2 [\beta^2 (1-\Delta)^2 - 4(2-\Delta^2) - 2\beta (1-\Delta)^2 (2-\Delta^2)]^2}$$

$$(8-54)$$

8.5.3 制造商回收且许可质量改善型专利技术（CQIL 模式）

在这种情况下，制造商参与回收且许可其质量改善型再制造专利技术给平台再制造商（以下简称"CQIL 模式"）。此时制造商在平台供应链第一期生产新产品，在第二期同时生产新产品和回收生产再制造产品，平台再制造商在平台供应链第二期回收生产再制造产品，且其再制造产品质量与新产品相同，即 $\beta_r = \beta = \beta_m = 1$，其生产成本 $c_{r2} = c_r > c_{r1} = 0$。因此，消费者 i 在购买制造商产品和平台再制造商产品上无质量偏好。当平台再制造商产品和制造商产品的价格相同时，制造商和平台再制造商具有相同的反需求函数。而当平台再制造商产品的价格低于制造商产品时，质量偏好 $\theta \geqslant \bar{\theta}^{CQIL} = \dfrac{p_r}{\beta_m}$ 的消费者 i 只购买平台再制造商产品。这两种情况下消费者反需求函数分别为：

$$p_r^{CQIL} = \begin{cases} \beta_m (1 - q_r), & p_r < p_m \\ \beta_m (1 - q_m - q_r), & p_r = p_m \end{cases} \qquad (8-55)$$

由式（8-55）得到两种情况下制造商和平台再制造商的最优化问题分别为：

$$\max_{q_m, \tau_m, F} \pi_m^{CQIL} = (p_r - c_m) q_m + \Delta \tau_m q_m - \frac{1}{2}\tau_m^2 + F \qquad (8-56)$$

$$\max_{q_r, \tau_r} \pi_r^{CQIL} = (p_r - c_r) q_r - \frac{1}{2}\tau_r^2 - F \qquad (8-57)$$

$$\text{s. t. } \tau_r q_m^{NCNL*} - q_r \geqslant 0$$

上述式（8-56）制造商利润函数中第一部分为生产销售产品的利润，第二部分为生产再制造产品所节约的成本，第三部分为提高回收率所投入的研发费用，第四部分为许可质量改善型专利技术给平台再制造商所收取的固定专利许可费。式（8-57）平台再制造商利润函数中第一部分为生产销售再制造产品的利润，第二部分为提高回收率所投入的研发费用，第三部分为得到制造商再制造生产专利许可后所支付的费用。当 $p_r < p_m$ 时，制造商变为外部研发机构，不参与下游市场竞争（产量为0），只需选择最优的专利费即可。而平台再制造商则变为下游市场的垄断者，选择最优的回收率和再制造产品产量即可。当 $p_r = p_m$ 时，制造商在专利许可阶段和产量竞争阶段选择最优的专利费、产品产量和回收率。平台再制造商则在产量竞争阶段选择最优的回收率和再制造产品产量。

在下游市场竞争阶段，同样由各自利润最大化时的 FOC 条件及海森矩阵负定条件，得到均衡状态下制造商产品和平台再制造商产品的价格和产量、废旧产品的回收率分别为：

$$p_r^{CQIL*} = \begin{cases} \dfrac{5 - 2\Delta + \Delta^2 + (1-\Delta)^2 c_r}{2(3 - 2\Delta + \Delta^2)}, & p_r < p_m \\[4mm] \dfrac{5 + 3\Delta - 6\Delta^2 + 3\Delta^3 - \Delta^4 + (1-\Delta)^3(1+\Delta)c_r}{11 - 6\Delta - 3\Delta^2 + 4\Delta^3 - 2\Delta^4}, & p_r = p_m \end{cases}$$

$$(8-58)$$

$$q_m^{CQIL*} = \begin{cases} 0, & p_r < p_m \\[4mm] \dfrac{(1-\Delta)[5 - 3\Delta + 2\Delta^2 + (1-\Delta)c_r]}{11 - 6\Delta - 3\Delta^2 + 4\Delta^3 - 2\Delta^4}, & p_r = p_m \end{cases} \quad (8-59)$$

$$q_r^{CQIL*} = \begin{cases} \dfrac{(1-\Delta)^2(1-c_r)}{2(3 - 2\Delta + \Delta^2)}, & p_r < p_m \\[4mm] \dfrac{(1-\Delta)^2[1 + \Delta - \Delta^2 - (2-\Delta^2)c_r]}{11 - 6\Delta - 3\Delta^2 + 4\Delta^3 - 2\Delta^4}, & p_r = p_m \end{cases} \quad (8-60)$$

$$\tau_{sc}^{CQIL*} = \begin{cases} \dfrac{(1-\Delta)(1-c_r)}{3 - 2\Delta + \Delta^2}, & p_r < p_m \\[4mm] \dfrac{(1-\Delta)[2 + 7\Delta - 5\Delta^2 + 2\Delta^3 - (4-\Delta-\Delta^2)c_r]}{11 - 6\Delta - 3\Delta^2 + 4\Delta^3 - 2\Delta^4}, & p_r = p_m \end{cases}$$

$$(8-61)$$

对于任意的 $\Delta \in (0,1)$，$\beta \in (0,1)$，同样有 $q_m^{CQIL*} + q_r^{CQIL*} < 1$，确定市场未完全覆盖。

在专利许可阶段，制造商的最优化问题为：

（1）$p_r < p_m$

$$F^{CQIL*} = \arg \max_F \pi_m^{CQIL} \tag{8-62}$$

$$s.t.\ \pi_m^{CQIL} = F \geqslant \pi_m^{CNL*}$$

$$s.t.\ \pi_r^{CQIL} = \frac{(1-\Delta)^2 (1-c_r)^2}{4(3-2\Delta+\Delta^2)} - F \geqslant \pi_r^{CNL*}$$

（2）$p_r = p_m$

$$F^{CQIL*} = \arg \max_F \pi_m^{CQIL} \tag{8-63}$$

$$s.t.\ \pi_m^{CQIL} = \frac{(1-\Delta)^2(2-\Delta^2)[-5+3\Delta-2\Delta^2-(1-\Delta)c_r]^2}{2(11-6\Delta-3\Delta^2+4\Delta^3-2\Delta^4)^2} + F \geqslant \pi_m^{CNL*}$$

$$s.t.\ \pi_r^{CQIL} = \frac{(1-\Delta)^2(3-2\Delta+\Delta^2)[1+\Delta-\Delta^2+(-2+\Delta^2)c_r]^2}{(11-6\Delta-3\Delta^2+4\Delta^3-2\Delta^4)^2} - F \geqslant \pi_r^{CNL*}$$

$$= 0$$

由上述式（8-62）和式（8-63）可知，平台再制造商愿意支付的最大固定费 $\max F_r^{CQIL} = \begin{cases} \dfrac{(1-\Delta)^2 (1-c_r)^2}{4(3-2\Delta+\Delta^2)}, & p_r < p_m \\[4mm] \dfrac{(1-\Delta)^2(3-2\Delta+\Delta^2)[1+\Delta-\Delta^2+(-2+\Delta^2)c_r]^2}{(11-6\Delta-3\Delta^2+4\Delta^3-2\Delta^4)^2}, & p_r = p_m \end{cases}$。

对于制造商而言，其利润是固定费 F 的增函数。因此，制造商可收取的最优固定费 $F^{CQIL*} = \max F_r^{CQIL}$，还需保证许可后的利润不低于许可前的利润。下述命题 8-8 给出了 CQIL 模式发生的条件。

命题 8-8 （1）$p_r < p_m$ 或 $p_r > p_m$ 时，CQIL 模式总是不发生；

（2）$p_r = p_m$ 时，只有当创新规模较大（$\Delta \geqslant 0.5978$）且成本差异较小时（如 $c_r < c_r^{3*}$），CQIL 模式才具备发生的可能。

其中，$c_r^{3*} = \dfrac{4+40\Delta-56\Delta^2-8\Delta^3+45\Delta^4-22\Delta^5-5\Delta^6+8\Delta^7-2\Delta^8 - \sqrt{\begin{matrix}(2-2\Delta-\Delta^2+\Delta^3)^2(537-452\Delta-270\Delta^2+412\Delta^3 \\ -131\Delta^4-64\Delta^5+60\Delta^6-16\Delta^7+4\Delta^8)\end{matrix}}}{(2-\Delta^2)^2(13-10\Delta-\Delta^2+4\Delta^3-2\Delta^4)}$

$\in (0,1)$。

证明：易证明当 $\Delta < 0.5978$，或当 $\Delta > 0.5978$ 且 $c_r > c_r^{3*}$ 时，$\pi_{sc}^{CQIL*} < \pi_{sc}^{CNL*}$（见图 8 - 13）。

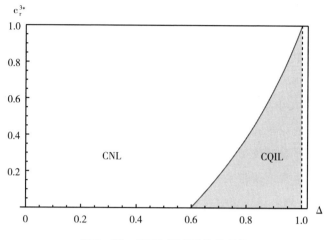

图 8 - 13　CQIL 模式发生的条件

当平台再制造商产品的价格高于制造商产品的价格时，即 $p_r > p_m$。若质量改善型专利许可发生，则所有消费者均购买制造商产品。这就意味着即便得到许可，平台再制造商的销量仍然为零，同时还要投入大量研发费用用于再制造生产过程，并向制造商支付专利使用费，因此平台再制造商缺乏参与许可的动机。而当平台再制造商产品的价格低于制造商产品时，即 $p_r < p_m$。在质量改善型专利许可下，所有消费者均购买平台再制造商产品，制造商不参与下游产品市场的竞争。此时制造商成为外部创新机构，收取专利许可费也成为其唯一的收入来源。然而命题 8 - 7 的第 1 个结论表明，在制造商参与再制造的情况下，其不会因为仅得到专利收入而放弃新产品市场。制造商某种程度上愿意间接通过许可专利技术给平台再制造商〔如命题 8 - 8（2）的结论〕，而非自身直接参与产品再制造来获取收入。但若让制造商同时放弃新产品市场和再制造产品两个市场，来换取单一再制造市场的垄断收入，显然不可行。

命题 8 - 7 和命题 8 - 8（2）的结论暗示：无论许可的专利技术类型是质量改善型还是成本降低型，只要许可前创新规模较小（如 $\Delta < 0.3274$）或竞争强度较低（如成本差异较大时的 $c_{r2} - c_{r1} \geq c_r^{3*}$，质量差异较大时的

$\beta_m - \beta_r \geqslant \beta_3^*$），则制造商在再制造产品市场就具有较强的不许可动机。但随着创新规模的增大，制造商的许可动机开始明显增强（不许可时，制造商利润是创新规模的减函数）。当创新规模达到某一临界值（如 $\Delta \geqslant$ 0.3274）时，只有许可前竞争强度较大（如质量差异较小时的 $\beta_m - \beta_r <$ β_3^*），制造商才会有进行成本降低型专利许可的动机。而当创新规模较大时（如 $\Delta \geqslant 0.3820$），成本降低型专利许可的动机总是发生，无论成本差异和质量差异大小如何。当创新规模达到某一临界值（如 $\Delta \geqslant 0.5978$）时，只有许可前竞争强度较大（如成本差异较小时的 $c_{r2} - c_{r1} < c_r^{3*}$），制造商才会有进行质量改善型专利许可的动机。否则，许可效应不足以弥补许可前较小的竞争强度所带来的收益。

于是由式（8-58）至式（8-63），得到第二期制造商和平台再制造商的均衡利润和生产者剩余分别为：

$$[\pi_m^{CQIL*}, \pi_r^{CQIL*}] = \left[\frac{\begin{array}{c}(1-\Delta)^2[56 - 52\Delta + 21\Delta^2 + 2\Delta^3 - 9\Delta^4 + 4\Delta^5 - 2\Delta^6 \\ -2(2 + 20\Delta - 27\Delta^2 + 6\Delta^3 + 9\Delta^4 - 8\Delta^5 + 2\Delta^6)c_r \\ + (26 - 20\Delta - 15\Delta^2 + 18\Delta^3 - 3\Delta^4 - 4\Delta^5 + 2\Delta^6)c_r^2]\end{array}}{2(11 - 6\Delta - 3\Delta^2 + 4\Delta^3 - 2\Delta^4)^2}, 0\right]$$

（8-64）

供应链利润（或生产者剩余）为：

$$\pi_{sc}^{CQIL*} = \left[\frac{\begin{array}{c}(1-\Delta)^2[56 - 52\Delta + 21\Delta^2 + 2\Delta^3 - 9\Delta^4 + 4\Delta^5 - 2\Delta^6 \\ -2(2 + 20\Delta - 27\Delta^2 + 6\Delta^3 + 9\Delta^4 - 8\Delta^5 + 2\Delta^6)c_r \\ + (26 - 20\Delta - 15\Delta^2 + 18\Delta^3 - 3\Delta^4 - 4\Delta^5 + 2\Delta^6)c_r^2]\end{array}}{2(11 - 6\Delta - 3\Delta^2 + 4\Delta^3 - 2\Delta^4)^2}\right]$$

（8-65）

消费者剩余为：

$$CS^{CQIL*} = \frac{1}{2}(q_m^{CQIL*} + q_r^{CQIL*})^2$$

$$= \frac{(1-\Delta)^2[6 - 3\Delta + \Delta^3 - (1-\Delta)^2(1+\Delta)c_r]^2}{2(11 - 6\Delta - 3\Delta^2 + 4\Delta^3 - 2\Delta^4)^2}$$

（8-66）

社会福利为：

$$W^{CQIL*} = \pi_{sc}^{CQIL*} + CS^{CQIL*}$$

$$= \frac{(1-\Delta)^2 \left[92 - 88\Delta + 30\Delta^2 + 14\Delta^3 - 15\Delta^4 + 4\Delta^5 - \Delta^6 - 2(8 + 11\Delta - 30\Delta^2 + 16\Delta^3 + 5\Delta^4 - 9\Delta^5 + 3\Delta^6)c_r + (27 - 22\Delta - 16\Delta^2 + 22\Delta^3 - 4\Delta^4 - 6\Delta^5 + 3\Delta^6)c_r^2 \right]}{2(11 - 6\Delta - 3\Delta^2 + 4\Delta^3 - 2\Delta^4)^2}$$

$$(8-67)$$

8.5.4 三种模式对比分析

1. 利润对比

对于参与方，特别是具有完全议价能力的制造商而言，在其具有参与动机的基础上，其激励动机取决于各种模式下利润之间的比较。因此，特定模式下参与方的利润大小决定了该模式是否发生。以下命题 8 - 9 给出了各模式发生的条件。

命题 8 - 9 假定制造商参与回收。

（1）当创新规模 Δ 极小时（如 $\Delta < 0.3274$），无论生产成本差异和产品质量差异如何，制造商始终缺乏专利许可的参与动机，CNL 模式发生。

（2）当创新规模 Δ 较小时（如 $0.3274 \leqslant \Delta < 0.3820$），产品质量差异较小时（如 $\beta \geqslant \beta_3^*$），有 $\pi_{sc}^{CCRL*} > \pi_{sc}^{CNL*}$，则 CCRL 模式发生；

（3）当创新规模 Δ 较大时（如 $0.3820 \leqslant \Delta < 0.5978$），无论生产成本差异和产品质量差异如何，制造商始终具有成本降低型专利许可的激励，则 CCRL 模式发生；

（4）当创新规模 Δ 极大时（如 $\Delta \geqslant 0.5978$），制造商更加具有成本降低型还是质量改善型专利许可的激励动机取决于生产成本差异的大小：

① 若生产成本差异较小（如 $c_r < c_r^{4*}$），有 $\pi_{sc}^{CQIL*} > \pi_{sc}^{CCRL*}$，则 CQIL 模式发生；

② 若生产成本差异较大（如 $c_r \geqslant c_r^{4*}$），有 $\pi_{sc}^{CCRL*} > \pi_{sc}^{CQIL*}$，则 CCRL 模式发生。

其中，$c_r^{4*} \in (0, \Delta)$，满足 $\pi_{sc}^{CCRL*} = \pi_{sc}^{CQIL*}$（见图 8 - 14）。

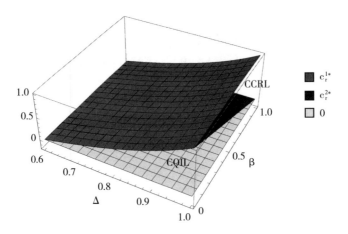

图 8 – 14 CCRL 模式与 CQIL 模式发生的条件比较

命题 8 – 9 表明，首先，当制造商创新规模极小时，其倾向于自身直接参与再制造产品市场，不愿意许可其再制造技术给平台再制造商，进而避免影响其产品市场的销售。其次，随着制造商创新规模的增大，其参与专利许可的动机增强（不许可时的利润下降），当创新规模较小，且产品质量差异较小时，相比于不许可，制造商倾向于许可其成本降低型专利技术；当创新规模较大时，无论竞争强度如何，制造商始终具有成本降低型专利许可的动机。而只有当创新规模极大，且生产成本差异较小时，制造商才具有质量改善专利许可的动机。这一点与制造商不参与回收再制造时略有差别。但相同的是，许可何种专利技术更能激励制造商参与，主要取决于其对平台再制造商成本差异的预期：若生产成本差异较大（小），则制造商从成本降低型（质量改善型）专利技术许可中获益更大。最后，关于对制造商利润乃至整个平台供应链的影响，产品质量差异远不如生产成本差异所带来的影响大。从消费者、政府和环境保护角度来看，其影响也是如此，如命题 8 – 10 所示。

2. 消费者剩余、社会福利和回收率对比

命题 8 – 10 假定制造商参与回收且具有专利许可的参与动机（命题 8 – 7 和命题 8 – 8）：

（1）当 $c_r < c_r^{4*}$ 时，CQIL 模式下，利润、消费者剩余、社会福利均优于 CCRL 模式；

（2）当 $c_r < \min \{c_r^{4*}, c_r^{5*}\}$ 时，CQIL 模式下，利润、消费者剩余、社会福利和回收率均优于 CCRL 模式；

（3）当 $c_r > c_r^{4*}$ 时，CCRL 模式下，利润、消费者剩余、社会福利均优于 CQIL 模式；

（4）当 $c_r \geqslant \max \{c_r^{4*}, c_r^{5*}\}$ 时，CCRL 模式下，利润、消费者剩余、社会福利和回收率均优于 CQIL 模式（见图 8-15）。

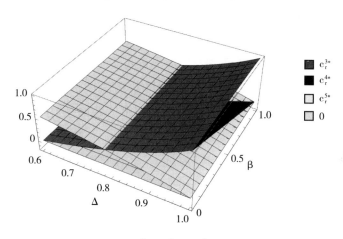

图 8-15　c_r^{3*}、c_r^{4*} 和 c_r^{5*} 大小比较

命题 8-10 的结论与命题 4-6 制造商在再制造市场垄断时的结论有明显差异：不仅创新规模的门槛明显提升，决定协调制造商与平台再制造商、消费者、政府、环保利益所偏好许可策略的主要影响因素也随着平台再制造商市场从垄断到竞争，由生产成本差异和产品质量差异变为单一的生产成本差异。换句话说，平台再制造商的利益在再制造产品市场垄断时更多关注的是产品质量差异，制造商在新产品市场垄断时关注的是与再制造产品之间的生产成本差异。当平台再制造商在再制造市场面临竞争，而不再是垄断者的时候，其行为和制造商在新产品市场上相似，均变得只关注生产成本差异这一因素的影响。但生产成本差异的不同，同样会导致各利益相关方并不总是协调一致。

（1）若生产成本差异较小（如 $c_r < \min \{c_r^{4*}, c_r^{5*}\}$），所有的利益相关方均偏好 NCQIL 模式；（2）若生产成本差异较大（$c_r \geqslant \max \{c_r^{4*}, c_r^{5*}\}$），所有的利益相关方均偏好 NCCRL 模式；（3）在其他情况下，制造商、平

台再制造商与消费者、政府、环保的利益无法协调一致。命题 8 - 10 再次表明企业在竞争和垄断市场上的行为有相似性，但也有明显不同。

8.6 最优专利许可策略下制造商最优回收决策

8.6.1 制造商不回收但许可多专利技术（NCHL 模式）

在这种情况下，制造商不参与回收但许可多专利技术即其成本降低型和质量改善型再制造专利技术给平台再制造商（以下简称"NCHL 模式"）。此时，制造商在平台供应链第一期和第二期均只生产新产品，平台再制造商在平台供应链第二期回收生产再制造产品，其再制造产品质量与新产品相同，即 $\beta_r = \beta = \beta_m = 1$，其再制造产品的生产成本 $c_{r_2} = c_r = c_{r_1} = 0$。因此，消费者 i 在购买制造商产品和平台再制造商产品上无质量偏好。当再制造产品和新产品的价格相同时，制造商和平台再制造商具有相同的反需求函数。而当再制造产品的价格低于新产品的价格时，质量偏好 $\theta \geq \bar{\theta}^{NCHL} = \dfrac{p_r}{\beta_m}$ 的消费者 i 只购买再制造产品。这两种情况下消费者反需求函数分别为：

$$p_r^{NCHL} = \begin{cases} \beta_m(1-q_r), & p_r < p_m \\ \beta_m(1-q_m-q_r), & p_r = p_m \end{cases} \qquad (8-68)$$

由式（8-68）得到两种情况下制造商和平台再制造商的最优化问题分别为：

$$\max_{q_m, F} \pi_m^{NCHL} = (p_r - c_m)q_m + F \qquad (8-69)$$

$$\max_{q_r, \tau_r} \pi_r^{NCHL} = (p_r - c_r)q_r - \frac{1}{2}\tau_r^2 - F \qquad (8-70)$$

$$\text{s. t.} \quad \tau_r q_m^{NCNL*} - q_r \geq 0$$

上述式（8-69）制造商利润函数中第一部分为生产销售新产品的利润，第二部分为许可多专利技术给平台再制造商所收取的固定许可费。式（8-70）平台再制造商利润函数中第一部分为生产销售再制造产品的利润，第二部分为提高回收率所投入的研发费用，第三部分为得到制造商再制造生产专利许可后所支付的费用。当 $p_r < p_m$ 时，制造商变为外部研发机构，不参与下游市场竞争（产量为 0），只需选择最优的专利费即可。而平台再制造商则变为下游市场的垄断者，选择最优的回收率和再制造产品产量即可。当 $p_r = p_m$ 时，制造商在专利许可阶段和产量竞争阶段选择最优的专利费和新产品产量。平台再制造商则在产量竞争阶段选择最优的回收率和再制造产品产量。

在下游市场竞争阶段，同样由各自利润最大化时的 FOC 条件及海森矩阵负定条件，得到均衡状态下新产品和再制造产品的价格和产量、废旧产品的回收率分别为：

$$p_r^{NCHL*} = \begin{cases} \dfrac{5 - 2\Delta + \Delta^2 - (1 - \Delta)^2 c_r}{2(3 - 2\Delta + \Delta^2)}, & p_r < p_m \\[3mm] \dfrac{(1 + \Delta)(5 - 2\Delta + \Delta^2)}{11 - 6\Delta + 3\Delta^2}, & p_r = p_m \end{cases} \qquad (8-71)$$

$$q_m^{NCHL*} = \begin{cases} 0, & p_r < p_m \\[3mm] \dfrac{5 - 8\Delta + 5\Delta^2 - 2\Delta^3}{11 - 6\Delta + 3\Delta^2}, & p_r = p_m \end{cases} \qquad (8-72)$$

$$q_r^{NCHL*} = \begin{cases} \dfrac{(1 - \Delta)^2 (1 - c_r)}{2(3 - 2\Delta + \Delta^2)}, & p_r < p_m \\[3mm] \dfrac{(1 - \Delta)^2 (1 + \Delta)}{11 - 6\Delta + 3\Delta^2}, & p_r = p_m \end{cases} \qquad (8-73)$$

$$\tau_r^{NCHL*} = \begin{cases} \dfrac{(1 - \Delta)(1 - c_r)}{3 - 2\Delta + \Delta^2}, & p_r < p_m \\[3mm] \dfrac{2 - 2\Delta^2}{11 - 6\Delta + 3\Delta^2}, & p_r = p_m \end{cases} \qquad (8-74)$$

对于任意的 $\Delta \in (0,1)$，$\beta \in (0,1)$，同样有 $q_m^{NCHL*} + q_r^{NCHL*} < 1$，确定市场未完全覆盖。

在专利许可阶段，制造商的最优化问题为：

（1）$p_r < p_m$。

$$F^{NCHL*} = \arg \max_F \pi_m^{NCHL} \qquad (8-75)$$

$$\text{s. t. } \pi_m^{NCHL} = F \geqslant \pi_m^{NCNL*}$$

$$\text{s. t. } \pi_r^{NCHL} = \frac{(1-\Delta)^2(1-c_r)^2}{4(3-2\Delta+\Delta^2)} - F \geqslant \pi_r^{NCNL*}$$

（2）$p_r = p_m$。

$$F^{NCHL*} = \arg \max_F \pi_m^{NCHL} \tag{8-76}$$

$$\text{s. t. } \pi_m^{NCHL} = \frac{(5-8\Delta+5\Delta^2-2\Delta^3)^2}{(11-6\Delta+3\Delta^2)^2} + F \geqslant \pi_m^{NCNL*}$$

$$\text{s. t. } \pi_r^{NCHL} = \frac{(1-\Delta^2)^2(3-2\Delta+\Delta^2)}{(11-6\Delta+3\Delta^2)^2} - F \geqslant \pi_r^{NCNL*}$$

由上述式（8-75）和式（8-76）可知，平台再制造商愿意支付的最

大固定费 $\max F_r^{NCHL} = \begin{cases} \dfrac{(1-\Delta)^2(1-c_r)^2}{4(3-2\Delta+\Delta^2)}, & p_r < p_m \\[3mm] \dfrac{(1-\Delta^2)^2(3-2\Delta+\Delta^2)}{(11-6\Delta+3\Delta^2)^2}, & p_r = p_m \end{cases}$。对于制造商而言，

其利润是固定费 F 的增函数。因此制造商可收取的最优固定费 $F^{NCHL*} = \max F_r^{NCHL}$，还需保证许可后的利润不低于许可前的利润。下述命题 8-11 给出了 NCHL 模式发生的条件。

命题 8-11 当创新规模较大时（$\Delta \geqslant 0.2876$），NCHL 模式具备发生的可能。

证明： 易证明当 $\Delta < 0.2876$ 时，$\pi_{sc}^{NCHL*} < \pi_{sc}^{NCNL*}$（见图 8-16）。

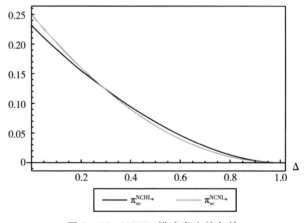

图 8-16 NCHL 模式发生的条件

命题 8 – 11 暗示了 NCHL 模式下创新规模较小时，制造商具有明显的不许可多专利技术的动机。这是因为：一方面，专利许可不发生时，制造商的利润随着创新规模的增大而减小，且在创新规模较小（如 $\Delta < 0.2876$）时，其不许可时的利润比许可时的利润更大（见图 8 – 16），此时，制造商缺乏调整其许可策略的动机；另一方面，制造商不许可再制造专利技术削弱了竞争，其在调整许可策略上无显著差异。因此在这种情况下，若创新规模较小（如 $\Delta < 0.2876$），制造商则倾向于不许可策略；若创新规模较大（如 $\Delta \geqslant 2876$），制造商总是倾向于调整许可策略。

于是由式（8 – 71）至式（8 – 76），得到第二期制造商和平台再制造商的均衡利润和生产者剩余分别为：

$$\left[\pi_m^{NCHL*}, \pi_r^{NCHL*}\right] = \left[\frac{(1-\Delta)^2(28-26\Delta+29\Delta^2-12\Delta^3+5\Delta^4)}{(11-6\Delta+3\Delta^2)^2}, 0\right]$$

$$(8-77)$$

供应链利润（或生产者剩余）为：

$$\pi_{sc}^{NCHL*} = \frac{(1-\Delta)^2(28-26\Delta+29\Delta^2-12\Delta^3+5\Delta^4)}{(11-6\Delta+3\Delta^2)^2} \qquad (8-78)$$

消费者剩余为：

$$CS^{NCHL*} = \frac{1}{2}(q_m^{NCHL*}+q_r^{NCHL*})^2 = \frac{(1-\Delta)^2(6-3\Delta+\Delta^2)^2}{2(11-6\Delta+3\Delta^2)^2} \qquad (8-79)$$

社会福利为：

$$W^{NCHL*} = \pi_{sc}^{NCHL*} + CS^{NCHL*} = \frac{(1-\Delta)^2(92-88\Delta+79\Delta^2-30\Delta^3+11\Delta^4)}{2(11-6\Delta+3\Delta^2)^2}$$

$$(8-80)$$

8.6.2 制造商回收且许可多专利技术（CHL 模式）

在这种情况下，制造商参与回收且许可多专利技术即其成本降低型和质量改善型再制造专利技术给平台再制造商（以下简称"CHL 模式"）。此时，制造商在平台供应链第一期生产新产品，在第二期同时生产新产品和回收生产再制造产品，平台再制造商在平台供应链第二期回收生产再制造产品，且其再制造产品质量与新产品相同，即 $\beta_r = \beta = \beta_m = 1$，其生产成本 $c_{r2} = c_r > c_{r1} = 0$。因此，消费者 i 在购买制造商产品和平台再制造商产品上无质量偏好。当再制造产品和新产品的价格相同时，制造商和平台再制造商具有相同的反需求函数。而当再制造产品的价格低于新产品时，质量偏好 $\theta \geqslant \bar{\theta}^{CHL} = \dfrac{p_r}{\beta_m}$ 的消费者 i 只购买再制造产品。这两种情况下消费者反需求函数分别为：

$$p_r^{CHL} = \begin{cases} \beta_m(1 - q_r), & p_r < p_m \\ \beta_m(1 - q_m - q_r), & p_r = p_m \end{cases} \qquad (8-81)$$

由式（8-81）得到两种情况下制造商和平台再制造商的最优化问题分别为：

$$\max_{q_m, F} \pi_m^{CHL} = (p_r - c_m)q_m + \Delta\tau_m q_m - \frac{1}{2}\tau_m^2 + F \qquad (8-82)$$

$$\max_{q_r, \tau_r} \pi_r^{CHL} = (p_r - c_r)q_r - \frac{1}{2}\tau_r^2 - F \qquad (8-83)$$

$$\text{s. t. } \tau_r q_m^{CNL*} - q_r \geqslant 0$$

上述式（8-82）制造商利润函数中第一部分为生产销售产品的利润，第二部分为生产再制造产品所节约的成本，第三部分为提高回收率所投入的研发费用，第四部分为许可多专利技术给平台再制造商所收取的固定许可费。式（8-83）平台再制造商利润函数中第一部分为生产销售再制造产品的利润，第二部分为提高回收率所投入的研发费用，第三部分为得到制造商再制造生产专利许可后所支付的费用。当 $p_r < p_m$ 时，制造商变为外部研发机构，不参与下游市场竞争（产量为0），只需选择最优的专利费即可。而平台再制造商则变为下游市场的垄断者，选择最优的回收率和再制造产品产量即可。当 $p_r = p_m$ 时，制造商在专利许可阶段和产量竞争阶段选择最优的专利费、产品产量和回收率。平台再制造商则在产量竞争阶段选择最优的回收率和再制造产品产量。

在下游市场竞争阶段，同样由各自利润最大化时的 FOC 条件以及海森矩阵负定条件，得到均衡状态下制造商产品和平台再制造商产品的价格和产量、废旧产品的回收率分别为：

$$p_r^{CHL*} = \begin{cases} \dfrac{5 - 2\Delta + \Delta^2 + (1 - \Delta)^2 c_r}{2(3 - 2\Delta + \Delta^2)}, & p_r < p_m \\[3mm] \dfrac{(5 - 2\Delta + \Delta^2)(1 + \Delta - \Delta^2)}{11 - 6\Delta - 3\Delta^2 + 4\Delta^3 - 2\Delta^4}, & p_r = p_m \end{cases} \quad (8-84)$$

$$q_m^{CHL*} = \begin{cases} 0, & p_r < p_m \\[3mm] \dfrac{(1 - \Delta)(5 - 3\Delta + 2\Delta^2)}{11 - 6\Delta - 3\Delta^2 + 4\Delta^3 - 2\Delta^4}, & p_r = p_m \end{cases} \quad (8-85)$$

$$q_r^{CHL*} = \begin{cases} \dfrac{(1 - \Delta)^2(1 - c_r)}{2(3 - 2\Delta + \Delta^2)}, & p_r < p_m \\[3mm] \dfrac{(1 - \Delta)^2(1 + \Delta - \Delta^2)}{11 - 6\Delta - 3\Delta^2 + 4\Delta^3 - 2\Delta^4}, & p_r = p_m \end{cases} \quad (8-86)$$

$$\tau_r^{CHL*} = \begin{cases} \dfrac{(1 - \Delta)(1 - c_r)}{3 - 2\Delta + \Delta^2}, & p_r < p_m \\[3mm] \dfrac{(1 - \Delta)(2 + 7\Delta - 5\Delta^2 + 2\Delta^3)}{11 - 6\Delta - 3\Delta^2 + 4\Delta^3 - 2\Delta^4}, & p_r = p_m \end{cases} \quad (8-87)$$

对于任意的 $\Delta \in (0,1)$，$\beta \in (0,1)$，同样有 $q_m^{CHL*} + q_r^{CHL*} < 1$，确定市场未完全覆盖。

在专利许可阶段，制造商的最优化问题为：

（1）$p_r < p_m$。

$$F^{CHL*} = \arg \max_F \pi_m^{CHL} \quad (8-88)$$

$$\text{s. t. } \pi_m^{CHL} = F \geqslant \pi_m^{CNL*}$$

$$\text{s. t. } \pi_r^{CHL} = \frac{(1 - \Delta)^2(1 - c_r)^2}{4(3 - 2\Delta + \Delta^2)} - F \geqslant \pi_r^{CNL*}$$

（2）$p_r = p_m$。

$$F^{CHL*} = \arg \max_F \pi_m^{CHL} \quad (8-89)$$

$$\text{s. t. } \pi_m^{CHL} = \frac{(2 - \Delta^2)(5 - 8\Delta + 5\Delta^2 - 2\Delta^3)^2}{2(11 - 6\Delta - 3\Delta^2 + 4\Delta^3 - 2\Delta^4)^2} + F \geqslant \pi_m^{CNL*}$$

$$\text{s. t. } \pi_r^{CHL} = \frac{(3 - 2\Delta + \Delta^2)(1 - 2\Delta^2 + \Delta^3)^2}{(11 - 6\Delta - 3\Delta^2 + 4\Delta^4)^2} - F \geqslant \pi_r^{CNL*}$$

由上述式（8-88）和式（8-89）可知，平台再制造商愿意支付的最

大固定费 $maxF_r^{CHL} = \begin{cases} \dfrac{(1-\Delta)^2(1-c_r)^2}{4(3-2\Delta+\Delta^2)}, & p_r < p_m \\ \dfrac{(3-2\Delta+\Delta^2)(1-2\Delta^2+\Delta^3)^2}{(11-6\Delta-3\Delta^2+4\Delta^3-2\Delta^4)^2}, & p_r = p_m \end{cases}$ 。对于制造商而

言，其利润是固定费 F 的增函数。因此，制造商可收取的最优固定费
$F^{CHL*} = maxF_r^{CHL}$，还需保证许可后的利润不低于许可前的利润。下述命
题 8-12 给出了 CHL 模式发生的条件。

命题 8-12 当创新规模较大时（$\Delta \geqslant 0.3274$），CHL 模式具备发生的
可能。

证明： 易证明当 $\Delta < 0.3274$ 时，$\pi_{sc}^{CHL*} < \pi_{sc}^{CNL*}$（见图 8-17）。

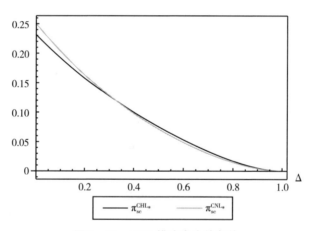

图 8-17 CHL 模式发生的条件

与命题 8-11 的结论相似，在再制造产品市场上，命题 8-11 和命
题 8-12 都表明只要创新规模足够大，制造商就有多专利许可的参与动机。
这与新产品市场上固定费许可发生的条件一致。这也说明，无论对于再制
造产品还是新产品，一方面，专利许可不发生时，制造商的利润随着创新
规模的增大而减小。这意味着制造商在创新规模较大时有专利许可的参与
动机。另一方面，在专利许可的情况下，许可效应只要大于竞争效应，制
造商作为许可方便有参与动机。

于是由式（8-84）至式（8-89），得到第二期制造商和平台再制造
商的均衡利润和生产者剩余分别为：

$$\left[\pi_m^{CHL*}, \pi_r^{CHL*}\right] = \left[\frac{(1-\Delta)^2(56-52\Delta+21\Delta^2+2\Delta^3-9\Delta^4+4\Delta^5-2\Delta^6)}{2(11-6\Delta-3\Delta^2+4\Delta^3-2\Delta^4)^2}, 0\right]$$

$$(8-90)$$

供应链利润（或生产者剩余）为：

$$\pi_{sc}^{CHL*} = \frac{(1-\Delta)^2(56-52\Delta+21\Delta^2+2\Delta^3-9\Delta^4+4\Delta^5-2\Delta^6)}{2(11-6\Delta-3\Delta^2+4\Delta^3-2\Delta^4)^2}$$

$$(8-91)$$

消费者剩余为：

$$CS^{CHL*} = \frac{1}{2}(q_m^{CHL*}+q_r^{CHL*})^2 = \frac{(1-\Delta)^2(6-3\Delta+\Delta^3)^2}{2(11-6\Delta-3\Delta^2+4\Delta^3-2\Delta^4)^2}$$

$$(8-92)$$

社会福利为：

$$W^{CHL*} = \pi_{sc}^{CHL*} + CS^{CHL*}$$

$$= \frac{(1-\Delta)^2(92-88\Delta+30\Delta^2+14\Delta^3-15\Delta^4+4\Delta^5-\Delta^6)}{2(11-6\Delta-3\Delta^2+4\Delta^3-2\Delta^4)^2} \quad (8-93)$$

8.6.3　单一专利许可 VS. 多专利许可

前面已经对制造商不参与和参与回收时，不许可、单一专利许可即成本降低型专利许可或质量改善型专利许可、多专利许可即同时进行成本降低型和质量改善型专利许可 8 种模式下制造商和平台再制造商的利润、供应链利润、消费者剩余、社会福利以及回收率进行了分析。本节旨在对企业、平台供应链、消费者、政府以及环保的角度下，是单一专利许可下的次优技术许可更优还是多专利许可下的最优技术更优，以及是否存在一致偏好的专利技术许可进而达到协调这些利益相关方利益的效果进行总结。

1. 制造商不回收时单一专利和多专利许可对比分析

命题 8-13　假定制造商不参与回收且具有专利许可的参与动机（命题 8-1、命题 8-2 和命题 8-11），相较于其他 3 种许可策略（对应不许可时的 NCNL 模式、成本降低型专利许可时的 NCCRL 模式以及质量改善型专利许可时的 NCQIL 模式），制造商进行多专利许可时的 NCHL 模式下供应链利润、消费者剩余、社会福利以及回收率更高（见图 8-18 至图 8-21）。

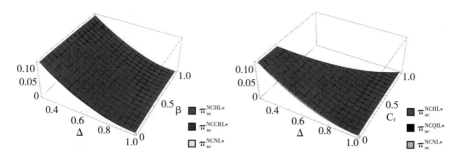

图 8 – 18　制造商不回收时四种许可策略下供应链利润比较

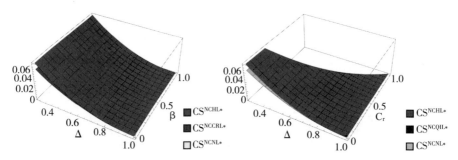

图 8 – 19　制造商不回收时四种许可策略下消费者剩余比较

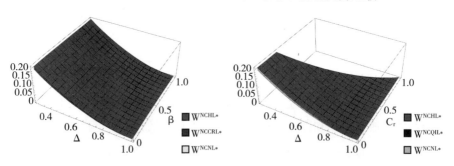

图 8 – 20　制造商不回收时四种许可策略下社会福利比较

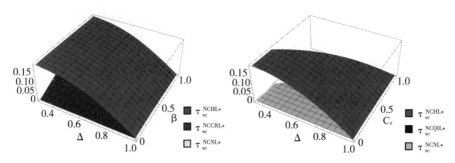

图 8 – 21　制造商不回收时四种许可策略下的回收率比较

命题 8 – 13 表明，制造商不参与回收且具有专利许可的参与动机时，相较于单一专利技术，其更倾向于进行多专利技术许可，从而使自己的利润达到最大。此时，供应链利润、消费者剩余、社会福利以及回收率都达到了最优。从企业、消费者、社会乃至环境保护的角度来看，其利益存在协调一致的可能性，均偏好 NCHL 模式。

2. 制造商回收时单一专利和多专利许可对比分析

命题 8 – 14 假定制造商参与回收且具有专利许可的参与动机（命题 8 – 7、命题 8 – 8 和命题 8 – 12），相较于其他 3 种许可策略（对应不许可时的 CNL 模式、成本降低型专利许可时的 CCRL 模式以及质量改善型专利许可时的 CQIL 模式），制造商进行多专利许可时的 CHL 模式下供应链利润、消费者剩余、社会福利以及回收率更高（见图 8 – 22 至图 8 – 25）。

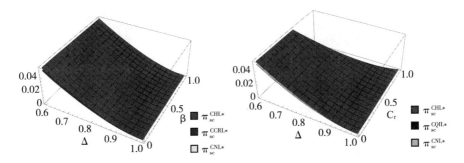

图 8 – 22　制造商回收时四种许可策略下的供应链利润比较

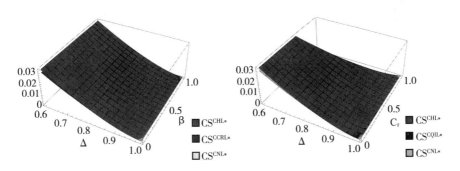

图 8 – 23　制造商回收时四种许可策略下的消费者剩余比较

与命题 8 – 13 的结论相似，命题 8 – 14 表明制造商参与回收且具有专利许可的参与动机时，相较于单一专利技术，其也是更倾向于进行多专利

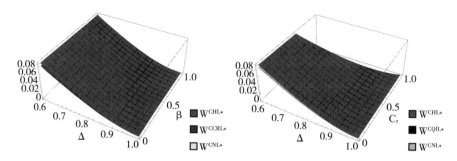

图 8 – 24　制造商回收时四种许可策略下的社会福利比较

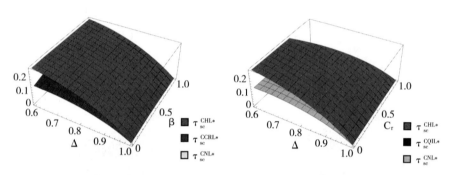

图 8 – 25　制造商回收时四种许可策略下的回收率比较

技术许可，从而使自己的利润达到最大。此时，供应链利润、消费者剩余、社会福利以及回收率都达到了最优，利益也达到了协调一致，从企业、消费者、社会乃至环境保护的角度来看，其均偏好 CHL 模式，最优专利技术许可优于次优专利技术许可。

8.6.4　制造商不回收 VS. 制造商回收

前面已经对制造商不参与和参与回收时，8 种回收再制造模式下制造商和平台再制造商的利润、供应链利润、消费者剩余、社会福利以及回收率进行了分析。本节旨在对企业、平台供应链、消费者、政府以及环保的角度下，是制造商参与回收再制造的决策更优还是不参与更优进行总结。

1. 不许可策略下各方利益比较

制造商不许可平台再制造商再制造生产技术时，平台再制造商无法进行废旧产品的回收再制造，平台供应链中的产品生产企业只有制造商，此时，制造商参与回收再制造的决策下，供应链利润、消费者剩余、社会福利以及回收率都要优于制造商不参与回收再制造（见图8－26）。

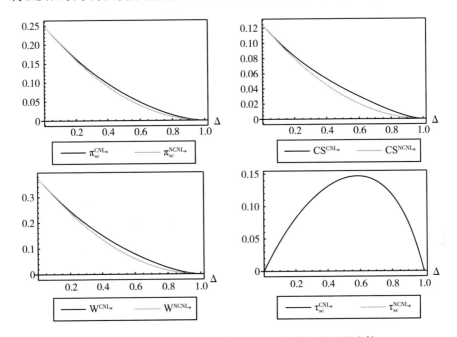

图8－26　不许可策略下制造商回收与否的各方利益比较

2. 成本降低型许可策略下各方利益比较

制造商许可平台再制造商成本降低型专利技术时，平台再制造商可以进行再制造，且其再制造成本与制造商参与再制造时的再制造成本相同，平台供应链中同时存在制造商产品与平台再制造商产品进行销售竞争。此时，制造商参与回收再制造的决策下，供应链利润、消费者剩余、社会福利以及回收率都要优于制造商不参与回收再制造（见图8－27）。

3. 质量改善型许可策略下各方利益比较

制造商许可平台再制造商质量改善型专利技术时，平台再制造商可以进行再制造，且其再制造产品质量与新产品无差异，平台供应链中同时存在制造商产品与平台再制造商产品进行销售竞争。此时，制造商参与回收再制造的决策下，供应链利润、消费者剩余、社会福利以及回收率都要优于制造商不参与回收再制造（见图8－28）。

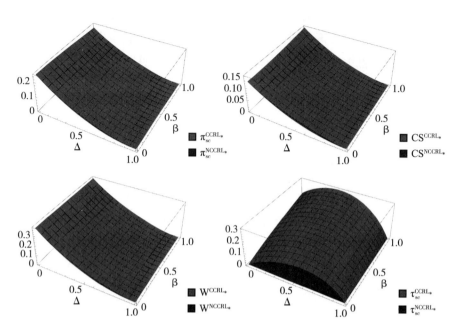

图 8 - 27　成本降低型许可策略下制造商回收与否的各方利益比较

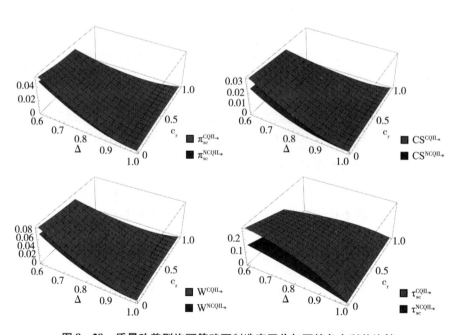

图 8 - 28　质量改善型许可策略下制造商回收与否的各方利益比较

4. 多专利许可策略下各方利益比较

制造商许可平台再制造商多专利技术时，平台再制造商可以进行再制造，且其再制造成本与制造商参与再制造时的再制造成本相同，其再制造产品质量与新产品无差异，平台供应链中同时存在制造商产品与平台再制造商产品进行销售竞争。此时，在制造商参与回收再制造的决策下，供应链利润、消费者剩余、社会福利以及回收率都要优于制造商不参与回收再制造（见图 8 – 29）。

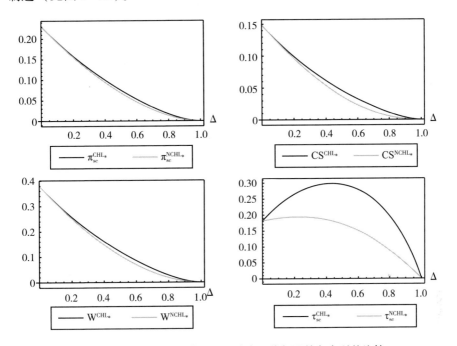

图 8 – 29　多专利许可策略下制造商回收与否的各方利益比较

命题 8 – 15　无论选择何种许可策略（不许可、单一专利许可和多专利许可），制造商参与回收总是其最优决策，同时与消费者、政府、环保利益协调一致。

命题 8 – 15 表明在特定许可策略下，且无论这一策略是不许可、单一专利许可还是多专利许可，制造商参与再制造产品市场的竞争总是其最优决策。从制造商角度来看，参与再制造产品市场有助于其扩大利润来源，提升其利润水平；从消费者角度来看，再制造产品市场的竞争有利于提高市场覆盖率、满足中低收入水平而高质量偏好的消费者；从政府角度来看，无论制造商最终采取何种专利许可策略，除了消费者以外，制造商乃至整个平台供应链均从新产品市场和再制造产品市场中获益，提高了社会福利；从环保角度看，无论平台再制造商参与许可与否，制造商回收废旧产品并进行再制造，总比不回收更优。

8.7 本章小结

随着再制造技术的发展，回收再制造活动不仅可以满足市场的差异化需求，还能获得额外的经济收益，因此也逐渐被认为是一种盈利和取得一定竞争优势的商业模式。在专利相对完善的市场中，制造商可以通过许可平台再制造商再制造专利生产技术来获取收益。本章根据已有的相关研究文献假设，从废旧产品回收再制造中存在的知识产权保护问题出发，在不同回收再制造决策以及制造商不同专利许可策略下，从供应链利润、消费者剩余、社会福利和环境保护等方面讨论了平台供应链协调的问题，主要结论如下：（1）无论制造商是否参与回收，其利润均随着创新规模的提升而降低。这暗示了缺乏知识产权保护的环境下，企业更加倾向于进行非显著性创新。同时暗示了在创新规模较大时，其进行专利许可的动机越强烈。（2）无论何种许可策略（不许可、单一专利许可、多专利许可），制造商总是选择回收是其最优决策。（3）制造商在再制造产品市场的竞争，降低了其参与专利许可的动机（创新规模从 0.2876 提升到 0.3274）。（4）生产成本差异直接决定了制造商参与专利许可的激励动机，而产品质量差异则更多决定了制造商、平台再制造商与消费者、政府乃至环保等各利益相关方是否能够协调一致，但其影响在制造商不参与回收时更大。（5）无论站在何种角度（如制造商和平台再制造商许可双方、消费者、政府以及环保角度），多专利许可相对于单一专利许可，始终为最优许可策略。这意味着许可先进技术从经济上总是最优的策略。这些结论不仅与新产品市场相关专利许可理论相互补充，同时也为专利再制造产品市场平台供应链协调相关问题提供了理论支撑。

本章的下一步研究可以从以下几个方面进行：（1）充分考虑信息不对

称对制造商再制造决策和专利许可策略选择的影响。（2）可以考虑其他的专利许可费方式，从不同的角度比较不同许可费方式之间的优劣。（3）本章研究了由单一制造商和平台再制造商组成的两周期平台供应链模型。然而在大多数情况下，新产品和再制造产品的生产和销售不仅限于两个周期，而且制造商也可以同时许可多个平台再制造商进行再制造，且与平台再制造商之间的竞争往往是在多周期内呈动态变化的。因此，研究也应当充分考虑有多个平台再制造商的情况以及在多周期与无限周期内进行。

第9章

平台供应链服务补救质量对消费者重购意向影响的企业运营策略

9.1 引言

本章将传统行业中的服务补救理论应用到网络购物环境中，以服务补救质量为自变量，消费者重购意向为因变量，消费者情绪为中介变量，就服务补救质量对消费者重购意向的影响模型展开研究。实证研究发现，在服务失误情境下，服务补救质量会正向影响消费者重购意向；消费者情绪与服务补救质量有关，服务补救质量越高，消费者越容易产生积极情绪，消费者情绪在服务补救质量影响消费者重购意向过程中起中介作用。

当今互联网已经成为消费者进行日常交易的平台，由于网络交易不需要面对面接触，影响消费者购买意愿的因素增多，除了产品本身的价值与效用，服务质量也是影响消费者选择网络购物的一个关键因素。为了吸引消费者和维持现有顾客，企业需要通过提供有吸引力的服务和优惠来使消费者满意，企业制定策略来弥补日常销售活动中不可避免的服务失误。服务失误是指服务质量没有达到消费者的期望（Chahal & Devi, 2015），对于大多数公司来说，服务失误是导致消费者流失的主要原因之一，如果服务失误没得到妥善解决，顾客满意度会大幅下降，进而导致负面口碑（Lin et al., 2011）。服务失误后企业有必要采取相应的服务补救措施。在当今激烈的竞争环境下，吸引新消费者所花费的销售费用是维持现有顾客的 5 倍以上，服务补救是与现有顾客维持关系的主要手段（Hart, 1990），贝尔和詹姆克（Bell & Zemke, 1987）提出五个服务补救要素：道歉、纠正、同情、补偿和持续关注，他们认为立即纠正和道歉是最有效的措施。达维多（Davidow, 2000）同样认为，道歉是对服务失败的一个很好的弥补方式，它可以恢复消费者对服务的满意程度，进而对企业形象产生积极的影响。张圣亮等（2010）以餐饮业为例，认为当服务出现失误时，应该先通过降低消费者的感知损失来降低消费者的负面情绪，通过实施顾客忠诚计划、提升企业形象等方法来建立与消费者之间的信任关系。王等（Wang et al., 2014）进一步地认为，服务补救满意度可以对重复购买意向产生正向影响。然而，在网络购物中，每一个环节都可能面临消费者对服务不满意的情况，一旦出现服务失误，商家需要迅速采取措施补救，保持消费者对商家的信心，促进消费者重复购买的意愿和行为。所以，传统行业的服务补救措施并不完全适用于网络购物，主要是由于网络购物并非面对面的交易，因此需要商家更加关注客户的心理需求。史密斯（Smith, 1999）通过实证研究发现，服务补救质量与消费者感知之间存在很强的相关性。林和孙（Lin & Sun, 2009）通过构建网络购物满意度和忠诚度的综合模型，发现消费者的网络购物满意程度对消费者的忠诚度有显著的正向影响。同样地，赛耶德纳哈维和沙基巴（Seyednaghavi & Shakiba, 2011）通过设计模型得出网络服务满意度、网络店铺质量和信任是影响顾客忠诚度的重要因素。唐丽娟（2015）以淘宝用户为研究样本，认为商家在日常的经营活动中，应该注重服务补救质量，进而提升消费者的满意度和重复购买行为，通过建立心理契约来保持客户的忠诚度。葛俊（2013）研究发现，服务补救质量中的结果质量对消费者的重购具有重要影响，同时顾客满意度在结果质量和消费者重购意向之间起中介作用，马鹏等（2014）在后续的研究中也得出了相似的结论。张敏等（2018）通过因子分析和多元回归的方法发现单纯的服务补救对顾客忠诚度的影响不大，并且消费者情绪可以作为调节变量在服务补救对顾客忠诚度影响中起到显著正向作用。网购退货作为一种频繁发生的服务补救方案，在网购过程中占有重要的一环，石成玉等（2019）从网购退货的角度入手，发现消费者的重购意愿受到交互质量和结果质量的影响，在一定程度上受到情绪中介影响，程序质量对此无影响。

9.2 假设与模型

本节在前人研究基础上，将传统行业中的服务补救理论应用到网络平台购物环境中，以服务补救质量为自变量，消费者重购意向为因变量，消费者情绪为中介变量，就服务补救质量对消费者重购意向的影响模型展开重点研究。其中，研究对象是有过网上购物经历并在服务失败后接受商家提供的服务补救的人群，对象满足三个特征：（1）有过网上购物经历，即在填写本次问卷之前曾经使用过互联网进行网络购物并完成了交易；（2）经历过服务失败，即由于各种原因造成的服务未能达到自己的期望；（3）在服务失败后接受了商家提供的服务补救，并且自己的重购意向受到了服务补救质量的正面或负面影响。具体如图 9 - 1 所示。

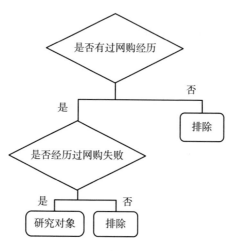

图 9 - 1　研究对象筛选过程

本章基于国内外相关文献，通过梳理以往学者关于服务补救质量对消费者重购意向影响的研究模型，就网购中服务补救质量、消费者情绪和消费者重购意向之间的关系展开研究，研究理论基础如图9-2所示。

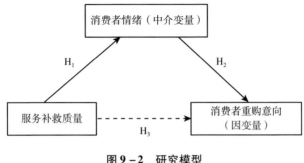

图9-2　研究模型

（1）服务补救质量与消费者情绪。本章借鉴韦斯顿（Weston，1985）和迈耶（Mayer，1987）的观点，认为消费者在接受服务补救后会出现积极（如开心、兴奋等）和消极（如难过、愤怒等）两种情绪，并且积极情绪的出现大多伴随着较高的服务补救质量。本章认为服务补救与消费者情绪之间存在某种联系，进而提出如下假设。

H_1：服务补救质量正向影响消费者情绪。

（2）消费者情绪与消费者的重购意向。消费者情绪即消费者购买某种产品或服务后产生的心理反应。在传统消费者行为领域，消费者会因为积极情绪而愿意继续购买，同时也会因为负面情绪而选择放弃购买。本章认为在网购情境下，消费者情绪的变化在一定程度上决定了其后续的购买决策和行为。基于此，本章提出如下假设。

H_2：消费者情绪正向影响消费者的重购意向。

（3）消费者情绪的中介作用。米歇尔（Michel，1995）提出"认知—情感—行为"理论，该理论表明消费者对于事物的认知会影响其情感，进而影响其行为。本章认为在网购失败的情境下，消费者会对商家提供的服务补救的质量产生认知，影响其情感，进而影响其购买行为，即消费者情绪在服务补救质量对消费者重购意向影响机制中起中介作用，并提出如下假设。

H_3：服务补救质量以消费者情绪为中介从而影响消费者的重购意向。

9.3 实证研究

9.3.1 问卷设计及选取

1. 问卷设计

问卷主要分为四个部分，如表9-1所示。

表9-1 问卷结构

问卷结构	主要内容	题项
第一部分	有效问卷筛选	Q1~Q2
第二部分	个人基本信息	Q3~Q7
第三部分	服务补救质量相关测量	Q8~Q16
第四部分	消费者对服务补救措施态度测量	Q17
	后续可能测量	Q18

2. 问卷选取

本次调研问卷利用问卷星进行设计，并形成电子问卷和链接。通过互联网络进行发放，被调查者主要通过手机和微信提交问卷。此次发放共回收161份问卷，剔除其中筛选题"是否有过网购经历"或"是否经历过网购失败"答案为"否"的；填写时间少于70秒的；同一个IP地址重复填写的无效样本后共剩余150份有效问卷，有效回收率较高，为93.17%。利用Excel和SPSSAU对最终获得的有效数据进行分析。

9.3.2 量表设计

本章的量表设计如表9-2所示。

表9-2 变量测量

测量维度	问题	题项
服务补救质量	从交互质量、信息质量、程序质量、结果质量这四个维度来衡量服务补救质量	Q9~Q12

测量维度	问题	题项
消费者情绪	服务失败后您是否会产生如郁闷、烦躁、失望、气愤的消极情绪	Q8
	服务补救质量越高，您越容易产生积极情绪（如愉快、放松、舒畅、兴奋等）	Q13
	整个服务补救过程是让您感到高兴，且沟通是愉快的	Q14
消费者重购意向	首选这家店	
	我乐意再光顾这家店	
	我会光顾这家店	Q16
	将这家店列入考虑范围	
	不再光顾	

9.3.3 描述性统计分析

此次问卷调查的样本情况如表9-3所示。通过数据可以明显看出，在本次调查的有效样本中，女性占比60.69%，比较符合网络购物的规律。在年龄方面，18～25岁的样本人数最多，所占比率最大（84.67%）。从被调查者所受教育程度来看，学士学位所占比例最大（82.67%），大专及以上人群占比94.67%，高学历人群的良好的理解力也保障了问卷的质量。在每月网购次数方面：样本中"3～5次"相对较多，比例为47.33%，更多的网购次数，意味着更大可能的服务失败和服务补救，这使数据更真实和客观，更有利于后期数据的分析。

表9-3 问卷调查样本分布

特征		人数（人）	百分比（%）
性别	男	59	39.33
	女	91	60.67
年龄	18岁以下	3	2.00
	18～25岁	127	84.67
	26～30岁	11	7.34
	31～40岁	8	5.34
	41～50岁	0	0.00
	51～60岁	1	0.67
	60岁以上	0	0.00

特征		人数（人）	百分比（%）
所受教育水平	高中及其以下	8	5.33
	大专	11	7.33
	本科	124	82.67
	硕士及以上	7	4.67
每月网购次数	3 次以下	36	24.00
	3 ~ 5 次	71	47.33
	6 ~ 10 次	27	18.00
	10 次以上	16	10.67

9.3.4 数据质量分析

1. 信度分析

由表9-4可知，分析项的 CITC 值均大于0.4，说明分析项之间具有良好的相关关系，信度水平良好。同时服务补救质量、消费者情绪和消费者重购意向的 Cronbach's α 系数均大于0.7，这说明此次问卷数据信度质量高，可用于进一步的分析。

表9-4　　　　　　　　　　信度分析表

名称	测量项目	校正项总计相关性（CITC）	Cronbach's α 系数
服务补救质量	Q9 ~ Q12	0.751	0.955
消费者情绪	Q8 Q13 ~ Q14	0.786	0.720
重购意向	Q16	0.724	0.785

2. 效度分析（KMO 和 Bartlett 球形检验）

使用 KMO 和 Bartlett 球形检验进行效度验证，先分析 KMO 值，从表9-5可以看出：KMO 值为0.949，大于0.8，说明效度较好；效度分析通过 Bartlett 球形检验（对应 p 值需要小于0.05）。

表 9 - 5   **KMO 和 Bartlett 球形检验**

KMO 值		0.949
Bartlett 球形度检验	近似卡方	1687.928
	df	91
	p 值	0.000

9.3.5　回归分析

1. 服务补救质量与消费者情绪回归分析

将服务补救质量作为自变量，而将消费者情绪作为因变量进行线性回归分析，从表 9 - 6 可以看出，模型 R^2 值为 0.537，意味着服务补救质量可以解释消费者情绪 53.7% 的变化原因。对模型进行 F 检验时发现模型通过 F 检验（$F = 172.836$，$p = 0.000 < 0.05$），说明服务补救质量一定会对消费者情绪产生影响关系。服务补救质量的回归系数值为 0.716（$t = 13.147$，$p = 0.000 < 0.01$），意味着服务补救质量正向影响消费者情绪，即服务补救质量越高，消费者越容易产生积极情绪。

表 9 - 6   **服务补救质量与消费者情绪线性分析结果**

	线性回归分析结果								
	非标准化系数		标准化系数	t	p	VIF	R^2	调整 R^2	F
	B	标准误	Beta						
常数	1.261	0.200	—	6.291	0.000 **	—	0.537	0.534	F(1, 149) = 172.836, p = 0.000
服务补救质量	0.716	0.054	0.733	13.147	0.000 **	1.000			

因变量：消费者情绪

D - W 值：1.962

* p < 0.05，** p < 0.01

2. 消费者情绪与重购意向回归分析

将消费者情绪作为自变量，将重购意向作为因变量进行线性回归分析，从表 9 - 7 可以看出，模型 R^2 值为 0.484，意味着消费者情绪解释了重购意向 48.4% 的变化原因。对模型进行 F 检验时发现模型通过 F 检验

（F = 139. 982，p = 0. 000 < 0. 05），这说明消费者情绪一定会对重购意向产生影响关系。消费者情绪的回归系数值为 0. 724（t = 11. 831，p = 0. 000 < 0. 01），意味着消费者情绪会对重购意向产生显著的正向影响，即消费者的积极情绪更有利于再次购买行为的产生。

表 9 - 7　　　　　　消费者情绪与重购意向回归线性分析结果

	线性回归分析结果									
	非标准化系数		标准化系数	t	p	VIF	R^2	调整 R^2	F
	B	标准误	Beta						
常数	0. 535	0. 239	—	2. 235	0. 027 *	—	0. 484	0. 481	F(1，149) = 139. 982，p = 0. 000
消费者情绪	0. 724	0. 061	0. 696	11. 831	0. 000 **	1. 000			

因变量：重购意向

D - W 值：2. 171

* p < 0. 05，** p < 0. 01

9.3.6　中介作用检验

通过对效应分析过程进行汇总，认为在本研究中的中介效应共涉及 3 个模型，分别为：消费者情绪 ~ 服务补救质量；重购意向 ~ 服务补救质量；重购意向 ~ 服务补救质量 + 消费者情绪（见表 9 - 8）。从总效应来看，服务补救质量对消费者重购意向呈现出 0. 01 水平的显著性（t = 10. 509，p = 0. 000 < 0. 01）；从直接效应来看，服务补救质量对消费者重购意向呈现出 0. 01 水平的显著性（t = 3. 707，p = 0. 000 < 0. 01），即说明直接效应不存在，进而认为间接效应为最终的中介效应检验结果。

表 9 - 8　　　　　　　　　效应过程分析

效应	项	Effect	SE	t	p	LLCI	ULCI
直接效应	服务补救质量 ⇒ 重购意向	0. 312	0. 084	3. 707	0. 000	0. 147	0. 478
间接效应	服务补救质量 ⇒ 消费者情绪	0. 716	0. 054	13. 147	0. 000	0. 609	0. 823
	消费者情绪 ⇒ 重购意向	0. 489	0. 086	5. 671	0. 000	0. 320	0. 658
总效应	服务补救质量 ⇒ 重购意向	0. 663	0. 063	10. 509	0. 000	0. 539	0. 786

注：LLCI 指估计值 95% 区间下限，ULCI 指估计值 95% 区间上限。

使用 Bootstrap 抽样检验法进行中介作用研究，抽样次数为 5000 次，结果显示：针对服务补救质量对于重购意向影响时，消费者情绪的中介作用检验，95% 区间并不包括数字 0（95% CI：0.113 ~ 0.526）（见表 9 - 9），因而说明服务补救质量对于重购意向影响时的消费者情绪具有中介作用。服务补救质量首先会对消费者情绪产生影响，其次通过消费者情绪再去影响重购意向。

表 9 - 9   间接效应分析

项	Effect	Boot SE	BootLLCI	BootULCI	z	P
服务补救质量⇒消费者情绪⇒重购意向	0.350	0.116	0.113	0.526	3.019	0.003

注：BootLLCI 指 Bootstrap 抽样 95% 区间下限，BootULCI 指 Bootstrap 抽样 95% 区间上限。

9.3.7　假设检验

本研究的假设检验结果如表 9 - 10 所示。

表 9 - 10   假设检验结果

编号	内容	结果
H_1	服务补救质量正向影响消费者情绪	成立
H_2	消费者情绪正向影响消费者重购意向	成立
H_3	服务补救质量以消费者情绪为中介从而影响消费者重购意向	成立

9.4　结果讨论

（1）本次调查共回收 161 份问卷，将其中被调查者有过网购服务失败的 150 份问卷归为有效问卷，这两个数字在代表回收率的同时，也意味着有 93.17% 的消费者有网购服务失败的经历。造成服务失败的原因众多，主要包括：信息技术失误、客户沟通失误、物流配送失误和商品质量失误。在有效问卷中，有 71.34% 的消费者会因为服务失败产生消极情绪。商家需要积极提供服务补救缓解消费者消极情绪，努力将其转化为积极情绪。网购服务失败的普遍性与其产生消极情绪的高概率都证明本章研究具有较高理论与实践价值。

（2）在网购失败情境下，商家提供服务补救质量对消费者情绪有显著的正向影响作用。80%的被调查者认为，商家提供的高质量服务补救是其积极情绪的主要来源，商家积极采取补救措施可以提高服务补救质量。问卷结果显示，消费者更加看重商家的响应速度、沟通质量以及有形赔偿。基于此，商家可以以口头道歉为切入点，加强上述三个方面的补救工作，提高服务补救质量。值得注意的是，道歉并不能在所有的情况下发挥作用，却是不可或缺的。

（3）消费者在产生积极情绪后，在出现相同的购物需求时，40.66%的消费者同意"首选这家店"；54.67%的消费者同意"可以再次光顾这家店"；仅有4.67%的消费者同意"不再光顾"。此数据证明消费者情绪对消费者重购意向有正向影响作用。

（4）消费者情绪在服务补救质量影响消费者重购意向过程中扮演着中介角色，即服务补救质量通过影响消费者情绪从而影响其后续购物行为。服务补救质量越高，消费者越容易产生积极情绪，消费者再次购买的意愿越强烈，越容易产生重购行为。

9.5 管理启示

通过上述数据与结论的分析，考虑平台供应链，在网络购物过程中，商家可以从以下几点开展服务补救措施。

（1）构建有效的沟通渠道。服务失败一旦产生，商家要主动、及时与消费者取得联系，站在消费者角度展开沟通，积极了解导致消费者不满的原因，耐心倾听消费者投诉。在交流过程中观察消费者的情绪变化，识别消费者的不满程度，为服务补救作前期工作。当商家无法及时与消费者取得联系时，也应该确保消费者沟通渠道顺畅，即消费者可以随时与商家取得有效联系，而不是投诉无门。

（2）提高响应速度。在服务失误发生时，若商家未能取得与消费者主动联系的先机，商家则应及时回应消费者投诉，最大程度减弱消费者的不满情绪。电商企业应加强对消费者投诉过程的管理，设立专业部门对引起消费者抱怨的服务失误进行归类与分析，从而提高补救效率，为今后建立长期稳定的客户合作关系打下基础。

（3）积极主动道歉。此次问卷调查结果显示，消费者对道歉的重视程度最低。道歉不能解决服务失误问题，但是对消费者情绪改善存在积极作用。商家主动道歉可以改善消费者的消极情绪，利于后续补救措施实施。需要指出道歉不同于解释，道歉是商家表明自己服务失误的态度，解释则是为服务失误问题说明原因。商家单纯解释会让消费者产生更多消极情绪，并使消费者认为商家为自己失误辩解，会给商家带来更糟糕的负面影响。在补救过程中，商家应该在道歉的前提下委婉说明服务失误原因，让消费者感受到商家服务补救的积极态度。

（4）进行有形补偿。在服务失误无法通过退换货进行补救时，商家可以选择补偿来消除消费者消极情绪。商家可以通过优惠券、返现等途径给消费者一定的物质补偿，适当的有形补偿更有利于消除消费者的消极情绪，提高顾客对服务补救的满意度。

第10章

总结与展望

随着互联网的普及和人们消费能力的提高，人们的消费方式也发生了转变，网络购物逐渐成为人们生活中不可或缺的一部分，作为建设数字化经济和现代化经济的目标之一，平台经济成为发展的重中之重，平台供应链的发展尤其受到我国政府的重视，为了达到对平台供应链的渠道优化，并且建立合理的平台交易机制，本书对平台供应链中的企业交易机制和服务支撑进行了研究。针对企业交易机制当中存在的多平台交易费定价、平台消费者多偏好定价、平台多产品定价、平台多市场定价等问题，分别对上述问题进行分析，构建博弈模型并通过求解得到不同模型下的企业最佳决策。服务支撑作为平台供应链的重要一环，在网络零售平台的交易中起到关键作用，本书主要对服务支撑中的广告服务、专利服务、售后服务等方面进行了研究。

10.1 主要结论

现将本书的主要工作和研究成果总结如下。

（1）针对多平台交易费定价问题，本书第 2 章基于网络零售平台间的联合定价策略，采用双边市场理论、寡头垄断理论和博弈论，建立多平台多品类网络零售平台的交易费定价策略，并利用不同的规模报酬对该策略进行了对比分析，发现在规模报酬递增和不变的情况下平台利润更优。研究发现：在不同规模报酬下，平台间是否能实现联合定价主要取决于运营成本的"加速度"以及进行初始联合定价的平台数量。若规模报酬递减，当初始联合定价的平台数量较小时，平台定价进化方向将随着运营成本"加速度"的增大从联合定价、混合定价转为单独定价；当初始联合定价的平台数量较大时，运营成本"加速度"较大（较小）时，相应的只有单独定价（联合定价）的现象出现。若规模报酬递增或不变，所有网络零售平台联合定价时平台利润更优。

（2）针对平台消费者多偏好定价问题，本书第 3 章考虑了消费者对产品质量和环境友好的双重偏好及不同废旧产品回收渠道策略的闭环平台供应链模型中产品网络外部性对公司决策的影响，并且对不同策略组合中的批发和零售价格等指标进行比较，分析了网络外部性在平台供应链中的作用，即网络外部性对新产品和再制造产品的成本和销售的影响，为闭环供应链的系统选择提供了进一步的研究基础。研究发现，新产品和再制造产品的零售价格不受网络外部性和回收渠道策略的影响，再制造产品的批发价格在网络外部性的影响下上涨。市场对具有网络外部性和无网络外部性的新产品和再制造产品的需求变化趋势是不同的。当再制造产品的成本在一定范围内，网络外部性的存在使市场对新产品和再制造产品的需求同时增加。即使产品具有正的网络外部性，增加了消费者的效用，当再制造产品的成本在一定范围之外时，产品没有网络外部性时的公司利润也将高于产品具有网络外部性时的利润。

（3）针对具有再制造产品供应链如何提供再制造产品售后服务的问题，本书第 4 章构建再制造产品无售后服务和有售后服务的不同博弈模型，探讨制造企业在不同情况下的销量、价格以及利润的变化。在同时生产新产品和再制造产品的原始制造企业与生产具有替代性产品的企业构成竞争关系下的平台供应链系统中，探讨平台供应链在不同售后服务策略下的运营策略，研究发现，当制造企业为再制造产品提供售后服务时，再制造产品的销售量增加，新产品和竞争替代产品的销售量降低；当新产品和再制造产品的市场零售价格同时增加，竞争替代产品的市场零售价格降低。制造企业为再制造产品提供售后服务时的利润总是大于没有售后服务时的利润，且不受单位产品生产成本的影响。同时，当单位产品生产成本较高时，制造企业为再制造产品提供售后服务策略会带来竞争对手企业利润的增加。

（4）为了探讨平台售后服务策略在双重市场竞争中的影响及作用，本书第5章研究了平台供应链系统中存在授权产品和灰色产品的多产品竞争复杂模型，通过对比分析平台供应链中不同产品质量感知水平下的三种模型，研究发现，平台供应链中制造商提供售后服务策略会影响制造商和灰色进口商的销售量与价格，不仅能够增加自身产品的销售量和价格，还能够抑制竞争对手和灰色进口商的销售量和价格；灰色进口商提供售后服务策略同样会带来灰色产品销售量和价格的提升，平台供应链中制造商在竞争市场中的授权产品销量不受灰色进口商售后服务的影响。当平台供应链中制造商提供售后服务时，不仅可以增加制造商的利润，还能在一定条件下减少灰色进口商和竞争对手的利润，是一种提高竞争力和管理灰色市场的有效手段。此外，研究发现平台供应链中灰色进口商一味地追随领导制造商提供售后服务并不一定为最优策略。

（5）针对由制造商和在线零售平台组成的两周期平台供应链的合作广告问题，本书第6章对两周期平台供应链中通过考虑价格和广告效果对合作广告问题进行了研究。利用Stackelberg模型，计算三种合作广告策略中制造商和在线零售平台在全国广告和平台广告上的最佳水平。研究发现，第一，在收益分享合作广告策略下，制造商为在线零售平台广告提供的补贴率高于其他合作广告策略。然而，在线零售平台并没有因为平台广告补贴率高，就在收入分享策略上盲目地投入比其他策略更多的平台广告成本。广告水平受产品批发价格的影响。第二，在收入分享策略中，有一个特殊的区域。随着收入分享率的提高，在线零售平台通过将更多的收入转移给制造商来获得制造商的广告补贴支持。当在线零售平台增加对平台广告的投资时，制造商也会提高对平台广告的补贴率。第三，识别合作广告的价值，即制造商和在线零售平台采取双向补贴策略是平台供应链系统的最佳选择。有趣的是，在有些情况下，虽然只有制造商承担了平台广告的部分成本而在线零售平台在全国广告上没有付出任何努力，但总利润会比收入分享策略中更好，即使在收入分享策略中，制造商和在线零售平台之间的合作关系也更紧密。在未来的研究中，本书的一些有价值的扩展可能包括以下内容：首先，可以考虑网络市场具有双边网络外部性的特征。如果定义对广告的影响可以是正面的或是负面的，那可能会更有趣。其次，假设一个两周期供应链的动态模型，其中后期合作广告的效果是基于前一周期的影响。最后，有多个制造商和多个在线零售平台，它们之间存在竞争。竞争水平影响所有制造商的最佳补贴率和所有在线零售平台的最佳广告水平。

（6）对于不同回收模式和专利许可策略对平台供应链的影响问题，本书第 7 章基于平台考虑废旧产品回收模式和再制造产品的专利许可在闭环供应链企业中的作用，还有政府补贴在其中的作用，建立了三种回收模式下的平台供应链模型，并比较了不同回收模式下渠道成员和平台供应链的利润；然后研究了专利许可对再制造商批发价和回收价决策的影响。得出结论表明，原始制造商采用固定费专利许可策略时，废旧产品回收价格较高；当原始制造商不采用单位费专利许可策略时，再制造商有更大的热情生产更多的再制造产品来追求更多的收入，因此他们需要在消费市场上回收更多的废旧产品，通过提高废旧产品的回收价格，可以吸引更多的消费者加入废旧产品的回收过程；当原始制造商采用单位费专利许可策略，平台零售商和再制造商同时参与废旧产品回收时，原始制造商将增加单位专利许可费；当原始制造商意识到废旧产品回收市场的激烈竞争时，他们可能会通过适当提高再制造产品的单位专利许可费来赚取更多的利润；当再制造商单独回收废旧产品时，消费者可以在废旧产品回收市场中获得更大的单位收入，再制造商直接回收消费者的废旧产品进行再制造，而无须通过平台零售商进行二次回收，因此，再制造商可以将节省下来的二次回收成本转移给消费者，提高废旧产品的回收价格，将更多的利益转移给消费者，更好地调动消费者参与废旧产品回收的积极性；政府补贴的增加将使再制造产品的批发价格和零售价格高于新产品，当政府补贴非常完善时，可以促进再制造企业的再制造投资和创新，从而创造出更有价值、更环保的再制造产品。这些结论为研究平台供应链中回收模式和专利许可策略的价值提供了研究线索，还为企业参与废旧产品回收和专利许可提出了建议。

（7）针对废旧产品回收再制造中存在的知识产权保护问题，本书第 8 章在不同回收再制造决策以及制造商不同专利许可策略下，从供应链利润、消费者剩余、社会福利和环境保护等方面讨论了平台供应链协调的问题。结果表明，无论制造商是否参与回收，其利润均随着创新规模的提升而降低。这暗示了缺乏知识产权保护的环境下，企业更加倾向于进行非显著性创新。同时暗示了在创新规模较大时，其进行专利许可的动机越强烈；无论何种许可策略（不许可、单一专利许可、多专利许可），制造商总是选择回收是其最优决策；制造商在再制造产品市场的竞争，降低了其参与专利许可的动机；生产成本差异直接决定了制造商参与专利许可的激励动机，而产品质量差异则更多决定了制造商、平台再制造商与消费者、政府乃至环保等各利益相关方是否能够协调一致，但其影响在制造商不参与回收时更大；无论站在何种角度（如制造商和平台再制造商许可双方、消费者、政府以及环保角度），多专利许可相对于单一专利许可，始终为最优许可策略。这意味着许可先进技术从经济上总是最优的策略。这些结论不仅与新产品市场相关专利许可理论相互补充，同时也为专利再制造产品市场平台供应链协调相关问题提供了理论支撑。

（8）针对服务失误情境下消费者重购意向的影响因素，本书第 9 章将传统行业中的服务补救理论应用到网络购物环境中，以服务补救质量为自变量，消费者重购意向为因变量，消费者情绪为中介变量，用实证研究方法来研究。调查结果显示，九成以上的调查对象都有网购服务失败的经历，其中失败的原因包括信息技术失误、客户沟通失误、物流配送失误和商品质量失误，并且调查出在这些经历过服务失败的消费者中，又有七成以上消费者会因为服务失败产生消极情绪；在网购失败情境下，商家提供服务补救质量对消费者情绪有显著的正向影响作用；消费者情绪在服务补救质量影响消费者重购意向过程中扮演着中介角色，即服务补救质量通过影响消费者情绪从而影响其后续购物行为。根据调查的结果，对企业的管理启示是：构建有效的沟通渠道；提高响应速度；积极主动道歉；对消费者进行有形补偿。

10.2 展望

本书通过对平台供应链中企业交易机制和服务支撑进行研究，丰富了平台供应链研究的相关理论，又对如何建立创新、协调、绿色、开放、共享的平台供应链提供了参考，具有重要的现实意义，但其中仍存在一些不足。例如，在本书第 2 章对多平台多品类网络零售平台的交易费定价策略的研究中，首先，忽视了消费者所购买的产品具有相互替代或不相关的特征，从而影响需求函数和利润函数的稳健性；其次，本章研究中没有多期考查平台定价，导致研究结果可能不完全适用于现实情况；最后，仅采用联营模式的网络零售平台定价策略和运营情况可能会受到电商自营、自营＋联营混合模式的影响，这也是以后研究中可以考虑的方向。在本书第 3 章对平台供应链中网络外部性与消费者双重偏好的企业运营策略研究中：首先，只考虑了平台供应链中产品的内部网络外部性，而没有涵盖产品之间的交叉网络外部性；其次，本章只考虑了消费者对产品完整信息下的双重偏好，而没有考虑产品和环保信息不对称时消费者行为的变化情况；最后，由于消费者购买商品的过程往往是动态和多重的，之后的研究也会考虑平台供应链在多周期动态回收的情景下再制造产品的销售问题。在本书第 4 章对平台供应链中再制造产品售后服务的企业运营策略研究中，只考虑了企业单独为再制造产品提供售后服务的情况，而忽略了企业同时为新产品和再制造产品提供售后服务的情境，也没有考虑废旧产品回收问题可能导致企业可提供的再制造产品的数量具有随机性。在本书第 6 章对多阶段平台供应链联合广告营销的企业运营策略研究中：首先，没有考虑网络市场的双边网络外部性，另外对广告影响的定义不同，得出的结果也会有所不同；其次，如果考虑两周期供应链平台模型为动态模型，即后期合作广告的效果是基于前一周期的影响，会得到不同的研究结果；最后，没有考虑多个制造商和多个在线零售平台之间的竞争关系，而它们的竞争水平正是制造商最佳广告补贴率和零售平台最佳广告水平的影响因素之一。本书第 7 章对平台供应链不同回收渠道模式企业运营策略的研究中，没有构建制造商多周期回收再制造的动态博弈过程，且未考虑废旧产品回收利用引起的再制造产品产出的随机性问题，在进一步的研究过程中，将考虑动态多期平台供应链中的回收和再制造的过程，以及回收废旧产品与再制造产品需求之间的不平衡问题，并可以进一步探讨回收渠道和再制造过程对平台供应链的影响。对于本书第 8 章对平台供应链中不同专利授权的企业运营策略的研究，下一步的研究方向可以从以下几个方面来进行：首先，充分考虑信息不对称对制造商再制造决策和专利许可策略选择的影响；其次，可以考虑其他的专利许可费方式，从不同的角度比较不同许可费方式之间的优劣；最后，研究也应当充分考虑有多个平台再制造商的情况以及在多周期与无限周期内进行。

参 考 文 献

[1] 曹柬, 赵韵雯, 吴思思, 等. 考虑专利许可及政府规制的再制造博弈 [J]. 管理科学学报, 2020, 23 (3): 1 - 23.

[2] 曹晓刚, 闻卉, 郑本荣, 等. 混合需求下考虑专利保护因素的闭环供应链定价与协调 [J]. 中国管理科学, 2014, 22 (10): 106 - 112.

[3] 陈宏民. 网络外部性与规模经济性的关系 [J]. 管理科学学报, 2007, 10 (3): 1 - 6.

[4] 丁龙, 胡斌, 常珊, 等. 基于灰色市场可追溯的 RFID 技术策略与窜货行为的博弈研究 [J]. 中国管理科学, 2021, 29 (2): 78 - 88.

[5] 丁龙, 胡斌. 制造商 RFID 策略与零售商窜货策略的动态博弈分析 [J]. 中国管理科学, 2022, 30 (8): 82 - 94.

[6] 高洁, 洪宪培. 专利产品再制造下的闭环供应链定价决策与协调机制 [J]. 中国流通经济, 2016, 30 (10): 48 - 55.

[7] 高举红, 李梦梦, 霍帧. 市场细分下考虑消费者支付意愿差异的闭环供应链定价决策 [J]. 系统工程理论与实践, 2018, 38 (12): 3071 - 3084.

[8] 高攀, 丁雪峰. 基于 "以旧换再" 和消费者细分的制造商决策模型 [J]. 系统工程理论与实践, 2020, 40 (4): 951 - 963.

[9] 高鹏, 聂佳佳. 制造商公平关切下的闭环供应链专利授权经营策略 [J]. 软科学, 2014, 28 (11): 67 - 71.

[10] 葛俊, 严奉宪. 网购服务补救质量对顾客行为意向影响研究 [J]. 华中农业大学学报, 2013 (5): 140 - 145.

[11] 桂云苗, 武众, 龚本刚. 竞争环境下 B2C 平台增值服务投资决策 [J]. 控制与决策, 2019, 34 (2): 395 - 405.

［12］何娟，黄福玲，陈彦如，等．平行进口商市场入侵条件下第三方再制造影响［J］．计算机集成制造系统，2021，27（1）：284 – 295．

［13］洪定军，马永开，倪得兵．授权分销商与灰色市场投机者的 Stackelberg 竞争分析［J］．系统工程理论与实践，2016，36（12）：3069 – 3078．

［14］洪定军，马永开，唐小我．灰色市场条件下基于收益共享契约的供应链协调［J］．运筹与管理，2017，26（6）：70 – 80．

［15］洪定军，付红，万娜娜，等．灰色市场与制造商渠道结构选择［J］．工业工程与管理，2021，26（1）：61 – 67．

［16］洪定军，马永开，倪得兵．灰色市场环境下供应链协调的补偿策略研究［J］．系统工程学报，2018，33（1）：103 – 115．

［17］胡斌，丁龙，胡森，等．制造商售后服务质量决策对灰色市场的影响研究［J］．中国管理科学，2021，29（7）：46 – 56．

［18］胡开忠．专利产品的修理、再造与专利侵权的认定：从再生墨盒案谈起［J］．法学，2006（12）：145 – 151．

［19］黄帝，周泓．考虑不同回收质量等级的再制造系统回收生产决策［J］．中国管理科学，2018，26（10）：102 – 112．

［20］黄福玲，何娟，雷倩．跨区域市场条件下品牌商再制造决策研究：基于抵御平行进口商市场入侵的视角［J］．控制与决策，2020，35（9）：2189 – 2198．

［21］黄宗盛，聂佳佳，胡培．专利保护下的闭环供应链再制造模式选择策略［J］．工业工程与管理，2012，17（6）：15 – 21．

［22］蒋忠中，赵金龙，弋泽龙，等．灰色市场下考虑非对称信息的制造商质量披露及定价策略［J］．系统工程理论与实践，2020，40（7）：1735 – 1751．

［23］金亮，郑本荣，周楠．专利技术授权、生产外包与合同设计［J］．中国管理科学，2021，29（6）：91 – 104．

［24］李春发，解雯倩，楚明森，等．消费者细分下考虑不同主导者的 E – 闭环供应链定价决策［J］．工业工程与管理，2020，25（3）：94 – 102．

［25］李芳，马鑫，洪佳，等．政府规制下非对称信息对闭环供应链差别定价的影响研究［J］．中国管理科学，2019，27（7）：116 – 126．

［26］李静，张玉林．考虑网络效应和业务拓展的平台定价策略研究

[J]. 系统工程理论与实践, 2020, 40 (3): 593 - 604.

[27] 李凌雁, 高阳. 基于回收竞争的闭环供应链再制造授权策略研究 [J]. 科技管理研究, 2017, 37 (8): 223 - 229.

[28] 李宁, 李帮义, 刘志. 再制造产品担保主体及担保效率研究 [J]. 运筹与管理, 2016, 25 (5): 249 - 257.

[29] 李佩, 魏航, 王广永, 等. 考虑不同经营模式的零售商纵向整合策略选择: 前向, 后向还是不整合? [J]. 中国管理科学, 2020, 28 (9): 90 - 101.

[30] 刘光富, 刘文侠. 双渠道再制造闭环供应链差异定价策略 [J]. 管理学报, 2017, 14 (4): 625 - 632.

[31] 刘赫, 郇正林, 郑嘉俐, 等. 多归属 P2P 网贷平台定价及盈利模式分析: 一个两阶段动态博弈模型 [J]. 系统工程理论与实践, 2019, 39 (7): 1669 - 1679.

[32] 刘继明, 王强, 庞崇鹏. 市场细分和专利保护下制造商与再制造商的博弈策略研究 [J]. 科技管理研究, 2018, 38 (18): 116 - 126.

[33] 刘志, 等. 差异化竞争下考虑再制造专利许可的闭环供应链生产决策 [J]. 运筹与管理, 2018, 27 (5): 66 - 74.

[34] 马鹏, 夏杰长. 网购服务补救质量对顾客行为意向的影响研究 [J]. 山东财政学院学报, 2014 (1): 65 - 71, 110.

[35] 毛照昉, 刘鹭, 李辉. 考虑售后服务合作的双渠道营销定价决策研究 [J]. 管理科学学报, 2019 (5): 47 - 56.

[36] 潘见独, 李慧, 顾锋. 从免费到收费: 双边信息产品平台的版本划分策略研究 [J]. 研究与发展管理, 2020, 32 (5): 62 - 71.

[37] 申成然, 熊中楷, 孟卫军. 考虑专利保护的闭环供应链再制造模式 [J]. 系统管理学报, 2015, 24 (1): 123 - 129.

[38] 申成然, 熊中楷, 彭志强. 专利保护与政府补贴下再制造闭环供应链的决策和协调 [J]. 管理工程学报, 2013, 27 (3): 132 - 138.

[39] 石成玉, 李小琪. 网购退货物流服务补救质量对消费者情绪及重购意向的影响 [J]. 物流技术, 2019, 38 (9): 25 - 30.

[40] 孙浩, 等. 不同决策模式下制造商与再制造商的博弈策略研究

［J］．中国管理科学，2017，25（1）：160－169．

［41］唐丽娟．电商服务补救质量对顾客重购意向影响研究［J］．商业经济研究，2015（3）：63－65．

［42］王建明．专利保护下再制造闭环供应链差别定价与协调研究［J］．运筹与管理，2013，22（3）：89－96．

［43］王娜，张玉林．专利保护下闭环供应链碳减排及协调决策［J］．控制与决策，2022，37（5）：1378－1388．

［44］王强．闭环供应链中制造商的专利许可策略研究［D］．重庆：重庆邮电大学，2019．

［45］王素娟，胡奇英．基于延保服务吸引力指数的服务模式分析［J］．计算机集成制造系统，2010，16（10）：2277－2284．

［46］闻卉，曹晓刚，陶建平，等．零售商价格领导权结构下考虑专利保护的闭环供应链定价策略［J］．运筹与管理，2017，26（8）：109－114．

［47］夏西强，曹裕．外包再制造下政府补贴对制造/再制造影响研究［J］．系统工程理论与实践，2020，40（7）：1780－1791．

［48］谢家平，梁玲，孔凡玉，等．渠道努力下互补型闭环供应链定价与服务决策［J］．系统工程理论与实践，2017，37（9）：2331－2343．

［49］邢大宁，赵启兰，郜红虎．基于双边市场理论的物流信息平台定价策略研究［J］．商业经济与管理，2018，4（6）：5－15．

［50］熊中楷，王凯，熊榆，等．考虑经销商从事再制造的闭环供应链模式［J］．系统工程学报，2011，26（6）：792－800．

［51］熊中楷，申成然，彭志强．专利保护下闭环供应链的再制造策略研究［J］．管理工程学报，2012，26（3）：159－165．

［52］熊中楷，申成然，彭志强．专利保护下再制造闭环供应链协调机制研究［J］．管理科学学报，2011，14（6）：76－85．

［53］许民利，王竟竟，简惠云．专利保护与产出不确定下闭环供应链定价与协调［J］．管理工程学报，2021，35（3）：119－129．

［54］姚锋敏，刘珊，胡宪武，等．公平关切下零售商主导闭环供应链的定价策略［J］．运筹与管理，2020，29（8）：120－127．

［55］姚锋敏，闫颖洛，刘珊，等．考虑政府补贴及环境设计的再制

造闭环供应链生产决策 ［J］. 控制与决策，2022：1 - 9.

　　［56］张敏，王倩，吴淑娟. 服务补救能够挽回顾客忠诚吗？——网购情境下顾客情绪的调节作用分析 ［J］. 南京财经大学学报，2018 （3）：74 - 81.

　　［57］张圣亮，赵芳芳. 顾客关系对感知损失、情绪和补救期望的影响 ［J］. 北京理工大学学报，2010，12 （3）：54 - 60.

　　［58］张轩，陈宏民，赵丹. 考虑需求端和产出端不确定性的服务平台定价和商业模式研究 ［J］. 中国管理科学，2020，28 （12）：130 - 139.

　　［59］钟丽，艾兴政，丁雪峰. 基于"硬件/软件"平台产品性能改进的定价策略与激励合同研究 ［J/OL］. 中国管理科学 ［2021 - 07 - 15］.

　　［60］朱文兴，谢明珠，许菱. 基于双边市场理论的云制造平台定价策略 ［J］. 计算机集成制造系统，2020，26 （1）：268 - 278.

　　［61］朱晓东，李薇. 双边网络环境下考虑消费者行为的两期供应链回收定价模型研究 ［J］. 中国管理科学，2021，29 （5）：97 - 107.

　　［62］邹清明，刘萌芽. 考虑延伸售后保证服务的闭环供应链定价与协调 ［J］. 运筹与管理，2018，27 （8）：41 - 49.

　　［63］Abhishek S. , Arqum M. Supply chain contracts in the presence of gray markets ［J］. Decision Sciences，2020，51 （1）：110 - 147.

　　［64］Agrawal V. V. , Atasu A. , Ittersum K. V. Remanufacturing, third-party competition, and consumers' perceived value of new products ［J］. Management Science，2015，61 （1）：60 - 72.

　　［65］Ahmadi R. , Iravani F. , Mamani H. Coping with gray markets：The impact of market conditions and product characteristics ［J］. Production and Operations Management，2015，24 （5）：762 - 777.

　　［66］Ahmadi R. , Iravani F. , Mamani H. Supply chain coordination in the presence of gray markets and strategic consumers ［J］. Production and Operations Management，2017，26 （2）：252 - 272.

　　［67］Akshay M. , Saurabh B. , Guide V. D. R . Selling assortments of used products to third-party remanufacturers ［J］. Production and Operations Management，2019，28 （7）：1792 - 1817.

［68］Altug M. S. The dynamics of domestic gray markets and its impact on supply chains ［J］. Production and Operations Management, 2017, 26 （3）: 525 −541.

［69］Armstrong M. , Wright J. Two-sided markets, competitive bottlenecks and exclusive contracts ［J］. Economic Theory, 2007, 32 （2）: 353 −380.

［70］Armstrong M. Competition in two-sided markets ［J］. Rand Journal of Economics, 2006, 37 （3）: 668 −691.

［71］Arora A. , Fosfuri A. , Rønde T. Managing licensing in a market for technology ［J］. Manag. Sci, 2013 （59）: 1092 −1106.

［72］Atasu A. , Guide V. D. R. , Van Wassenhove L. N. Product reuse economics in closed-loop supply chain research ［J］. Production and Operations Management, 2008, 17 （5）: 483 −496.

［73］Atasu A. , Guide V. D. R. , Van Wassenhove L. N. Product reuse economics in closed-loop supply chain research. Prod. Oper ［J］. Manag, 2008 （17）: 483 −496.

［74］Atasu A. , Sarvary M. , Van Wassenhove L. N. Remanufacturing as a marketing strategy ［J］. Manag. Sci, 2008 （54）: 1731 −1746.

［75］Aust G. , Buscher U. Vertical cooperative advertising and pricing decisions in a manufacturer-retailer supply chain: A game-theoretic approach ［J］. European Journal of Operational Research, 2012, 223 （2）: 473 −482.

［76］Autrey R. L. , Bova F. , Soberman D. A. When gray is good: Gray markets and market-creating investments ［J］. Production and Operations Management, 2015, 24 （4）: 547 −559.

［77］Autrey R. Gray markets and multinational transfer pricing ［J］. The Accounting Review, 2012, 87 （2）: 393 −421.

［78］Baake P. , Boom A. Vertical product differentiation, network externalities, and compatibility decisions ［J］. International Journal of Industrial Organization, 2001, 19 （1）: 267 −284.

［79］Bansal S. , Gangopadhyay S. Tax/subsidy policies in the presence of environmentally aware consumers ［J］. Journal of Environmental Economics and

Management, 2003, 45 (2): 333 – 355.

[80] Bart N. , Chernonog T. , Avinadav T. Revenue-sharing contracts in supply chains: A comprehensive literature review [J]. International Journal of Production Research, 2020, 59 (21): 6633 – 6658.

[81] Bell C. R. , Zemke R. E. Service break down the road to recovery [J]. Management Review, 1987, 76 (10): 32 – 35.

[82] Bernheim B. D. , Whinston M. Exclusive dealing [J]. Journal of Political Economy, 1998, 106 (1): 64 – 103.

[83] Buell R. W. , Campbell D. , Frei F. X . How do customers respond to increased service quality competition? [J]. Manufacturing & Service Operations Management, 2016, 18 (4): 585 – 607.

[84] Cai J. , Hu X. , Tadikamalla P. R. , Shang J. Flexible contract design for vmi supply chain with service-sensitive demand: Revenue-sharing and supplier subsidy [J]. European Journal of Operational Research, 2017, 261 (1): 143 – 153.

[85] Caillaud B. , Jullien B. Chicken & egg: Competition among intermediation service providers [J]. Rand Journal of Economics, 2003, 34 (2): 309 – 328.

[86] Candogan O. , Drakopoulos K. Optimal signaling of content accuracy: Engagement vs. misinformation [J]. Operations Research, 2020, 68 (2): 1 – 19.

[87] Cannella S. , Ponte B. , Dominguez R. , Framinan J. M. Proportional order-up-to policies for closed-loop supply chains: The dynamic effects of inventory controllers [J]. International Journal of Production Research, 2021, 59 (11): 3323 – 3337.

[88] Cao X. , Wang X. , Wen H. Managing new and remanufactured products with remanufacturing degree under patent protection [J]. Kybernetes, 2019.

[89] Cao X. G. , Wang X. J. , Wen H. Managing new and remanufactured products with remanufacturing degree under patent protection [J]. Kybernetes, 2020, 49 (3): 707 – 731.

[90] Cao J. , Zhao Y. W. , Wu S. S. , Zhou G. G. Remanufacturing game

with patent protection and government regulation [J]. J. Manag. Sci. 2020 (23): 1 – 23.

[91] Cao X., Wang X., Wen H. Managing new and remanufactured products with remanufacturing degree under patent pro-tection [J]. Kybernetes, 2019 (49): 707 – 731.

[92] Cenamor J., Usero B., Fernández Z. The role of complementary products on platform adoption: Evidence from the video console market [J]. Technovation, 2013, 33 (12): 405 – 416.

[93] Cennamo C., Santalo J. Platform competition: Strategic trade-offs in platform markets [J]. Strategic Management Journal, 2013, 34 (11): 1331 – 1350.

[94] Chahal H., Devi P. Consumer attitude towards service failure and re-covery in higher education [J]. Quality Assurance in Education, 2015, 23 (1): 67 – 85.

[95] Chen J. H., Mei J. X., Cao J. J. Decision making of hybrid recycling channels selection for closed-loop supply chain with dominant retailer [J]. Computer Integrated Manufacturing Systems, 2021, 27 (3): 954 – 964.

[96] Chen X. H., Wang J., Wang F. Q. Decision research for dual-channel closed-loop supply chain under the consumer's preferences and government subsidies [J]. Systems Engineering-Theory & Practice, 2016, 36 (12): 3111 – 3122.

[97] Chen G. P., Zhang X. M., Xiao J. A study on cooperative advertis-ing coordination of dual-channel supply chain under online channel discount pro-motion [J]. Journal of Management Engineering, 2016, 30 (4): 203 – 209.

[98] Chen J. H., Mei J. X., Cao J. J. Decision making of hybrid recy-cling channels selection for closed-loop supply chain with dominant retailer [J]. Comput. Integr. Manuf. Syst, 2021 (27): 954 – 964.

[99] Chen T. H. Effects of the pricing and cooperative advertising policies in a two-echelon dual-channel supply chain [J]. Computers & Industrial Engineering, 2015, 87 (9): 250 – 259.

[100] Cheng H. K., Liu Y. P. Optimal software free trial strategy: The im-pact of network externalities and consumer uncertainty [J]. Information systems

research, 2012, 23 (2): 488 –504.

[101] Cheng F. X. , Yuan M. , Sun L. C. Equilibrium decision research of closed-loop supply chain network with compound carbon emission reduction policy [J]. J. Syst. Eng, 2019 (34): 483 –496.

[102] Chernonog T. Inventory and marketing policy in a supply chain of a perishable product [J]. International Journal of Production Economics, 2020 (219): 259 –274.

[103] Chutani A. , Sethi S. P. Dynamic cooperative advertising under manufacturer and retailer level competition [J]. European Journal of Operational Research, 2018, 268 (2): 635 –652.

[104] Conrad K. Price competition and product differentiation when consumers care for the environment [J]. Environmental & Resource Economics, 2005, 31 (1): 1 –19.

[105] David Weston, Tellegen Auke. Toward aconsensual structure of mood [J]. Psychological Bulletin, 1985 (98): 219 –235.

[106] Davidow M. The Bottom line impact of organizational responses to customer complaints [J]. Journal of Hospitality & Tourism Research, 2000, 24 (4).

[107] Debo L. G. , Toktay L. B. , Wassenhove L. N. V. Joint life-cycle dynamics of new and remanufactured products [J]. Production and Operations Management, 2006, 15 (4): 498 –513.

[108] Dey S. K. , Giri B. C. Corporate social responsibility in a closed-loop supply chain with dual-channel waste recycling. Int. J. Syst. Sci. Oper. Logist, 2021: 1 –14.

[109] Dhanorkar S. Environmental benefits of internet-enabled C2C closed-loop supply chains: A quasi-experimental study of craigslist [J]. Manag. Sci, 2019 (65): 660 –680.

[110] Economides N. , Katsamakas E. Two-sided competition of proprietary vs. open source technology platforms and the implications for the software industry [J]. Management Science, 2006, 52 (7): 1057 –1071.

[111] Esenduran G. , Lin Y. -T. , Xiao W. , Jin M. Choice of electronic

waste recycling standard under recovery channel compe-tition [J]. Manuf. Serv. Oper. Manag. , 2020 (22): 495 – 512.

[112] Ferguson M. E. , Toktay L. B. The effect of competition on recovery strategies [J]. Production and Operations Management, 2009, 15 (3): 351 – 368.

[113] Gallini N. T. , Hollis A. A contractual approach to the gray market [J]. International Review of Law & Economics, 1996, 19 (98): 1 – 21.

[114] Gao J. , Liang Z. , Shang J. et al. Remanufacturing with patented technique royalty under asymmetric information and uncertain markets [J]. Technological and Economic Development of Economy, 2020, 26 (3): 599 – 620.

[115] Gao D. , Wang Y. B. , Chen J. W. Research on cooperative advertising strategies for e-tailing platforms [J]. China Management Science, 2020, 28 (9): 176 – 187.

[116] Gao J. , Liang Z. , Shang J. , Xu Z. Remanufacturing with patented technique royalty under asymmetric information and uncertain markets [J]. Technol. Econ. Dev. Econ, 2019 (26): 599 – 620.

[117] Guide V. D. R. , Van Wassenhove L. N. Managing product returns for remanufacturing [J]. Product and Operations Management, 2001, 10 (2): 142 – 155.

[118] Guide V. D. R. , Van Wassenhove L. N. The evolution of closed-loop supply chain research [J]. Operations Research, 2009, 57 (1): 10 – 18.

[119] Guide V. D. R. , Jr. VAN Wassenhove L. N. Managing product returns for remanufacturing [J]. Prod. Oper. Manag, 2001 (10): 142 – 155.

[120] Guide V. D. R. , Van Wassenhove L. N. OR FORUM: The evolution of closed-loop supply chain research [J]. Oper. Res, 2009 (57): 10 – 18.

[121] Guo Q. , Zhang T. , Li Z. L. Impact of network externalities on supply chain innovation technology investment strategy [J]. Journal of Industrial Engineering and Engineering Management, 2020, 34 (4): 79 – 88.

[122] Hagiu A. , Lee R. S. Exclusivity and control [J]. Journal of Economics & Management Strategy, 2011, 20 (3): 679 – 708.

[123] Hai Li, Stuart X. Zhu, Nanfang Cui et al. Analysis of gray markets

平台供应链企业交易机制和服务支撑研究

in differentiated duopoly [J]. International Journal of Production Research, 2016, 54 (13): 4008 – 4027.

[124] Hałaburda H., Yehezkel Y. Platform competition under asymmetric information [J]. American Economic Journal: Microeconomics, 2013, 5 (3): 22 – 68.

[125] Hao X. J. Research on closed-loop supply chain coordination mechanism of dual channel sales and recycling [J]. Statistics and information forum, 2015 (6): 87 – 92.

[126] Hart C. W. L., Heskett J. L., Sasser W. E. The profitable art of service recovery [J]. Harvard business review, 1990, 68 (4).

[127] He Y., Liu Z., Usman K. Coordination of cooperative advertising in a two-period fashion and textiles supply chain [J]. Mathematical Problems in Engineering, 2014: 1 – 10.

[128] Hong X., Wang L., Gong Y. et al. What is the role of value-added service in a remanufacturing closed-loop supply chain? [J]. International Journal of Production Research, 2020, 58 (11): 3342 – 3363.

[129] Hong X., Govindan K., Xu L., Du P. Quantity and collection decisions in a closed-loop supply chain with technology li-censing [J]. Eur. J. Oper. Res, 2017 (256): 820 – 829.

[130] Hosseini-Motlagh S. M., Nouri M., Johari M. et al. Coordinating economic in centives, customer service and pricing decisions in a competitive closed-loop supply chain [J]. Journal of Cleaner Production, 2020 (255): 1 – 16.

[131] Hu M., Pavlin J. M., Shi M. When gray markets have silver linings: All-unit discounts, gray markets, and channel management [J]. Manufacturing & Service Operations Management, 2013, 15 (2): 547 – 559.

[132] Hu K. Z. Repair and reconstruction of patented products and identification of Patent Infringement-starting from the case of recycled ink cartridge [J]. Law, 2006 (12): 145 – 151.

[133] Huang M., Song M., Lee L. H., Ching W. K. Analysis for strategy of closed-loop supply chain with dual recycling channel [J]. International Jour-

nal of Production Economics, 2013, 144 (2): 510 –520.

[134] Huang Y. T. , Liang Y. Q. Exploring the strategies of online and off-line recycling channels in closed-loop supply chain under government subsidy [J]. Environmental Science and Pollution Research, 2021: 1 –12.

[135] Huang M. , Song M. , Lee L. H. , Ching W. K. Analysis for strategy of closed-loop supply chain with dual recycling channel [J]. Int. J. Prod. Econ, 2013 (144): 510 –520.

[136] Huang Y. , Liang Y. Exploring the strategies of online and offline recycling channels in closed-loop supply chain under government subsidy [J]. Environ. Sci. Pollut. Res, 2021 (29): 21591 –21602.

[137] Huang Y. T. , Wang Z. J. Closed-loop supply chain models with product take-back and hybrid remanufacturing under technology licensing [J]. J. Clean. Prod, 2017 (142): 3917 –3927.

[138] Huang Z. M. , Li S. X. , Mahajan V. An analysis of manufacturer-retailer supply chain coordination in cooperative advertising [J]. Decis. Sci, 2002 (33): 469 –494.

[139] Iravani F. , Dasu S. , Ahmadi R. Beyond price mechanisms: How much can service help manage the competition from gray markets? [J]. European Journal of Operational Research, 2016, 252 (3): 789 –800.

[140] Jeitschko T. D. , Tremblay M. J. Platform differentiation in two-sided markets [J]. Working paper, 2013.

[141] Jian J. , Guo Y. , Jiang L. , Su J. F. Game models and profit sharing contract of green supply chain based on multi-objective optimization [J]. Comput. Integr. Manuf. Syst, 2021 (27): 943 –953.

[142] Jin L. , Zheng B. , Huang S. Pricing and coordination in a reverse supply chain with online and offline recycling channels: A power perspective [J]. Journal of Cleaner Production, 2021 (298): 126786.

[143] Jin L. , Zheng B. , Huang S. Pricing and coordination in a reverse supply chain with online and offline recycling channels: A power perspective [J]. J. Clean. Prod, 2021 (298): 126786.

[144] Karray S. , Martin-Herran G. , Sigue S. P. Cooperative advertising for competing manufacturers: The impact of long-term promotional effects [J]. International Journal of Production Economics, 2017, 184 (2): 21 –32.

[145] Katz M. L. , Shapiro C. Network externalities, competition, and compatibility [J]. American Economic Review, 1985, 75 (3): 424 –440.

[146] Katz M. L. , Shapiro C. Product introduction and network externalities [J]. Journal of Industrial Economics, 1992, 40 (1): 55 –83.

[147] Katz M. L. , Shapiro C. Network Externalities, Competition, and Compatibility [J]. The American Economic Review, 1985, 75 (3): 424 –440.

[148] Kennedy A. P. , Sethi S. P. , Siu C. C. , Chi S. , Yam P. Co-op advertising in a dynamic three-echelon supply chain [J]. Production and Operations Management, 2021: 1 –33.

[149] Krug Z. , Guillaume R. , Battaa O. Design of reverse supply chains under uncertainty: the lexicographic R* criterion for exploring opportunities [J]. International Journal of Production Research, 2021, 59 (11): 3221 –3236.

[150] Lee R. S. Vertical integration and exclusivity in platform and two-sided markets [J]. The American Economic Review, 2013, 103 (7): 2960 –3000.

[151] Li C. F. , Feng L. P. , Luo S. Y. Strategic introduction of an online recycling channel in the reverse supply chain with a random demand [J]. Journal of Cleaner Production, 2019b (236): 1 –13.

[152] Li H. , Zhu S. X. , Cui N. et al. Analysis of gray markets in differentiated duopoly [J]. International Journal of Production Research, 2016, 54 (13): 1 –20.

[153] Li X. R. , Li C. H. Differences research of closed-loop supply chain's channels under dual consumer preferences [J]. Systems Engineering-Theory & Practice, 2019, 39 (3): 695 –704.

[154] Li X. R. , Zuo H. W. Impacts of government double intervention on dual-sale-channel closed-loop supply chain [J]. Systems Engineering-Theory & Practice, 2017, 37 (10): 2600 –2610.

[155] Li Y. J. , Feng L. P. , Govindan K. , Xu F. C. Effects of a secondary

market on original equipment manufactures' pricing, trade-in remanufacturing, and entry decisions [J]. European Journal of Operational Research, 2019a, 279 (3): 751 –766.

[156] Li Z. , Zhao J. , Meng Q. F. Dual-channel recycling e-waste pricing decision under the impact of recyclers' loss aversion and consumers' bargaining power [J]. Environment Develonment and Sustainability, 2021: 1 –24.

[157] Li C. , Feng L. , Luo S. Strategic introduction of an online recycling channel in the reverse supply chain with a random de-mand [J]. J. Clean. Prod, 2019 (236): 117683.

[158] Li J. C. , Liu Y. F. , Lou T. Y. Pricing and advertising decisions in a dual-channel manufacturer supply chain with online direct marketing [J]. Computer Integrated Manufacturing Systems, 2021, 27 (8): 13 –21.

[159] Li W. , Zhang H. J. , Yang L. Remanufacturing licensing impacts on pricing strategies in segmented market [J]. Chin. J. Manag. Sci, 2020 (28): 94 –103.

[160] Li X. , Li Y. , Cao W. Cooperative advertising models in O2O supply chains [J]. International Journal of Production Economics, 2019 (215): 144 –152.

[161] Lin G. T. R. , Sun C. C. Factors influencing satisfaction and loyalty in online shopping: An integrated model [J]. Online Information Review, 2009, 33 (3): 458 –475.

[162] Lin H. H. , Wang Y. S. , Chang L. K. Consumer responses to online retailer's service recovery after a service failure: A perspective of justice theory [J]. Managing Service Quality, 2011, 21 (5): 511 –534.

[163] Lin J. , Cao K. Pricing model of closed-loop supply chain under dual channel competition environment [J]. System engineering theory and practice, 2014, 34 (6): 1416 –1424.

[164] Lin Z. B. Research on green manufacturing strategy based on network externalities [J]. Chinese Journal of Management Science, 2020, 28 (9): 137 –145.

[165] Liu H. H. , Lei M. , Deng H. H. , Keong Leong G. , Huang T. A

dual channel, quality-based price competition model for the WEEE recycling market with government subsidy [J]. Omega, 2016 (59): 290 –302.

[166] Liu Z. G. (Leo), Anderson T. D., Cruz J. M. Consumer environmental awareness and competition in two-stage supply chains [J]. European Journal of Operational Research, 2011, 218 (3): 602 –613.

[167] Long X. F., Ge J. L., Shu T., Liu Y. Analysis for recycling and remanufacturing strategies in a supply chain considering consumers' heterogeneous WTP [J]. Resources Conservation and Recycling, 2019 (148): 80 –90.

[168] Lutz N. A. Warranties as signals under consumer moral hazard [J]. The RAND Journal of Economics, 1989, 20 (2): 239 –255.

[169] Majumder P., Groenevelt H. Competition in remanufacturing [J]. Production and Operations Management, 2001, 10 (2): 125 –141.

[170] Mantena R., Saha R. L. Co-opetition between differentiated platforms in two-sided markets [J]. Journal of Management Information Systems, 2012, 29 (2): 109 –140.

[171] Mayer M. L., Westbrook G. L. The Physiology of excitatory amino acids in the vertebrate central nervous system [J]. Progress in Neurobiology, 1987, 28 (3): 197 –276.

[172] Meng Q. F., Li M. W., Liu W. Y., Li Z., Zhang J. Pricing policies of dual-channel green supply chain: Considering government subsidies and consumers' dual preferences [J]. Sustainable Production and Consumption, 2021 (26): 1021 –1030.

[173] Michel W., Shoda Y. A cognitive-affective system theory of personality: Reconceptualizing situations, dispositions, dynamics, and invariance in personality structure. [J]. Psychological review, 1995, 102 (2): 246 –268.

[174] Nagler M. G. An exploratory analysis of the determinants of cooperative advertising participation rates [J]. Marketing Letters, 2006, 17 (2): 91 –102.

[175] Oraiopoulos N., Ferguson M., Toktay L. B. Relicensing as a Secondary Market Strategy [J]. Manag. Sci, 2012 (58): 1022 –1037.

[176] Örsdemir A., Kemahlıoğlu-Ziya E., Parlaktürk A. K. Competitive

quality choice and remanufacturing [J]. Production and Operations Management, 2014, 23 (1): 48 – 64.

[177] Orsdemir A., Kemahlıoğlu-Ziya E., Parlaktürk A. K. Competitive quality choice and remanufacturing [J]. Prod. Oper. Manag, 2014 (23): 48 – 64.

[178] Ovchinnikov A., Blass V., Raz G. Economic and environmental assessment of remanufacturing strategies for product + service firms [J]. Prod. Oper. Manag, 2014 (23): 744 – 761.

[179] Özçelik G., Yilmaz O. F., Yeni F. B. Robust optimization for ripple effect on reverse supply chain: An industrial case study [J]. International Journal of Production Research, 2021, 59 (1): 245 – 264.

[180] Prasad A., Venkatesh R., Mahajan V. Optimal bundling of technological products with network externality [J]. Management Science, 2010, 56 (12): 2224 – 2236.

[181] Prieger J. E., Hu W. Applications barrier to entry and exclusive vertical contracts in platform markets [J]. Economic Inquiry, 2012, 50 (2): 435 – 452.

[182] Qi L., Xie B. The selection of enterprise cooperative advertising strategy based on social benefit maximization [J]. 2019 2nd Americas Conference on Medical Imaging and Clinical Research (AMICR 2019), 9 – 10 August 2019, Toronto, Canada, 2019, 125 (2): 419.

[183] Qiang Q., Ke K., Anderson T., Dong J. The closed-loop supply chain network with competition, distribution channel in-vestment, and uncertainties [J]. Omega, 2013 (41): 186 – 194.

[184] Qingning C., Jianqiang Z. Gray market's product quality in the circular economy era [J]. International Journal of Production Research, 2020, 58 (1): 308 – 331.

[185] Ranjbar Y., Sahebi H., Ashayeri J., Teymouri A. A competitive dual recycling channel in a three-level closed loop supply chain under different power structures: Pricing and collecting decisions [J]. J. Clean. Prod, 2020 (272): 122623.

平台供应链企业交易机制和服务支撑研究

［186］ Reisinger M. Platform competition for advertisers and users in media markets ［J］. International Journal of Industrial Organization, 2012, 30 (2): 243 – 252.

［187］ Rochet J. C., Tirole J. Platform competition in two-sided markets ［J］. Journal of the European Economic Association, 2003, 1 (4): 990 – 1029.

［188］ Rochet J. C., Tirole J. Two-sided markets: A progress report ［J］. Rand Journal of Economics, 2006, 37 (3): 645 – 667.

［189］ Savaskan R. C., Bhattacharya S., Wassenhove L. N. V. Closed-loop supply chain models with product remanufacturing ［J］. Management Science, 2004, 50 (2): 239 – 252.

［190］ Savaskan R. C., Van Wassenhove L. N. Reverse Channel Design: The Case of Competing Retailers ［J］. Management Science, 2006, 52 (1): 1 – 14.

［191］ Savaskan R. C., Bhattacharya S., Van Wassenhove L. N. Closed-loop supply chain models with product remanufacturing ［J］. Manag. Sci. 2004 (50): 239 – 252.

［192］ Savaskan R. C., Van Wassenhove L. N. Reverse channel design: The case of competing retailers ［J］. Manag. Sci, 2006 (52): 1 – 14.

［193］ SeyedEsfahani M. M., Biazaran M., Gharakhani M. A game theoretic approach to coordinate pricing and vertical co-op advertising in manufacturer-retailer supply chains ［J］. European Journal of Operational Research, 2011, 211 (2): 263 – 273.

［194］ Seyednaghavi M. A., Shakiba J. A.. Pattern of identifying factors affecting formation process of customer loyalty in Electronic Stores ［J］. Kozo Kogaku Ronbunshu A, 2011 (57): 967 – 977.

［195］ Shang W., Ha A. Y., Tong S. Information sharing in a supply chain with a common retailer ［J］. Management Sciences, 2016, 62 (1): 245 – 263.

［196］ Shao J., Krishnan H., Mccormick S. T. Gray markets and supply chain incentives ［J］. Production and Operations Management, 2016, 25 (11): 1807 – 1819.

参考文献

[197] Shen C. R., Xiong Z. K., Peng Z. Q. A remanufacturing strategy for the closed-loop supply chain under patent protection [J]. J. Ind. Eng. Eng. Manag, 2012 (26): 159 – 165.

[198] Shen C. R., Xiong Z. K., Peng Z. Q. Decision and coordination research for remanufacturing closed-loop supply chain under patent protection and government subsidies [J]. J. Ind. Eng. Eng. Manag, 2013 (27): 132 – 138.

[199] Shi T., Chhajed D., Wan Z. et al. Distribution channel choice and divisional conflict in remanufacturing operations [J]. Production and Operations Management, 2020, 29 (7): 1702 – 1719.

[200] Shu L. Y., Wang Y. B. Research on cooperative advertising strategy of O2O supply chain considering channel power structure [J]. Industrial Engineering and Management, 2020a, 25 (2): 146 – 154.

[201] Shu L. Y., Wang Y. B. Research on cooperative advertising strategy of O2O supply chain considering cross-selling [J]. Computer Engineering and Applications, 2020b, 56 (13): 236 – 242.

[202] Smith A. K., Bolton R. N., Wagner J. A model of customer satisfaction with service encounters involving failure and recovery [J]. Journal of Marketing Research, 1999, 36 (3).

[203] Somers T. M., Gupta Y. P., Herriott S. R. Analysis of cooperative advertising expenditures: A transfer-function approach [J]. Journal of Advertising Research, 1990, 30 (5): 35 – 49.

[204] Su X., Mukhopadhyay S. K. Controlling power retailer's gray activities through contract design [J]. Production and Operations Management, 2012, 21 (1): 145 – 160.

[205] Sun J. N., Xiao Z. D. Decision-making of dual-channel supply chain emission reduction based on consumer preference to low-carbon [J]. Journal of Management Sciences in China, 2018, 26 (4): 49 – 56.

[206] Suvrat D. Environmental benefits of internet-enabled C2C closed-loop supply chains: A quasi-experimental study of craigslist [J]. Management Science, 2019, 65 (2): 660 – 680.

[207] Tang F. , Xu M. Z. Decision and coordination of dual-channel closed-loop supply chain with remanufacturing considering patent protection and channel preference [J]. Oper. Res. Manag, 2019 (28): 61 –69.

[208] Tao J. T. , Li B. A study on O2O channel supply chain pricing strategy based on online platform free-rider effect [J]. Industrial Engineering and Management, 2018, 23 (1): 7 –23.

[209] Wang K. Y. , Hsu L. C. , Chih W. H. Retaining customers after service failure recoveries: A contingency model [J]. Managing Service Quality, 2014, 24 (4): 318 –338.

[210] Wang K. Z. , Zhao Y. X. , Cheng Y. H. , Choi T. M. , Rosen M. A. Cooperation orcompetition? channel choice for a remanufacturing fashion supply chain with government subsidy [J]. Sustainability, 2014, 6 (10): 7292 –7310.

[211] Wang Y. , Hou G. S. A duopoly game with heterogeneous green supply chains in optimal price and market stability with consumer green preference [J]. Journal of Cleaner Production, 2020 (255): 1 –9.

[212] Wang Y. Y. , Fan R. J. , Shen L. , Jin M. Z. Decisions and coordination of green e-commerce supply chain considering green manufacturer's fairness concerns [J]. International Journal of Production Research, 2020, 58 (24): 7471 –7489.

[213] Wang S. , Zhou Y. , Min J. , Zhong Y. Coordination of cooperative advertising models in a one-manufacturer two-retailer supply chain system [J]. Comput. Ind. Eng, 2011 (61): 1053 –1071.

[214] Wang Y. B. , Shu L. Y. Cooperative advertising models in O2O supply chains with fairness concerns [J]. 2019 16th International Conference on Service Systems and Service Management (ICSSSM), 2019.

[215] Weyl E. G. A price theory of multi-sided platforms [J]. The American Economic Review, 2010: 1642 –1672.

[216] Wilcox R. D. Getting your money's worth [J]. Sales & Marketing Management, 1991 (3): 64 –68.

[217] Wu Z. , Qian X. , Huang M. et al. Channel leadership and recy-

cling channel in closed-loop supply chain: The case of recycling price by the re-
cycling party [J]. Journal of Industrial & Management Optimization, 2021, 17
(6): 3247.

[218] Wu Z. D., Qian X. H., Huang M. Channel leadership and recy-
cling channel in closed-loop supply chain: The case of recycling price by the re-
cycling party [J]. Journal of Industrial and Management Optimization, 2021,
17 (6): 3247 –3268.

[219] Wu Z., Qian X., Huang M., Ching W., Kuang H., Wang X.
Channel leadership and recycling channel in closed-loop supply chain: The case
of recycling price by the recycling party [J]. J. Ind. Manag. Optim, 2021
(17): 3247.

[220] Xia Y., Gilbert S. M. Strategic interactions between channel struc-
ture and demand enhancing services [J]. European Journal of Operational Re-
search, 2006, 181 (1): 252 –265.

[221] Xia X. Q., Zhu Q. H. Study on the impact of different government
subsidy strategies on single/double recycling channels [J]. Chin. J. Manag.
Sci, 2021 (29): 88 –98.

[222] Xie B., Guo T., Zhao D. et al. A closed-loop supply chain opera-
tion problem under different recycling modes and patent licensing strategies [J].
Sustainability. 2022, 14 (8): 4471.

[223] Xie J., Wei J. C. Coordinating advertising and pricing in a manufac-
turer-retailer channel [J]. European Journal of Operational Research, 2009,
197 (2): 785 –791.

[224] Xiong Z. K., Shen C. R., Peng Z. Q. Closed-loop supply chain co-
ordination research with remanufacturing under patent protection [J]. J. Man-
ag. Sci, 2011 (14): 76 –85.

[225] Xu X., Zeng S., He Y. J. The influence of e-services on customer
online purchasing behavior toward remanufactured products [J]. International
Journal of Production Economics, 2017 (187): 113 –125.

[226] Xu L., Wilbur K. C., Siddarth S., Silva-Risso J. M. Price adver-

tising by manufacturers and dealers [J]. Management Science, 2014, 60 (11): 2816 –2834.

[227] Yan G. L. , He Y. Coordinating pricing and advertising in a two-period fashion supply chain [J]. 4OR, 2020, 18 (4): 419 –438.

[228] Yan R. Cooperative advertising, pricing strategy and firm performance in the e-marketing age [J]. Journal of the Academy of Marketing Science, 2009, 38 (4): 510 –519.

[229] Yi Y. Y. , Yang H. S. Wholesale pricing and evolutionary stable strategies of retailers under network externality [J]. European Journal of Operational Research, 2017, 259 (1): 37 –47.

[230] Yi Y. Y. , Yang H. S. The decision-making of product quality and retailers' selection of business objective under network externalities [J]. Journal of Management Sciences in China, 2019, 22 (12): 15 –30.

[231] Yi Y. Y. , Yang H. S. , Zhang X. L. Evolutionary game analysis of duopoly retailers' competition under network externality [J]. Journal of Management Sciences in China, 2016, 19 (9): 34 –48.

[232] Yi Y. Y. , Yuan J. Coordinated pricing model of closed-loop supply chain under channel conflict environment [J]. Journal of management science, 2012, 15 (1): 54 –65.

[233] Yi Y. Y. , Yang X. D. Remanufacturing closed-loop supply chain model under different patent licensing mode [J]. Comput. Integr. Manuf. Syst, 2014 (20): 2305 –2312.

[234] Yu Y. G. , Han X. Y. , Hu G. P. Optimal production for manufacturers considering consumer environmental awareness and green subsidies [J]. International Journal of Production Economics, 2016 (182): 397 –408.

[235] Zhan X. , Ma J. , Li Y. et al. Design and coordination for multi-channel recycling of oligopoly under the carbon tax mechanism [J]. Journal of cleaner production, 2019 (223): 413 –423.

[236] Zhan X. , Ma J. , Li Y. , Zhu L. Design and coordination for multi-channel recycling of oligopoly under the carbon tax mechanism [J]. J. Clean.

参考文献

Prod, 2019 (223): 413 –423.

[237] Zhang C., Tian Y. X., Xiao M. Value-added service investing and pricing strategies of multilateral distribution platform with consideration of cross-network externalities [J]. Systems Engineering-Theory & Practice, 2019, 39 (12): 3084 –3096.

[238] Zhang J. The benefits of consumer rebates: A strategy for gray market deterrence [J]. European Journal of Operational Research, 2016, 251 (2): 509 –521.

[239] Zhang Q., Wang L., Zhou D. Remanufacturing under energy performance contracting: An alternative insight from sustainable production [J]. Environmental Science and Pollution Research, 2020, 27 (32): 40811 –40825.

[240] Zhang J., Gou Q. L., Liang L., Huang Z. M. Supply chain coordination through cooperative advertising with reference price effect [J]. Omega, 2013, 41 (2): 345 –353.

[241] Zhang J. H., Xie J. X., Chen B. T. Cooperative advertising with bilateral participation [J]. Decision Sciences Journal, 2012, 44 (1): 193 –203.

[242] Zhang L. Definition of repair and recycling in patent infringement determination-Taking Canon vs. Recycle Assist case as the background [J]. Electron. Intellect. Prop, 2008: 58 –62.

[243] Zhang Q., Wang L., Zhou D. Q. Remanufacturing under energy performance contracting: An alternative insight from sus-tainable production. Environ. Sci. Pollut. Res, 2020 (27): 40811 –40825.

[244] Zhang X. M. Research on remanufacturing supply chain decision under government regulation [J]. Ph. D. The-sis, Zhejiang University of Technology, Hangzhou, China, 2020.

[245] Zhang Z., Liu S., Niu B. Coordination mechanism of dual-channel closed-loop supply chains considering product quality and return [J]. J. Clean. Prod. 2019 (248): 119273.

[246] Zhao J. J., Wang C. X., Xu L. Decision for pricing, service, and recycling of closed-loop supply chains considering different remanufacturing roles

and technology authorizations [J]. Computers & Industrial Engineering, 2019, 132 (6): 59 – 73.

[247] Zheng B. R., Yang C., Yang J. Impact of collection type on manufacturer's channel encroachment strategy [J]. Journal of Management Science, 2019, 32 (3): 92 – 105.

[248] Zheng B. R., Yang C., Yang J., Huang H. J. Product remanufacturing, channel competition and manufacturer encroachment [J]. Journal of Management Sciences, 2018, 21 (8): 98 – 111.

[249] Zheng B. R., Yang C., Yang J. Impact of collection type on manufacturer's channel encroachment strategy [J]. J. Manag. Sci. 2019 (32): 92 – 105.

[250] Zhou X. W., Cai D., Li S. G., Zhou Y. J., Chen X. H. Monopoly pricing strategy of quality-differentiated products with network externality [J]. Journal of Management Sciences in China, 2019, 22 (8): 1 – 16.

[251] Zhou Y., Li J., Zhong Y. A. Cooperative advertising and ordering policies in a two-echelon supply chain with risk-averse agents science direct [J]. Omega, 2018 (75): 97 – 117.

[252] Zhu B. X., Ma Z. Q., Wu N., Williams L. Influence of original manufacturer's patent protection on technological innovation strategy of remanufacturing supply chain [J]. Computer Integrated Manufacturing Systems, 2018, 24 (9): 2329 – 2340.

[253] Zhu X. D., Wang J., Tang J. Recycling pricing and coordination of WEEE dual-channel closed-loop supply chain considering consumers' bargaining [J]. International Journal of Environmental Research and Public Health, 2017, 14 (12): 1578.

[254] Zhu B. X., Ma Z. Q., Wu N. Influence of original manufacturer's patent protection on technological innovation strategy of remanufacturing supply chain [J]. Comput. Integr. Manuf. Syst. 2018 (24): 2329 – 2340.

参考文献

附　录

附录 1

当 $U_n = U_r$ 时，消费者购买新产品和再制造产品时得到的效用相同。$\theta = \dfrac{p_n^{ij} - p_r^{ij} - (\nu + \gamma\nu q_n^{ij}) + \delta(\nu + \gamma\nu q_r^{ij})}{e_n - e_r}$ 可以通过计算得到。当 $U_n = 0$ 时，消费者购买新产品和不购买产品具有相同的效用，$\theta = \dfrac{p_n^{ij} - \nu - \gamma\nu q_n^{ij}}{e_n}$ 可以通过计算得到。根据 Hotelling 模型，当 $\dfrac{p_n^{ij} - p_r^{ij} - (\nu + \gamma\nu q_n^{ij}) + \delta(\nu + \gamma\nu q_r^{ij})}{e_n - e_r} < \theta < 1$ 时，消费者购买再制造产品；当 $\dfrac{p_n^{ij} - \nu - \gamma\nu q_n^{ij}}{e_n} < \theta < \dfrac{p_n^{ij} - p_r^{ij} - (\nu + \gamma\nu q_n^{ij}) + \delta(\nu + \gamma\nu q_r^{ij})}{e_n - e_r}$ 时，消费者购买新产品；当 $\theta < \dfrac{p_n^{ij} - \nu - \gamma\nu q_n^{ij}}{e_n}$ 时，消费者不购买任何产品。

附录 2

附录 2 – 1

第三方制造商直接回收策略与产品具有网络外部性。

此时，新产品和再制造产品的需求函数和利润函数分别为：

$$q_n^{IT} = \frac{\gamma\delta\nu^2 + \delta\nu e_n + \gamma\delta\nu e_n - \nu e_r - \gamma\delta\nu p_n^{IT} + e_r p_n^{IT} - e_n p_r^{IT}}{-\gamma^2\delta\nu^2 + \gamma\delta\nu e_n + e_n^2 + \gamma\nu e_r - e_n e_r} \quad (\text{附} 2-1)$$

$$q_r^{IT} = \frac{\gamma\delta\nu^2 + \nu e_n - \delta\nu e_n + e_n^2 + \gamma\nu e_r - e_n e_r - e_n p_n^{IT} - \gamma\nu p_r^{IT} + e_n p_r^{IT}}{-\gamma^2\delta\nu^2 + \gamma\delta\nu e_n + e_n^2 + \gamma\nu e_r - e_n e_r}$$

$$(\text{附} 2-2)$$

$$\pi_n^{IT} = (p_n^{IT} - \omega_n^{IT})q_n^{IT} + (p_r^{IT} - \omega_r^{IT})q_r^{IT} \qquad (附2-3)$$

$$\pi_r^{IT} = (\omega_n^{IT} - c_n)q_n^{IT} + (\omega_r^{IT} - c_r - A)q_r^{IT} \qquad (附2-4)$$

将式（附2-1）和式（附2-2）代入利润函数，通过逆向归纳法求解上述模型，得到：

$$\omega_n^{IT} = \frac{1}{2}(\nu + c_n + e_n) \qquad (附2-5)$$

$$\omega_r^{IT} = \frac{1}{2}(A + \delta\nu + c_r + e_r) \qquad (附2-6)$$

$$p_n^{IT} = \frac{1}{4}(3\nu + c_n + 3e_n) \qquad (附2-7)$$

$$p_r^{IT} = \frac{1}{4}(A + 3\delta\nu + c_r + 3e_r) \qquad (附2-8)$$

$$q_n^{IT} = -\frac{\gamma\delta\nu^2 - \gamma\delta\nu c_n - Ae_n + \delta\nu e_n + \gamma\delta\nu e_n - c_r e_n - \nu e_r + c_n e_r}{4(\gamma^2\delta\nu^2 - \gamma\delta\nu e_n - e_n^2 - \gamma\nu e_r + e_n e_r)}$$
$$(附2-9)$$

$$q_r^{IT} = -\frac{-A\gamma\nu + \gamma\delta\nu^2 - \gamma\nu c_r + Ae_n + \nu e_n - \delta\nu e_n - c_n e_n + c_r e_n + e_n^2 + \gamma\nu e_r - e_n e_r}{4(\gamma^2\delta\nu^2 - \gamma\delta\nu e_n - e_n^2 - \gamma\nu e_r + e_n e_r)}$$
$$(附2-10)$$

$$\pi_n^{IT} = \frac{\begin{aligned}&A^2\gamma\nu - 2A\gamma\delta\nu^2 + \gamma\delta\nu^3 + \gamma\delta^2\nu^3 - 2\gamma\delta\nu^2 c_n + \gamma\delta\nu c_n^2 + 2A\gamma\nu c_r - 2\gamma\delta\nu^2 c_r \\ &+ \gamma\nu c_r^2 - A^2 e_n - 2A\nu e_n + 2A\delta\nu e_n + 2\delta\nu^2 e_n + 2\gamma\delta\nu^2 e_n - \delta^2\nu^2 e_n + 2Ac_n e_n \\ &- 2\delta\nu c_n e_n - 2\gamma\delta\nu c_n e_n - 2Ac_r e_n - 2\nu c_r e_n + 2\delta\nu c_r e_n + 2c_n c_r e_n - c_r^2 e_n - 2Ae_n^2 \\ &+ 2\delta\nu e_n^2 + \gamma\delta\nu e_n^2 - 2c_r e_n^2 - 2A\gamma\nu e_r - \nu^2 e_r + 2\gamma\delta\nu^2 e_r + 2\nu c_n e_r - c_n^2 e_r \\ &- 2\gamma\nu c_r e_r + 2Ae_n e_r - 2\delta\nu e_n e_r + 2c_r e_n e_r + e_n^2 e_r + \gamma\nu e_r^2 - e_n e_r^2\end{aligned}}{-16(\gamma^2\delta\nu^2 - \gamma\delta\nu e_n - e_n^2 - \gamma\nu e_r + e_n e_r)}$$
$$(附2-11)$$

$$\pi_r^{IT} = \frac{\begin{aligned}&A^2\gamma\nu - 2A\gamma\delta\nu^2 + \gamma\delta\nu^3 + \gamma\delta^2\nu^3 - 2\gamma\delta\nu^2 c_n + \gamma\delta\nu c_n^2 + 2A\gamma\nu c_r - 2\gamma\delta\nu^2 c_r \\ &+ \gamma\nu c_r^2 - A^2 e_n - 2A\nu e_n + 2A\delta\nu e_n + 2\delta\nu^2 e_n + 2\gamma\delta\nu^2 e_n - \delta^2\nu^2 e_n + 2Ac_n e_n \\ &- 2\delta\nu c_n e_n - 2\gamma\delta\nu c_n e_n - 2Ac_r e_n - 2\nu c_r e_n + 2\delta\nu c_r e_n + 2c_n c_r e_n - c_r^2 e_n - 2Ae_n^2 \\ &+ 2\delta\nu e_n^2 + \gamma\delta\nu e_n^2 - 2c_r e_n^2 - 2A\gamma\nu e_r - \nu^2 e_r + 2\gamma\delta\nu^2 e_r + 2\nu c_n e_r \\ &- c_n^2 e_r - 2\gamma\nu c_r e_r + 2Ae_n e_r - 2\delta\nu e_n e_r + 2c_r e_n e_r + e_n^2 e_r + \gamma\nu e_r^2 - e_n e_r^2\end{aligned}}{8(\gamma^2\delta\nu^2 - \gamma\delta\nu e_n - e_n^2 - \gamma\nu e_r + e_n e_r)}$$
$$(附2-12)$$

附录 2 - 2

第三方制造商的直接回收策略和产品不存在网络外部性。

此时，新产品和再制造产品的需求函数和利润函数分别为：

$$q_n^{NT} = \frac{\beta\nu e_n - \nu e_r + e_r p_n^{NT} - e_n p_r^{NT}}{e_n(e_n - e_r)} \qquad （附2-13）$$

$$q_r^{NT} = \frac{\nu - \beta\nu + e_n - e_r - p_n^{NT} + p_r^{NT}}{e_n - e_r} \qquad （附2-14）$$

$$\pi_n^{NT} = (p_n^{NT} - \omega_n^{NT})q_n^{NT} + (p_r^{NT} - \omega_r^{NT})q_r^{NT} \qquad （附2-15）$$

$$\pi_r^{NT} = (\omega_n^{NT} - c_n)q_n^{NT} + (\omega_r^{NT} - c_r - A)q_r^{NT} \qquad （附2-16）$$

同样，将式（附2-13）和式（附2-14）代入利润函数，通过逆向归纳法求解上述模型，得到：

$$\omega_n^{NT} = \frac{1}{2}(\nu + c_n + e_n) \qquad （附2-17）$$

$$\omega_r^{NT} = \frac{1}{2}(A + \delta\nu + c_r + e_r) \qquad （附2-18）$$

$$p_n^{NT} = \frac{1}{4}(3\nu + c_n + 3e_n) \qquad （附2-19）$$

$$p_r^{NT} = \frac{1}{4}(A + 3\delta\nu + c_r + 3e_r) \qquad （附2-20）$$

$$q_n^{NT} = \frac{-Ae_n + \delta\nu e_n - c_r e_n - \nu e_r + c_n e_r}{4e_n(e_n - e_r)} \qquad （附2-21）$$

$$q_r^{NT} = \frac{A + \nu - \delta\nu - c_n + c_r + e_n - e_r}{4(e_n - e_r)} \qquad （附2-22）$$

$$\pi_n^{NT} = \frac{\begin{array}{c} -A^2 e_n - 2A\nu e_n + 2A\delta\nu e_n + 2\delta\nu^2 e_n - \delta^2\nu^2 e_n + 2Ac_n e_n - 2\delta\nu c_n e_n \\ -2Ac_r e_n - 2\nu c_r e_n + 2\delta\nu c_r e_n + 2c_n c_r e_n - c_r^2 e_n - 2Ae_n^2 + 2\delta\nu e_n^2 - 2c_r e_n^2 \\ -\nu^2 e_r + 2\nu c_n e_r - c_n^2 e_r + 2Ae_n e_r - 2\delta\nu e_n e_r + 2c_r e_n e_r + e_n^2 e_r - e_n e_r^2 \end{array}}{16e_n(e_n - e_r)}$$

$$（附2-23）$$

$$\pi_r^{NT} = \frac{\begin{array}{c} -A^2 e_n - 2A\nu e_n + 2A\delta\nu e_n + 2\delta\nu^2 e_n - \delta^2\nu^2 e_n + 2Ac_n e_n - 2\delta\nu c_n e_n \\ -2Ac_r e_n - 2\nu c_r e_n + 2\delta\nu c_r e_n + 2c_n c_r e_n - c_r^2 e_n - 2Ae_n^2 + 2\delta\nu e_n^2 - 2c_r e_n^2 - \nu^2 e_r \\ +2\nu c_n e_r - c_n^2 e_r + 2Ae_n e_r - 2\delta\nu e_n e_r + 2c_r e_n e_r + e_n^2 e_r - e_n e_r^2 \end{array}}{8e_n(e_n - e_r)}$$

$$（附2-24）$$

附录 2 - 3

第三方制造商的间接回收策略和产品存在网络外部性。

此时，新产品和再制造产品的需求函数和利润函数分别为：

$$q_n^{IO} = \frac{\gamma\delta\nu^2 + \delta\nu e_n + \gamma\delta\nu e_n - \nu e_r - \gamma\delta\nu p_n^{IO} + e_r p_n^{IO} - e_n p_r^{IO}}{-\gamma^2\delta\nu^2 + \gamma\delta\nu e_n + e_n^2 + \gamma\nu e_r - e_n e_r} \quad (\text{附}2-25)$$

$$q_r^{IO} = \frac{\gamma\delta\nu^2 + \nu e_n - \delta\nu e_n + e_n^2 + \gamma\nu e_r - e_n e_r - e_n p_n^{IO} - \gamma\nu p_r^{IO} + e_n p_r^{IO}}{-\gamma^2\delta\nu^2 + \gamma\delta\nu e_n + e_n^2 + \gamma\nu e_r - e_n e_r}$$

$$(\text{附}2-26)$$

$$\pi_n^{IO} = (p_n^{IO} - \omega_n^{IO})q_n^{IO} + (p_r^{IO} - \omega_r^{IO} - A + b)q_r^{IO} \quad (\text{附}2-27)$$

$$\pi_r^{IO} = (\omega_n^{IO} - c_n)q_n^{IO} + (\omega_r^{IO} - c_r - b)q_r^{IO} \quad (\text{附}2-28)$$

同样，将式（附 2 - 25）和式（附 2 - 26）代入利润函数，通过逆向归纳法求解上述模型，得到：

$$\omega_n^{IO} = \frac{1}{2}(\nu + c_n + e_n) \quad (\text{附}2-29)$$

$$\omega_r^{IO} = \frac{1}{2}(-A + 2b + \delta\nu + c_r + e_r) \quad (\text{附}2-30)$$

$$p_n^{IO} = \frac{1}{4}(3\nu + c_n + 3e_n) \quad (\text{附}2-31)$$

$$p_r^{IO} = \frac{1}{4}(A + 3\delta\nu + c_r + 3e_r) \quad (\text{附}2-32)$$

$$q_n^{IO} = -\frac{\gamma\delta\nu^2 - \gamma\delta\nu c_n - Ae_n + \delta\nu e_n + \gamma\delta\nu e_n - c_r e_n - \nu e_r + c_n e_r}{4(\gamma^2\delta\nu^2 - \gamma\delta\nu e_n - e_n^2 - \gamma\nu e_r + e_n e_r)} \quad (\text{附}2-33)$$

$$q_r^{IO} = -\frac{-A\gamma\nu + \gamma\delta\nu^2 - \gamma\nu c_r + Ae_n + \nu e_n - \delta\nu e_n - c_n e_n + c_r e_n + e_n^2 + \gamma\nu e_r - e_n e_r}{4(k^2\delta\nu^2 - \gamma\delta\nu e_n - e_n^2 - \gamma\nu e_r + e_n e_r)}$$

$$(\text{附}2-34)$$

$$\pi_n^{IO} = \frac{\begin{aligned} &A^2\gamma\nu - 2A\gamma\delta\nu^2 + \gamma\delta\nu^3 + \gamma\delta^2\nu^3 - 2\gamma\delta\nu^2 c_n + \gamma\delta\nu c_n^2 + 2A\gamma\nu c_r - 2\gamma\delta\nu^2 c_r \\ &+ \gamma\nu c_r^2 - A^2 e_n - 2A\nu e_n + 2A\delta\nu e_n + 2\delta\nu^2 e_n + 2\gamma\delta\nu^2 e_n - \delta^2\nu^2 e_n + 2Ac_n e_n \\ &- 2\delta\nu c_n e_n - 2\gamma\delta\nu c_n e_n - 2Ac_r e_n - 2\nu c_r e_n + 2\delta\nu c_r e_n + 2c_n c_r e_n - c_r^2 e_n - 2Ae_n^2 \\ &+ 2\delta\nu e_n^2 + \gamma\delta\nu e_n^2 - 2c_r e_n^2 - 2A\gamma\nu e_r - \nu^2 e_r + 2\gamma\delta\nu^2 e_r + 2\nu c_n e_r \\ &- c_n^2 e_r - 2\gamma\nu c_r e_r + 2Ae_n e_r - 2\delta\nu e_n e_r + 2c_r e_n e_r + e_n^2 e_r + \gamma\nu e_r^2 - e_n e_r^2 \end{aligned}}{-16(\gamma^2\delta\nu^2 - \gamma\delta\nu e_n - e_n^2 - \gamma\nu e_r + e_n e_r)}$$

$$(\text{附}2-35)$$

$$
\begin{aligned}
&A^2\gamma\nu - 2A\gamma\delta\nu^2 + \gamma\delta\nu^3 + \gamma\delta^2\nu^3 - 2\gamma\delta\nu^2 c_n + \gamma\delta\nu c_n^2 + 2A\gamma\nu c_r - 2\gamma\delta\nu^2 c_r \\
&+ \gamma\nu c_r^2 - A^2 e_n - 2A\nu e_n + 2A\delta\nu e_n + 2\delta\nu^2 e_n + 2\gamma\delta\nu^2 e_n - \delta^2\nu^2 e_n + 2Ac_n e_n \\
&- 2\delta\nu c_n e_n - 2\gamma\delta\nu c_n e_n - 2Ac_r e_n - 2\nu c_r e_n + 2\delta\nu c_r e_n + 2c_n c_r e_n - c_r^2 e_n \\
&- 2Ae_n^2 + 2\delta\nu e_n^2 + \gamma\delta\nu e_n^2 - 2c_r e_n^2 - 2A\gamma\nu e_r - \nu^2 e_r + 2\gamma\delta\nu^2 e_r + 2\nu c_n e_r \\
\pi_r^{IO} = \frac{\begin{aligned}&- c_n^2 e_r - 2\gamma\nu c_r e_r + 2Ae_n e_r - 2\delta\nu e_n e_r + 2c_r e_n e_r + e_n^2 e_r + \gamma\nu e_r^2 - e_n e_r^2\end{aligned}}{-8\left(\gamma^2\delta\nu^2 - \gamma\delta\nu e_n - e_n^2 - \gamma\nu e_r + e_n e_r\right)}
\end{aligned}
$$
$$\text{（附 2 - 36）}$$

附录 2 - 4

第三方制造商的间接回收策略和产品不存在网络外部性。

此时，新产品和再制造产品的需求函数和利润函数分别为：

$$q_n^{NO} = \frac{\delta\nu e_n - \nu e_r + e_r p_n^{NO} - e_n p_r^{NO}}{e_n(e_n - e_r)} \qquad \text{（附 2 - 37）}$$

$$q_r^{NO} = \frac{\nu - \delta\nu + e_n - e_r - p_n^{NO} + p_r^{NO}}{e_n - e_r} \qquad \text{（附 2 - 38）}$$

$$\pi_n^{NO} = (p_n^{NO} - \omega_n^{NO})q_n^{NO} + (p_r^{NO} - \omega_r^{NO} - A + b)q_r^{NO} \qquad \text{（附 2 - 39）}$$

$$\pi_r^{NO} = (\omega_n^{NO} - c_n)q_n^{NO} + (\omega_r^{NO} - c_r - b)q_r^{NO} \qquad \text{（附 2 - 40）}$$

同样，将式（附 2 - 37）和式（附 2 - 38）代入利润函数，通过逆向归纳法求解上述模型，得到：

$$\omega_n^{NO} = \frac{1}{2}(\nu + c_n + e_n) \qquad \text{（附 2 - 41）}$$

$$\omega_r^{NO} = \frac{1}{2}(-A + 2b + \delta\nu + c_r + e_r) \qquad \text{（附 2 - 42）}$$

$$p_n^{NO} = \frac{1}{4}(3\nu + c_n + 3e_n) \qquad \text{（附 2 - 43）}$$

$$p_r^{NO} = \frac{1}{4}(A + 3\delta\nu + c_r + 3e_r) \qquad \text{（附 2 - 44）}$$

$$q_n^{NO} = \frac{-Ae_n + \delta\nu e_n - c_r e_n - \nu e_r + c_n e_r}{4e_n(e_n - e_r)} \qquad \text{（附 2 - 45）}$$

$$q_r^{NO} = \frac{A + \nu - \delta\nu - c_n + c_r + e_n - e_r}{4(e_n - e_r)} \qquad \text{（附 2 - 46）}$$

$$
\begin{gathered}
-A^2e_n - 2A\nu e_n + 2A\delta\nu e_n + 2\delta\nu^2 e_n - \delta^2\nu^2 e_n + 2Ac_n e_n - 2\delta\nu c_n e_n - 2Ac_r e_n \\
-2\nu c_r e_n + 2\delta\nu c_r e_n + 2c_n c_r e_n - c_r^2 e_n - 2Ae_n^2 + 2\delta\nu e_n^2 - 2c_r e_n^2 - \nu^2 e_r + 2\nu c_n e_r
\end{gathered}
$$

$$
\pi_n^{NO} = \frac{-c_n^2 e_r + 2Ae_n e_r - 2\delta\nu e_n e_r + 2c_r e_n e_r + e_n^2 e_r - e_n e_r^2}{16e_n(e_n - e_r)}
$$

（附 2 − 47）

$$
\begin{gathered}
-A^2e_n - 2A\nu e_n + 2A\delta\nu e_n + 2\delta\nu^2 e_n - \delta^2\nu^2 e_n + 2Ac_n e_n - 2\delta\nu c_n e_n - 2Ac_r e_n \\
-2\nu c_r e_n + 2\delta\nu c_r e_n + 2c_n c_r e_n - c_r^2 e_n - 2Ae_n^2 + 2\delta\nu e_n^2 - 2c_r e_n^2 - \nu^2 e_r + 2\nu c_n e_r
\end{gathered}
$$

$$
\pi_r^{NO} = \frac{-c_n^2 e_r + 2Ae_n e_r - 2\delta\nu e_n e_r + 2c_r e_n e_r + e_n^2 e_r - e_n e_r^2}{8e_n(e_n - e_r)}
$$

（附 2 − 48）

附录 3

附录 3 − 1

在模型中，市场 2 中的消费者有三种产品购买选择：当 $U_1 \geqslant \max\{U_2, U_3\}$ 且 $U_1 \geqslant 0$ 时，消费者从制造商 1 专卖渠道购买产品 1；当 $U_3 \geqslant \max\{U_1, U_2\}$ 且 $U_3 \geqslant 0$ 时，消费者从灰色进口商 3 处购买灰色产品 3；当 $U_2 \geqslant \max\{U_1, U_3\}$ 且 $U_2 \geqslant 0$ 时，消费者从制造商 2 专卖渠道购买产品 2。另外，由于市场 2 中消费者对于灰色产品 3 的感知质量 θ 和对于产品 2 的感知质量 δ 有差异，下文分别在 θ > δ 和 θ < δ 两种情形下考虑企业不同模型下的决策问题。根据毛照昉等（2019）、陈和张（Chen & Zhang, 2020）的需求函数推导方法，可以得到不同情况下市场 2 中不同产品的需求函数。

当 θ > δ 且没有售后服务时，通过比较消费者购买效用，可以得到结果如附图 3 − 1 所示。

在坐标轴 $\dfrac{p_1^N - p_3^N}{1 - \theta}$ 点时，表示消费者购买产品 1 和灰色产品 3 的效用无差别；在坐标轴 $\dfrac{p_3^N - p_2^N}{\theta - \delta}$ 点时，表示消费者购买灰色产品 3 和产品 2 的效用无差别；在坐标轴 $\dfrac{p_2^N}{\theta}$ 点时，表示消费者购买产品 2 和不购买产品的效用无差别。通过分析可以得到，三种产品在市场 2 中的销售量关于价

附 录

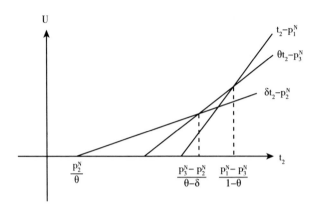

附图 3 - 1　效用比较

格的函数表达如下：

$$q_1^N = 1 - \frac{p_1^N - p_3^N}{a_2(1 - \theta)} \tag{附 3 - 1}$$

$$q_2^N = \frac{p_3^N - p_2^N}{a_2(\theta - \delta)} - \frac{p_2^N}{a_2\delta} \tag{附 3 - 2}$$

$$q_3^N = \frac{p_1^N - p_3^N}{a_2(1 - \theta)} - \frac{p_3^N - p_2^N}{a_2(\theta - \delta)} \tag{附 3 - 3}$$

联立上面三个表达式，并通过化简可以得到价格关于销售量的表达函数如下：

$$p_1^N = a_2(1 - q_1^N - \delta q_2^N - \theta q_3^N) \tag{附 3 - 4}$$

$$p_2^N = \delta a_2(1 - q_1^N - q_2^N - q_3^N) \tag{附 3 - 5}$$

$$p_3^N = a_2(\theta - \theta q_1^N - \delta q_2^N - \theta q_3^N) \tag{附 3 - 6}$$

同理，当 $\theta > \delta$ 且灰色进口商 3 提供售后服务时，通过比较效用函数可得销售量关于价格的表达函数如下：

$$q_1^G = 1 - \frac{p_1^G - p_3^G + \theta \times b \times s^G}{a_2(1 - \theta)} \tag{附 3 - 7}$$

$$q_2^G = \frac{p_3^G - p_2^G - \theta \times b \times s^G}{a_2(\theta - \delta)} - \frac{p_2^G}{a_2\delta} \tag{附 3 - 8}$$

$$q_3^G = \frac{p_1^G - p_3^G + \theta \times b \times s^G}{a_2(1 - \theta)} - \frac{p_3^G - p_2^G - \theta \times b \times s^G}{a_2(\theta - \delta)} \tag{附 3 - 9}$$

联立上面三个表达式，并通过化简可以得到价格关于销售量的表达函数如下：

$$p_1^G = a_2(1 - q_1^G - \delta q_2^G - \theta q_3^G) \qquad (\text{附} 3 - 10)$$

$$p_2^G = \delta a_2(1 - q_1^G - q_2^G - q_3^G) \qquad (\text{附} 3 - 11)$$

$$p_3^G = \theta a_2 - \theta a_2 q_1^G - \delta a_2 q_2^G - \theta a_2 q_3^G + b\theta s^G \qquad (\text{附} 3 - 12)$$

同理，当 $\theta > \delta$ 且制造商 1 提供售后服务时，通过比较效用函数可得销售量关于价格的表达函数如下：

$$q_1^M = 1 - \frac{p_1^M - p_3^M - b \times s^M}{a_2(1 - \theta)} \qquad (\text{附} 3 - 13)$$

$$q_2^M = \frac{p_3^M - p_2^M}{a_2(\theta - \delta)} - \frac{p_2^M}{a_2\delta} \qquad (\text{附} 3 - 14)$$

$$q_3^M = \frac{p_1^M - p_3^M - b \times s^M}{a_2(1 - \theta)} - \frac{p_3^M - p_2^M}{a_2(\theta - \delta)} \qquad (\text{附} 3 - 15)$$

联立上面三个表达式，并通过化简可以得到价格关于销售量的表达函数如下：

$$p_1^M = a_2 - a_2 q_1^M - \delta a_2 q_2^M - \theta a_2 q_3^M + bs^M \qquad (\text{附} 3 - 16)$$

$$p_2^M = \delta a_2(1 - q_1^M - q_2^M - q_3^M) \qquad (\text{附} 3 - 17)$$

$$p_3^M = a_2(\theta - \theta q_1^M - \delta q_2^M - \theta q_3^M) \qquad (\text{附} 3 - 18)$$

附录 3 - 2

当 $\theta < \delta$ 且没有售后服务时，通过比较消费者购买效用，可以得到结果如附图 3 - 2 所示。

在坐标轴 $\dfrac{p_1^N - p_2^N}{1 - \delta}$ 点时，表示消费者购买产品 1 和产品 2 的效用无差别；

在坐标轴 $\dfrac{p_2^N - p_3^N}{\delta - \theta}$ 点时，表示消费者购买产品 2 和灰色产品 3 的效用无差别；

在坐标轴 $\dfrac{p_3^N}{\theta}$ 点时，表示消费者购买灰色产品 3 和不购买产品的效用无差别。

通过分析可以得到，三种产品在市场 2 中的销售量关于价格的函数表达如下：

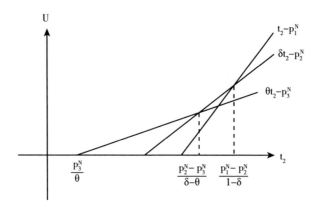

附图 3 - 2　效用比较

$$q_1^N = 1 - \frac{p_1^N - p_2^N}{a_2(1 - \delta)} \qquad (附3 - 19)$$

$$q_2^N = \frac{p_1^N - p_2^N}{a_2(1 - \delta)} - \frac{p_2^N - p_3^N}{a_2(\delta - \theta)} \qquad (附3 - 20)$$

$$q_3^N = \frac{p_2^N - p_3^N}{a_2(\delta - \theta)} - \frac{p_3^N}{a_2\theta} \qquad (附3 - 21)$$

联立上面三个表达式，并通过化简可以得到价格关于销售量的表达函数如下：

$$p_1^N = a_2(1 - q_1^N - \delta q_2^N - \theta q_3^N) \qquad (附3 - 22)$$

$$p_2^N = a_2(\delta - \delta q_1^N - \delta q_2^N - \theta q_3^N) \qquad (附3 - 23)$$

$$p_3^N = \theta a_2(1 - q_1^N - q_2^N - q_3^N) \qquad (附3 - 24)$$

同理，当 $\theta < \delta$ 且灰色进口商 3 提供售后服务时，通过比较效用函数可得销售量关于价格的表达函数如下：

$$q_1^G = 1 - \frac{p_1^G - p_2^G}{a_2(1 - \delta)} \qquad (附3 - 25)$$

$$q_2^G = \frac{p_1^G - p_2^G}{a_2(1 - \delta)} - \frac{p_2^G - p_3^G + \theta \times b \times s^G}{a_2(\delta - \theta)} \qquad (附3 - 26)$$

$$q_3^G = \frac{p_2^G - p_3^G + \theta \times b \times s^G}{a_2(\delta - \theta)} - \frac{p_3^G - \theta \times b \times s^G}{a_2\theta} \qquad (附3 - 27)$$

联立上面三个表达式，并通过化简可以得到价格关于销售量的表达函数如下：

$$p_1^G = a_2(1 - q_1^G - \delta q_2^G - \theta q_3^G) \qquad (\text{附} 3 - 28)$$

$$p_2^G = a_2(\delta - \delta q_1^G - \delta q_2^G - \theta q_3^G) \qquad (\text{附} 3 - 29)$$

$$p_3^G = \theta(a_2 - a_2 q_1^G - a_2 q_2^G - a_2 q_3^G + bs^G) \qquad (\text{附} 3 - 30)$$

同理，当 $\theta < \delta$ 且制造商 1 提供售后服务时，通过比较效用函数可得销售量关于价格的表达函数如下：

$$q_1^M = 1 - \frac{p_1^M - p_2^M - b \times s^M}{a_2(1 - \delta)} \qquad (\text{附} 3 - 31)$$

$$q_2^M = \frac{p_1^M - p_2^M - b \times s^M}{a_2(1 - \delta)} - \frac{p_2^M - p_3^M}{a_2(\delta - \theta)} \qquad (\text{附} 3 - 32)$$

$$q_3^M = \frac{p_2^M - p_3^M}{a_2(\delta - \theta)} - \frac{p_3^M}{a_2 \theta} \qquad (\text{附} 3 - 33)$$

联立上面三个表达式，并通过化简可以得到价格关于销售量的表达函数如下：

$$p_1^M = a_2 - a_2 q_1^M - \delta a_2 q_2^M - \theta a_2 q_3^M + bs^M \qquad (\text{附} 3 - 34)$$

$$p_2^M = a_2(\delta - \delta q_1^M - \delta q_2^M - \theta q_3^M) \qquad (\text{附} 3 - 35)$$

$$p_3^M = \theta a_2(1 - q_1^M - q_2^M - q_3^M) \qquad (\text{附} 3 - 36)$$

附录 4

附录 4 – 1

无售后服务模型求解过程：

当 $\theta > \delta$ 且没有售后服务时，价格关于销售量的表达式如下：

$$p_1^N = a_2(1 - q_1^N - \delta q_2^N - \theta q_3^N) \qquad (\text{附} 4 - 1)$$

$$p_2^N = \delta a_2(1 - q_1^N - q_2^N - q_3^N) \qquad (\text{附} 4 - 2)$$

$$p_3^N = a_2(\theta - \theta q_1^N - \delta q_2^N - \theta q_3^N) \qquad (\text{附} 4 - 3)$$

$$p_1^{NI} = a_1(1 - q_1^{NI}) \qquad (\text{附} 4 - 4)$$

制造商 1、制造商 2 和灰色进口商 3 的利润函数如下所示：

$$\pi_1^N = p_1^N q_1^N + (q_3^N + q_1^{NI}) p_1^{NI} \qquad (附 4-5)$$

$$\pi_2^N = p_2^N q_2^N \qquad (附 4-6)$$

$$\pi_3^N = (p_3^N - p_1^{NI}) q_3^N \qquad (附 4-7)$$

将上述表达式分别代入利润函数，根据逆向求解过程，同时对 π_2^N 和 π_3^N 求销售量的一阶导，通过判断二阶导小于零，可得：

$$q_3^N = -\frac{-2a_1 - \delta a_2 + 2\theta a_2 + \delta a_2 q_1^N - 2\theta a_2 q_1^N + 2a_1 q_1^I}{(\delta - 4\theta) a_2} \qquad (附 4-8)$$

$$q_2^N = \frac{-a_1 - \theta a_2 + \theta a_2 q_1^N + a_1 q_1^I}{(\delta - 4\theta) a_2} \qquad (附 4-9)$$

将上述结果中 q_3^N 和 q_2^N 代入 π_1^N 的表达式，通过分别对 π_1^N 求 q_1^N 和 q_1^I 的一阶偏导，判断海塞矩阵负定可得：

$$q_1^{NL} = \frac{2a_1 + \theta a_2}{2a_1 - \delta a_2 + 4\theta a_2} \qquad (附 4-10)$$

$$q_1^N = \frac{1}{2} \qquad (附 4-11)$$

再将 q_1^I 和 q_1^N 的均衡结果代入 q_3^N 和 q_2^N 的表达式，可得：

$$q_2^N = \frac{2a_1 + \theta a_2}{2(2a_1 - \delta a_2 + 4\theta a_2)} \qquad (附 4-12)$$

$$q_3^N = \frac{2a_1 + \delta a_2 - 2\theta a_2}{2(-2a_1 + \delta a_2 - 4\theta a_2)} \qquad (附 4-13)$$

最后将均衡销售量式（附 4-10）至式（附 4-13）代入利润函数表达式可以得到：

$$\pi_1^N = \frac{a_2(2a_1 - 4\delta a_1 + 8\theta a_1 - \delta a_2 + 4\theta a_2 - 2\theta^2 a_2)}{4(2a_1 - \delta a_2 + 4\theta a_2)} \qquad (附 4-14)$$

$$\pi_2^N = \frac{\delta a_2 (2a_1 + \theta a_2)^2}{4(2a_1 - \delta a_2 + 4\theta a_2)^2} \qquad (附 4-15)$$

$$\pi_3^N = \frac{\theta a_2 (2a_1 + \delta a_2 - 2\theta a_2)^2}{4(2a_1 - \delta a_2 + 4\theta a_2)^2} \qquad (附 4-16)$$

附录 4 – 2

灰色进口商 3 提供售后服务模型求解过程：

当 $\theta > \delta$ 且灰色进口商 3 提供售后服务时，价格关于销售量的表达式如下：

$$p_1^G = a_2 (1 - q_1^G - \delta q_2^G - \theta q_3^G) \qquad （附 4 – 17）$$

$$p_2^G = \delta a_2 (1 - q_1^G - q_2^G - q_3^G) \qquad （附 4 – 18）$$

$$p_3^G = \theta a_2 - \theta a_2 q_1^G - \delta a_2 q_2^G - \theta a_2 q_3^G + b \theta s^G \qquad （附 4 – 19）$$

$$p_1^l = a_1 (1 - q_1^{Gl}) \qquad （附 4 – 20）$$

制造商 1、制造商 2 和灰色进口商 3 的利润函数如下所示：

$$\pi_1^G = p_1^G q_1^G + (q_3^G + q_1^{Gl}) p_1^{Gl} \qquad （附 4 – 21）$$

$$\pi_2^G = p_2^G q_2^G \qquad （附 4 – 22）$$

$$\pi_3^G = (p_3^G - p_1^{Gl}) q_3^G - \frac{(s^G)^2}{2} \qquad （附 4 – 23）$$

将上述价格关于销售量的表达式分别代入利润函数，根据逆向求解过程，同时对 π_2^G 和 π_3^G 求 π_2^G 关于销售量的一阶导和 π_3^G 关于销售量和服务水平的一阶偏导，通过判断二阶导小于零和海塞矩阵负定，可得：

$$q_3^G = \frac{2a_1 + \delta a_2 - 2\theta a_2 - \delta a_2 q_1^G + 2\theta a_2 q_1^G - 2a_1 q_1^l}{2b^2\theta^2 + \delta a_2 - 4\theta a_2} \qquad （附 4 – 24）$$

$$q_2^G = - \frac{- b^2\theta^2 + a_1 + \theta a_2 + b^2\theta^2 q_1^G - \theta a_2 q_1^G - a_1 q_1^l}{2b^2\theta^2 + \delta a_2 - 4\theta a_2} \qquad （附 4 – 25）$$

$$s^G = \frac{b\theta(2a_1 + \delta a_2 - 2\theta a_2 - \delta a_2 q_1^G + 2\theta a_2 q_1^G - 2a_1 q_1^l)}{2b^2\theta^2 + \delta a_2 - 4\theta a_2} \qquad （附 4 – 26）$$

将上述结果中 q_3^G 和 q_2^G 代入 π_1^G 的表达式，通过分别对 π_1^G 求 q_1^G 和 q_1^l 的一阶偏导，判断海塞矩阵负定可得：

$$q_1^{Gl} = \frac{b^2\theta^2 - 2a_1 - \theta a_2}{2b^2\theta^2 - 2a_1 + \delta a_2 - 4\theta a_2} \qquad （附 4 – 27）$$

$$q_1^G = \frac{1}{2} \qquad （附 4 – 28）$$

再将 q_1^l 和 q_1^G 均衡结果代入 q_3^G、q_2^G 和 s^G 的表达式，可得：

$$q_2^G = \frac{b^2\theta^2 - 2a_1 - \theta a_2}{2(2b^2\theta^2 - 2a_1 + \delta a_2 - 4\theta a_2)} \qquad （附4-29）$$

$$q_3^G = \frac{2a_1 + \delta a_2 - 2\theta a_2}{2(2b^2\theta^2 - 2a_1 + \delta a_2 - 4\theta a_2)} \qquad （附4-30）$$

$$s^G = \frac{b\theta(2a_1 + \delta a_2 - 2\theta a_2)}{2(2b^2\theta^2 - 2a_1 + \delta a_2 - 4\theta a_2)} \qquad （附4-31）$$

最后将均衡销售量式（附4-27）至式（附4-30）和均衡服务水平式（附4-31）代入利润函数表达式可以得到：

$$\pi_1^G = \frac{2b^2\theta^2 a_1 + 2b^2\theta^2 a_2 - b^2\delta\theta^2 a_2 - 2a_1 a_2 + 4\delta a_1 a_2 - 8\theta a_1 a_2 + \delta a_2^2 - 4\theta a_2^2 + 2\theta^2 a_2^2}{4(2b^2\theta^2 - 2a_1 + \delta a_2 - 4\theta a_2)}$$

$$（附4-32）$$

$$\pi_2^G = \frac{\delta a_2 (b^2\theta^2 - 2a_1 - \theta a_2)^2}{4 (2b^2\theta^2 - 2a_1 + \delta a_2 - 4\theta a_2)^2} \qquad （附4-33）$$

$$\pi_3^G = \frac{\theta(2a_2 - b^2\theta)(2a_1 + \delta a_2 - 2\theta a_2)^2}{8 (2b^2\theta^2 - 2a_1 + \delta a_2 - 4\theta a_2)^2} \qquad （附4-34）$$

附录4-3

制造商1提供售后服务模型求解过程：

当 $\theta > \delta$ 且制造商1提供售后服务时，价格关于销售量的表达式如下：

$$p_1^M = a_2 - a_2 q_1^M - \delta a_2 q_2^M - \theta a_2 q_3^M + bs^M \qquad （附4-35）$$

$$p_2^M = \delta a_2 (1 - q_1^M - q_2^M - q_3^M) \qquad （附4-36）$$

$$p_3^M = a_2 (\theta - \theta q_1^M - \delta q_2^M - \theta q_3^M) \qquad （附4-37）$$

$$p_1^l = a_1 (1 - q_1^{Ml}) \qquad （附4-38）$$

制造商1、制造商2和灰色进口商3的利润函数如下所示：

$$\pi_1^M = p_1^M q_1^M + (q_3^M + q_1^{Ml}) p_1^{Ml} - \frac{(s^M)^2}{2} \qquad （附4-39）$$

$$\pi_2^M = p_2^M q_2^M \qquad （附4-40）$$

$$\pi_3^M = (p_3^M - p_1^{Ml}) q_3^M \qquad （附4-41）$$

将上述价格关于销售量的表达式分别代入利润函数，根据逆向求解过程，同时对 π_2^G 和 π_3^G 求销售量的一阶导，通过判断二阶导小于零，可得：

$$q_3^M = -\frac{-2a_1 - \delta a_2 + 2\theta a_2 + \delta a_2 q_1^M - 2\theta a_2 q_1^M + 2a_1 q_1^l}{(\delta - 4\theta)a_2} \qquad （附4-42）$$

$$q_2^M = \frac{-a_1 - \theta a_2 + \theta a_2 q_1^M + a_1 q_1^l}{(\delta - 4\theta)a_2} \qquad （附4-43）$$

将上述结果中 q_3^M 和 q_2^M 代入 π_1^M 的表达式，通过分别对 π_1^M 求 q_1^M、q_1^l 和 s^M 的一阶偏导，判断海塞矩阵负定可得：

$$q_1^{Ml} = \frac{2a_1 + \theta a_2}{2a_1 - \delta a_2 + 4\theta a_2} \qquad （附4-44）$$

$$q_1^M = \frac{a_2(4\theta - \delta - 2\theta^2)}{b^2\delta - 4b^2\theta - 2\delta a_2 + 8\theta a_2 - 4\theta^2 a_2} \qquad （附4-45）$$

$$s^M = -\frac{b(\delta - 4\theta + 2\theta^2)a_2}{b^2\delta - 4b^2\theta - 2\delta a_2 + 8\theta a_2 - 4\theta^2 a_2} \qquad （附4-46）$$

再将 q_1^l 和 q_1^M 均衡结果代入 q_3^M、q_2^M 的表达式，可得：

$$q_2^M = \frac{\begin{array}{c}-b^2\delta a_1 + 5b^2\theta a_1 - b^2\delta\theta a_2 + 4b^2\theta^2 a_2 + 2\delta a_1 a_2 - 8\theta a_1 a_2 + 4\theta^2 a_1 a_2 \\ + \delta\theta a_2^2 - 4\theta^2 a_2^2 + 2\theta^3 a_2^2\end{array}}{(2a_1 - \delta a_2 + 4\theta a_2)(-b^2\delta + 4b^2\theta + 2\delta a_2 - 8\theta a_2 + 4\theta^2 a_2)}$$

$$（附4-47）$$

$$q_3^M = \frac{\begin{array}{c}2b^2\theta a_1 - b^2\delta^2 a_2 + 6b^2\delta\theta a_2 - 8b^2\theta^2 a_2 + 2\delta a_1 a_2 - 8\theta a_1 a_2 + 4\theta^2 a_1 a_2 \\ + \delta^2 a_2^2 - 6\delta\theta a_2^2 + 8\theta^2 a_2^2 + 2\delta\theta^2 a_2^2 - 4\theta^3 a_2^2\end{array}}{(-2a_1 + \delta a_2 - 4\theta a_2)(-b^2\delta + 4b^2\theta + 2\delta a_2 - 8\theta a_2 + 4\theta^2 a_2)}$$

$$（附4-48）$$

最后将均衡销售量式（附4-44）至式（附4-47）和均衡服务水平式（附4-48）代入利润函数表达式可以得到：

$$\pi_1^M = \frac{\begin{array}{c}a_2(2b^2\delta^2 a_1 - 12b^2\delta\theta a_1 + 18b^2\theta^2 a_1 + 2\delta a_1 a_2 - 4\delta^2 a_1 a_2 - 8\theta a_1 a_2 \\ + 24\delta\theta a_1 a_2 - 28\theta^2 a_1 a_2 - 8\delta\theta^2 a_1 a_2 + 16\theta^3 a_1 a_2 - \delta^2 a_2^2 + 8\delta\theta a_2^2 \\ - 16\theta^2 a_2^2 - 4\delta\theta^2 a_2^2 + 16\theta^3 a_2^2 - 4\theta^4 a_2^2)\end{array}}{2(-2a_1 + \delta a_2 - 4\theta a_2)(b^2\delta - 4b^2\theta - 2\delta a_2 + 8\theta a_2 - 4\theta^2 a_2)}$$

$$（附4-49）$$

$$\pi_2^M = \frac{\delta a_2 \left(-b^2\delta a_1 + 5b^2\theta a_1 - b^2\delta\theta a_2 + 4b^2\theta^2 a_2 + 2\delta a_1 a_2 - 8\theta a_1 a_2 + 4\theta^2 a_1 a_2 \right.}{\left(-2a_1 + \delta a_2 - 4\theta a_2 \right)^2 \left(-b^2\delta + 4b^2\theta + 2\delta a_2 - 8\theta a_2 + 4\theta^2 a_2 \right)^2}$$
$$\left. + \delta\theta a_2^2 - 4\theta^2 a_2^2 + 2\theta^3 a_2^2 \right)^2$$

（附4－50）

$$\pi_3^M = \frac{\theta a_2 \left(2b^2\theta a_1 - b^2\delta^2 a_2 + 6b^2\delta\theta a_2 - 8b^2\theta^2 a_2 + 2\delta a_1 a_2 - 8\theta a_1 a_2 + 4\theta^2 a_1 a_2 \right.}{\left(-2a_1 + \delta a_2 - 4\theta a_2 \right)^2 \left(-b^2\delta + 4b^2\theta + 2\delta a_2 - 8\theta a_2 + 4\theta^2 a_2 \right)^2}$$
$$\left. + \delta^2 a_2^2 - 6\delta\theta a_2^2 + 8\theta^2 a_2^2 + 2\delta\theta^2 a_2^2 - 4\theta^3 a_2^2 \right)^2$$

（附4－51）

同理，当 $\theta < \delta$ 时，仍然有无售后服务、灰色进口商 3 提供售后服务、制造商 1 提供售后服务三种情况，均衡销售量与利润的计算过程如上述计算过程，此处省略。

附录5

附录5－1

双售后服务模型中，制造商 1 和灰色进口商 3 都提供售后服务时价格关于销售量的表达式：

（1）当 $\theta > \delta$ 且制造商 1 和灰色进口商 3 都提供售后服务时，通过比较消费者购买效用可以得到，三种产品在市场 2 中的销售量关于价格的函数表达如下：

$$q_1^B = 1 - \frac{p_1^B - p_3^B + \theta \times b \times s^{BG} - b \times s^{BM}}{a_2(1 - \theta)} \qquad （附5－1）$$

$$q_2^B = \frac{p_3^B - p_2^B - \theta \times b \times s^{BG}}{a_2(\theta - \delta)} - \frac{p_2^B}{a_2\delta} \qquad （附5－2）$$

$$q_3^B = \frac{p_1^B - p_3^B + \theta \times b \times s^{BG} - b \times s^{BM}}{a_2(1 - \theta)} - \frac{p_3^B - p_2^B - \theta \times b \times s^{BG}}{a_2(\theta - \delta)} （附5－3）$$

联立上面三个表达式，并通过化简可以得到价格关于销售量的表达函数如下：

$$p_1^B = a_2 - a_2 q_1^B - \delta a_2 q_2^B - \theta a_2 q_3^B + bs^{BM} \qquad (\text{附} 5-4)$$

$$p_2^B = -\delta a_2 (-1 + q_1^B + q_2^B + q_3^B) \qquad (\text{附} 5-5)$$

$$p_3^B = \theta a_2 - \theta a_2 q_1^B - \delta a_2 q_2^B - \theta a_2 q_3^B + b\theta s^{BG} \qquad (\text{附} 5-6)$$

（2）当 $\theta < \delta$ 且制造商 1 和灰色进口商 3 都提供售后服务时，通过比较消费者购买效用可以得到，三种产品在市场 2 中的销售量关于价格的函数表达如下：

$$q_1^B = 1 - \frac{p_1^B - p_2^B - b \times s^{BM}}{a_2(1-\delta)} \qquad (\text{附} 5-7)$$

$$q_2^B = \frac{p_1^B - p_2^B - b \times s^{BM}}{a_2(1-\delta)} - \frac{p_2^B - p_3^B + \theta \times b \times s^{BG}}{a_2(\delta-\theta)} \qquad (\text{附} 5-8)$$

$$q_3^B = \frac{p_2^B - p_3^B + \theta \times b \times s^{BG}}{a_2(\delta-\theta)} - \frac{p_3^B - \theta \times b \times s^{BG}}{a_2\theta} \qquad (\text{附} 5-9)$$

联立上面三个表达式，并通过化简可以得到价格关于销售量的表达函数如下：

$$p_1^B = a_2 - a_2 q_1^B - \delta a_2 q_2^B - \theta a_2 q_3^B + bs^{BM} \qquad (\text{附} 5-10)$$

$$p_2^B = -a_2 (-\delta + \delta q_1^B + \delta q_2^B + \theta q_3^B) \qquad (\text{附} 5-11)$$

$$p_3^B = -\theta (-a_2 + a_2 q_1^B + a_2 q_2^B + a_2 q_3^B - bs^{BG}) \qquad (\text{附} 5-12)$$

附录 5 - 2

制造商 1 和灰色进口商 3 都提供售后服务时的均衡结果：

（1）当 $\theta > \delta$ 且制造商 1 和灰色进口商 3 都提供售后服务时，价格关于销售量的表达式如下：

$$p_1^B = a_2 - a_2 q_1^B - \delta a_2 q_2^B - \theta a_2 q_3^B + bs^{BM} \qquad (\text{附} 5-13)$$

$$p_2^B = -\delta a_2 (-1 + q_1^B + q_2^B + q_3^B) \qquad (\text{附} 5-14)$$

$$p_3^B = \theta a_2 - \theta a_2 q_1^B - \delta a_2 q_2^B - \theta a_2 q_3^B + b\theta s^{BG} \qquad (\text{附} 5-15)$$

$$p_1^{BI} = a_1 (1 - q_1^{BI}) \qquad (\text{附} 5-16)$$

制造商 1、制造商 2 和灰色进口商 3 的利润函数如下所示：

$$\pi_1^B = p_1^B q_1^B + (q_3^B + q_1^{Bl}) p_1^{Bl} - \frac{(s^{BM})^2}{2} \qquad (\text{附} 5-17)$$

$$\pi_2^B = p_2^B q_2^B \qquad (\text{附} 5-18)$$

$$\pi_3^B = (p_3^B - p_1^{Bl}) q_3^B - \frac{(s^{BG})^2}{2} \qquad (\text{附} 5-19)$$

将上述价格关于销售量的表达式分别代入利润函数，根据逆向求解过程，可以得到均衡结果如下：

$$q_1^{Bl} = \frac{b^2\theta^2 - 2a_1 - \theta a_2}{2b^2\theta^2 - 2a_1 + \delta a_2 - 4\theta a_2} \qquad (\text{附} 5-20)$$

$$q_1^B = \frac{a_2(-2b^2\theta^2 + b^2\delta\theta^2 - \delta a_2 + 4\theta a_2 - 2\theta^2 a_2)}{2b^4\theta^2 + b^2\delta a_2 - 4b^2\theta a_2 - 4b^2\theta^2 a_2 + 2b^2\delta\theta^2 a_2 - 2\delta a_2^2 + 8\theta a_2^2 - 4\theta^2 a_2^2}$$
$$(\text{附} 5-21)$$

$$q_2^B = \frac{\begin{array}{c} 2b^6\theta^4 - 3b^4\theta^2 a_1 + b^4\delta\theta^2 a_2 - 6b^4\theta^3 a_2 - 2b^4\theta^4 a_2 + b^4\delta\theta^4 a_2 - b^2\delta a_1 a_2 \\ + 5b^2\theta a_1 a_2 + 4b^2\theta^2 a_1 a_2 - 2b^2\delta\theta^2 a_1 a_2 - b^2\delta\theta a_2^2 + 4b^2\theta^2 a_2^2 \\ - b^2\delta\theta^2 a_2^2 + 6b^2\theta^3 a_2^2 - b^2\delta\theta^3 a_2^2 - 2b^2\theta^4 a_2^2 + 2\delta a_1 a_2^2 - 8\theta a_1 a_2^2 \\ + 4\theta^2 a_1 a_2^2 + \delta\theta a_2^3 - 4\theta^2 a_2^3 + 2\theta^3 a_2^3 \end{array}}{\begin{array}{c} (2b^2\theta^2 - 2a_1 + \delta a_2 - 4\theta a_2)(2b^4\theta^2 + b^2\delta a_2 - 4b^2\theta a_2 - 4b^2\theta^2 a_2 \\ + 2b^2\delta\theta^2 a_2 - 2\delta a_2^2 + 8\theta a_2^2 - 4\theta^2 a_2^2) \end{array}}$$
$$(\text{附} 5-22)$$

$$q_3^B = \frac{\begin{array}{c} -(-2b^4\theta^2 a_1 - 2b^4\delta\theta^2 a_2 + 4b^4\theta^3 a_2 + 2b^2\theta a_1 a_2 + 4b^2\theta^2 a_1 a_2 - 2b^2\delta\theta^2 a_1 a_2 \\ - b^2\delta^2 a_2^2 + 6b^2\delta\theta a_2^2 - 8b^2\theta^2 a_2^2 + 2b^2\delta\theta^2 a_2^2 - b^2\delta^2\theta^2 a_2^2 - 4b^2\theta^3 a_2^2 \\ + 2b^2\delta\theta^3 a_2^2 + 2\delta a_1 a_2^2 - 8\theta a_1 a_2^2 + 4\theta^2 a_1 a_2^2 + \delta^2 a_2^3 - 6\delta\theta a_2^3 \\ + 8\theta^2 a_2^3 + 2\delta\theta^2 a_2^3 - 4\theta^3 a_2^3) \end{array}}{\begin{array}{c} (2b^2\theta^2 - 2a_1 + \delta a_2 - 4\theta a_2)(2b^4\theta^2 + b^2\delta a_2 - 4b^2\theta a_2 - 4b^2\theta^2 a_2 \\ + 2b^2\delta\theta^2 a_2 - 2\delta a_2^2 + 8\theta a_2^2 - 4\theta^2 a_2^2) \end{array}}$$
$$(\text{附} 5-23)$$

$$s^{MB} = \frac{ba_2(-2b^2\theta^2 + b^2\delta\theta^2 - \delta a_2 + 4\theta a_2 - 2\theta^2 a_2)}{2b^4\theta^2 + b^2\delta a_2 - 4b^2\theta a_2 - 4b^2\theta^2 a_2 + 2b^2\delta\theta^2 a_2 - 2\delta a_2^2 + 8\theta a_2^2 - 4\theta^2 a_2^2}$$
$$(\text{附} 5-24)$$

$$-b\theta(\,-2b^4\theta^2a_1-2b^4\delta\theta^2a_2+4b^4\theta^3a_2+2b^2\theta a_1a_2+4b^2\theta^2a_1a_2$$

$$-2b^2\delta\theta^2a_1a_2-b^2\delta^2a_2^2+6b^2\delta\theta a_2^2-8b^2\theta^2a_2^2+2b^2\delta\theta^2a_2^2-b^2\delta^2\theta^2a_2^2$$

$$-4b^2\theta^3a_2^2+2b^2\delta\theta^3a_2^2+2\delta a_1a_2^2-8\theta a_1a_2^2+4\theta^2a_1a_2^2+\delta^2a_2^3$$

$$s^{GB}=\dfrac{\begin{array}{c}-6\delta\theta a_2^3+8\theta^2a_2^3+2\delta\theta^2a_2^3-4\theta^3a_2^3)\end{array}}{\begin{array}{c}(2b^2\theta^2-2a_1+\delta a_2-4\theta a_2)(2b^4\theta^2+b^2\delta a_2-4b^2\theta a_2-4b^2\theta^2a_2\\+2b^2\delta\theta^2a_2-2\delta a_2^2+8\theta a_2^2-4\theta^2a_2^2)\end{array}}$$

（附 5 – 25）

最后将均衡销售量式（附 5 – 20）、式（附 5 – 21）、式（附 5 – 22）、式（附 5 –23）和均衡服务水平式（附 5 – 24）、式（附 5 – 25）代入利润函数表达式可以得到：

$$2b^6\theta^4a_1+4b^4\delta\theta^2a_1a_2-12b^4\theta^3a_1a_2-4b^4\theta^4a_1a_2+2b^4\delta\theta^4a_1a_2-4b^4\theta^4a_2^2$$

$$+4b^4\delta\theta^4a_2^2-b^4\delta^2\theta^4a_2^2+2b^2\delta^2a_1a_2^2-12b^2\delta\theta a_1a_2^2+22b^2\theta^2a_1a_2^2$$

$$-12b^2\delta\theta^2a_1a_2^2+4b^2\delta^2\theta^2a_1a_2^2+24b^2\theta^3a_1a_2^2-8b^2\delta\theta^3a_1a_2^2-4b^2\theta^4a_1a_2^2$$

$$-4b^2\delta\theta^2a_2^3+2b^2\delta^2\theta^2a_2^3+16b^2\theta^3a_2^3-8b^2\delta\theta^3a_2^3-8b^2\theta^4a_2^3+4b^2\delta\theta^4a_2^3$$

$$+2\delta a_1a_2^3-4\delta^2a_1a_2^3-8\theta a_1a_2^3+24\delta\theta a_1a_2^3-28\theta^2a_1a_2^3-8\delta\theta^2a_1a_2^3$$

$$\pi_1^B=\dfrac{\begin{array}{c}+16\theta^3a_1a_2^3-\delta^2a_2^4+8\delta\theta a_2^4-16\theta^2a_2^4-4\delta\theta^2a_2^4+16\theta^3a_2^4-4\theta^4a_2^4\end{array}}{\begin{array}{c}2(2b^2\theta^2-2a_1+\delta a_2-4\theta a_2)(2b^4\theta^2+b^2\delta a_2-4b^2\theta a_2-4b^2\theta^2a_2\\+2b^2\delta\theta^2a_2-2\delta a_2^2+8\theta a_2^2-4\theta^2a_2^2)\end{array}}$$

（附 5 – 26）

$$\delta a_2(2b^6\theta^4-3b^4\theta^2a_1+b^4\delta\theta^2a_2-6b^4\theta^3a_2-2b^4\theta^4a_2+b^4\delta\theta^4a_2-b^2\delta a_1a_2$$

$$+5b^2\theta a_1a_2+4b^2\theta^2a_1a_2-2b^2\delta\theta^2a_1a_2-b^2\delta\theta a_2^2+4b^2\theta^2a_2^2-b^2\delta\theta^2a_2^2$$

$$+6b^2\theta^3a_2^2-b^2\delta\theta^3a_2^2-2b^2\theta^4a_2^2+2\delta a_1a_2^2-8\theta a_1a_2^2$$

$$\pi_2^B=\dfrac{\begin{array}{c}+4\theta^2a_1a_2^2+\delta\theta a_2^3-4\theta^2a_2^3+2\theta^3a_2^3\,)^2\end{array}}{\begin{array}{c}(2b^2\theta^2-2a_1+\delta a_2-4\theta a_2)^2(\,-2b^4\theta^2-b^2\delta a_2+4b^2\theta a_2\\+4b^2\theta^2a_2-2b^2\delta\theta^2a_2+2\delta a_2^2-8\theta a_2^2+4\theta^2a_2^2)^2\end{array}}$$

（附 5 – 27）

$$
\begin{aligned}
&-\theta(b^2\theta-2a_2)(-2b^4\theta^2a_1-2b^4\delta\theta^2a_2+4b^4\theta^3a_2+2b^2\theta a_1a_2+4b^2\theta^2a_1a_2\\
&\quad-2b^2\delta\theta^2a_1a_2-b^2\delta^2a_2^2+6b^2\delta\theta a_2^2-8b^2\theta^2a_2^2+2b^2\delta\theta^2a_2^2\\
&\quad-4b^2\theta^3a_2^2+2b^2\delta\theta^3a_2^2+2\delta a_1a_2^2-8\theta a_1a_2^2+4\theta^2a_1a_2^2+\delta^2a_2^3
\end{aligned}
$$

$$
\pi_3^B=\frac{\begin{array}{c}-6\delta\theta a_2^3+8\theta^2a_2^3+2\delta\theta^2a_2^3-4\theta^3a_2^3)^2\end{array}}{\begin{array}{c}2(2b^2\theta^2-2a_1+\delta a_2-4\theta a_2)^2(2b^4\theta^2+b^2\delta a_2-4b^2\theta a_2-4b^2\theta^2a_2\\+2b^2\delta\theta^2a_2-2\delta a_2^2+8\theta a_2^2-4\theta^2a_2^2)^2\end{array}}
$$

$$（附5-28）$$

（2）当 $\theta<\delta$ 且制造商 1 和灰色进口商 3 都提供售后服务时，价格关于销售量的表达式如下：

$$p_1^B=a_2-a_2q_1^B-\delta a_2q_2^B-\theta a_2q_3^B+bs^{BM} \qquad （附5-29）$$

$$p_2^B=-a_2(-\delta+\delta q_1^B+\delta q_2^B+\theta q_3^B) \qquad （附5-30）$$

$$p_3^B=-\theta(-a_2+a_2q_1^B+a_2q_2^B+a_2q_3^B-bs^{BG}) \qquad （附5-31）$$

$$p_1^{BI}=a_1(1-q_1^{BI}) \qquad （附5-32）$$

制造商 1、制造商 2 和灰色进口商 3 的利润函数如下所示：

$$\pi_1^B=p_1^Bq_1^B+(q_3^B+q_1^{BI})p_1^{BI}-\frac{(s^{BM})^2}{2} \qquad （附5-33）$$

$$\pi_2^B=p_2^Bq_2^B \qquad （附5-34）$$

$$\pi_3^B=(p_3^B-p_1^{BI})q_3^B-\frac{(s^{BG})^2}{2} \qquad （附5-35）$$

将上述价格关于销售量的表达式分别代入利润函数，根据逆向求解过程，可以得到均衡结果如下：

$$q_1^{BI}=\frac{2b^2\delta\theta^2-4\delta a_1-3\delta\theta a_2+\theta^2a_2}{2(2b^2\delta\theta^2-2\delta a_1-4\delta\theta a_2+\theta^2a_2)} \qquad （附5-36）$$

$$q_1^B=\frac{a_2(-2b^2\delta\theta+b^2\delta^2\theta+4\delta a_2-2\delta^2a_2-\theta a_2)}{2b^4\delta\theta-4b^2\delta a_2+b^2\theta a_2-4b^2\delta\theta a_2+2b^2\delta^2\theta a_2+8\delta a_2^2-4\delta^2a_2^2-2\theta a_2^2} \qquad （附5-37）$$

$$4b^6\delta^2\theta^3 - 4b^4\delta^2\theta a_1 - 2b^4\delta\theta^2 a_1 - 16b^4\delta^2\theta^2 a_2 + 6b^4\delta\theta^3 a_2 - 4b^4\delta^2\theta^3 a_2$$
$$+ 2b^4\delta^3\theta^3 a_2 + 8b^2\delta^2 a_1 a_2 + b^2\delta\theta a_1 a_2 + 4b^2\delta^2\theta a_1 a_2 - 2b^2\delta^3\theta a_1 a_2$$
$$- b^2\theta^2 a_1 a_2 + 4b^2\delta\theta^2 a_1 a_2 - 2b^2\delta^3\theta^2 a_1 a_2 + 16b^2\delta^2\theta a_2^2 - 12b^2\delta\theta^2 a_2^2$$
$$+ 16b^2\delta^2\theta^2 a_2^2 - 8b^2\delta^3\theta^2 a_2^2 + 2b^2\theta^3 a_2^2 - 6b^2\delta\theta^3 a_2^2 + 2b^2\delta^2\theta^3 a_2^2$$
$$- 8\delta^2 a_1 a_2^2 + 4\delta^3 a_1 a_2^2 - 6\delta\theta a_1 a_2^2 + 4\delta^2\theta a_1 a_2^2 + 2\theta^2 a_1 a_2^2 - 16\delta^2\theta a_2^3$$
$$q_2^B = \frac{+ 8\delta^3\theta a_2^3 + 12\delta\theta^2 a_2^3 - 4\delta^2\theta^2 a_2^3 - 2\theta^3 a_2^3}{2(2b^2\delta\theta^2 - 2\delta a_1 - 4\delta\theta a_2 + \theta^2 a_2)(2b^4\delta\theta - 4b^2\delta a_2 + b^2\theta a_2 - 4b^2\delta\theta a_2}$$
$$+ 2b^2\delta^2\theta a_2 + 8\delta a_2^2 - 4\delta^2 a_2^2 - 2\theta a_2^2)$$

（附 5-38）

$$-\delta(-2b^4\delta\theta a_1 + 2b^4\delta\theta^2 a_2 + 3b^2\delta a_1 a_2 - b^2\theta a_1 a_2 + 4b^2\delta\theta a_1 a_2$$
$$- 2b^2\delta^2\theta a_1 a_2 - 4b^2\delta\theta a_2^2 + b^2\theta^2 a_2^2 - 2b^2\delta\theta^2 a_2^2 + b^2\delta^2\theta^2 a_2^2$$
$$q_3^B = \frac{- 8\delta a_1 a_2^2 + 4\delta^2 a_1 a_2^2 + 2\theta a_1 a_2^2 + 4\delta\theta a_2^3 - 2\delta^2\theta a_2^3 - \theta^2 a_2^3)}{(2b^2\delta\theta^2 - 2\delta a_1 - 4\delta\theta a_2 + \theta^2 a_2)(2b^4\delta\theta - 4b^2\delta a_2 + b^2\theta a_2 - 4b^2\delta\theta a_2}$$
$$+ 2b^2\delta^2\theta a_2 + 8\delta a_2^2 - 4\delta^2 a_2^2 - 2\theta a_2^2)$$

（附 5-39）

$$s^{MB} = \frac{ba_2(-2b^2\delta\theta + b^2\delta^2\theta + 4\delta a_2 - 2\delta^2 a_2 - \theta a_2)}{2b^4\delta\theta - 4b^2\delta a_2 + b^2\theta a_2 - 4b^2\delta\theta a_2 + 2b^2\delta^2\theta a_2 + 8\delta a_2^2 - 4\delta^2 a_2^2 - 2\theta a_2^2}$$

（附 5-40）

$$-b\delta\theta(-2b^4\delta\theta a_1 + 2b^4\delta\theta^2 a_2 + 3b^2\delta a_1 a_2 - b^2\theta a_1 a_2 + 4b^2\delta\theta a_1 a_2$$
$$- 2b^2\delta^2\theta a_1 a_2 - 4b^2\delta\theta a_2^2 + b^2\theta^2 a_2^2 - 2b^2\delta\theta^2 a_2^2 + b^2\delta^2\theta^2 a_2^2$$
$$s^{GB} = \frac{- 8\delta a_1 a_2^2 + 4\delta^2 a_1 a_2^2 + 2\theta a_1 a_2^2 + 4\delta\theta a_2^3 - 2\delta^2\theta a_2^3 - \theta^2 a_2^3)}{(2b^2\delta\theta^2 - 2\delta a_1 - 4\delta\theta a_2 + \theta^2 a_2)(2b^4\delta\theta - 4b^2\delta a_2 + b^2\theta a_2 - 4b^2\delta\theta a_2}$$
$$+ 2b^2\delta^2\theta a_2 + 8\delta a_2^2 - 4\delta^2 a_2^2 - 2\theta a_2^2)$$

（附 5-41）

最后将均衡销售量式（附 5-36）、式（附 5-37）、式（附 5-38）、式（附 5-39）和均衡服务水平式（附 5-40）、式（附 5-41）代入利润函数表达式可以得到：

$$
\pi_1^B = \frac{\begin{aligned}
&4b^6\delta^2\theta^3 a_1 - 20b^4\delta^2\theta^2 a_1 a_2 + 4b^4\delta\theta^3 a_1 a_2 - 8b^4\delta^2\theta^3 a_1 a_2 + 4b^4\delta^3\theta^3 a_1 a_2 \\
&- 8b^4\delta^2\theta^3 a_2^2 + 8b^4\delta^3\theta^3 a_2^2 - 2b^4\delta^4\theta^3 a_2^2 + 33b^2\delta^2\theta a_1 a_2^2 - 8b^2\delta^3\theta a_1 a_2^2 \\
&+ 2b^2\delta^4\theta a_1 a_2^2 - 10b^2\delta\theta^2 a_1 a_2^2 + 40b^2\delta^2\theta^2 a_1 a_2^2 - 20b^2\delta^3\theta^2 a_1 a_2^2 \\
&+ b^2\theta^3 a_1 a_2^2 - 8b^2\delta\theta^3 a_1 a_2^2 + 2b^2\delta^2\theta^3 a_1 a_2^2 + 32b^2\delta^2\theta^2 a_2^3 - 32b^2\delta^3\theta^2 a_2^3 \\
&+ 8b^2\delta^4\theta^2 a_2^3 - 8b^2\delta\theta^3 a_2^3 + 4b^2\delta^2\theta^3 a_2^3 - 16\delta^2 a_1 a_2^3 + 16\delta^3 a_1 a_2^3 \\
&- 4\delta^4 a_1 a_2^3 + 4\delta\theta a_1 a_2^3 - 50\delta^2\theta a_1 a_2^3 + 24\delta^3\theta a_1 a_2^3 + 20\delta\theta^2 a_1 a_2^3 - 4\delta^2\theta^2 a_1 a_2^3 \\
&- 2\theta^3 a_1 a_2^3 - 32\delta^2\theta a_2^4 + 32\delta^3\theta a_2^4 - 8\delta^4\theta a_2^4 + 16\delta\theta^2 a_2^4 - 8\delta^2\theta^2 a_2^4 - 2\theta^3 a_2^4
\end{aligned}}{4(2b^2\delta\theta^2 - 2\delta a_1 - 4\delta\theta a_2 + \theta^2 a_2)(2b^4\delta\theta - 4b^2\delta a_2 + b^2\theta a_2 - 4b^2\delta\theta a_2 + 2b^2\delta^2\theta a_2 + 8\delta a_2^2 - 4\delta^2 a_2^2 - 2\theta a_2^2)}
$$

（附 5 - 42）

$$
\pi_2^B = \frac{\begin{aligned}
\delta a_2 (&4b^6\delta^2\theta^3 - 4b^4\delta^2\theta a_1 - 2b^4\delta\theta^2 a_1 - 16b^4\delta^2\theta^2 a_2 + 6b^4\delta\theta^3 a_2 \\
&- 4b^4\delta^2\theta^3 a_2 + 2b^4\delta^3\theta^3 a_2 + 8b^2\delta^2 a_1 a_2 + b^2\delta\theta a_1 a_2 + 4b^2\delta^2\theta a_1 a_2 \\
&- 2b^2\delta^3\theta a_1 a_2 - b^2\theta^2 a_1 a_2 + 4b^2\delta\theta^2 a_1 a_2 - 2b^2\delta^2\theta^2 a_1 a_2 + 16b^2\delta^2\theta a_2^2 \\
&- 12b^2\delta\theta^2 a_2^2 + 16b^2\delta^2\theta^2 a_2^2 - 8b^2\delta^3\theta^2 a_2^2 + 2b^2\theta^3 a_2^2 - 6b^2\delta\theta^3 a_2^2 \\
&+ 2b^2\delta^2\theta^3 a_2^2 - 8\delta^2 a_1 a_2^2 + 4\delta^3 a_1 a_2^2 - 6\delta\theta a_1 a_2^2 + 4\delta^2\theta a_1 a_2^2 + 2\theta^2 a_1 a_2^2 \\
&- 16\delta^2\theta a_2^3 + 8\delta^3\theta a_2^3 + 12\delta\theta^2 a_2^3 - 4\delta^2\theta^2 a_2^3 - 2\theta^3 a_2^3 \ )^2
\end{aligned}}{4\ (-2b^2\delta\theta^2 + 2\delta a_1 + 4\delta\theta a_2 - \theta^2 a_2)^2 (-2b^4\delta\theta + 4b^2\delta a_2 - b^2\theta a_2 + 4b^2\delta\theta a_2 - 2b^2\delta^2\theta a_2 - 8\delta a_2^2 + 4\delta^2 a_2^2 + 2\theta a_2^2)^2}
$$

（附 5 - 43）

$$
\pi_3^B = \frac{\begin{aligned}
-\delta^2\theta(b^2\theta - 2a_2)(&-2b^4\delta\theta a_1 + 2b^4\delta\theta^2 a_2 + 3b^2\delta a_1 a_2 - b^2\theta a_1 a_2 \\
&+ 4b^2\delta\theta a_1 a_2 - 2b^2\delta^2\theta a_1 a_2 - 4b^2\delta\theta a_2^2 + b^2\theta^2 a_2^2 - 2b^2\delta\theta^2 a_2^2 \\
&+ b^2\delta^2\theta^2 a_2^2 - 8\delta a_1 a_2^2 + 4\delta^2 a_1 a_2^2 + 2\theta a_1 a_2^2 + 4\delta\theta a_2^3 \\
&- 2\delta^2\theta a_2^3 - \theta^2 a_2^3 \ )^2
\end{aligned}}{2\ (2b^2\delta\theta^2 - 2\delta a_1 - 4\delta\theta a_2 + \theta^2 a_2)^2 (2b^4\delta\theta - 4b^2\delta a_2 + b^2\theta a_2 - 4b^2\delta\theta a_2 + 2b^2\delta^2\theta a_2 + 8\delta a_2^2 - 4\delta^2 a_2^2 - 2\theta a_2^2)^2}
$$

（附 5 - 44）

附录 6

命题附 6 - 1：运用逆向归纳法求解 π_R 的一阶倒数，得到：

$$p_2^\circ = \frac{1 + w\delta}{2\delta}, \quad e_2^\circ = -\frac{(-1 + w\delta)^2 \theta\lambda}{4\delta(-1 + \phi_2^\circ)} \qquad \text{（附 6 - 1）}$$

将 p_2 和 e_2 代入 π_r，并且求解 π_R 的一阶倒数，得到：

$$p_1^\circ = \frac{1 + w\delta}{2\delta}, \quad e_1^\circ = -\frac{(-1 + w\delta)^2 \lambda}{4\delta(-1 + \phi_1^\circ)} \qquad \text{（附 6 - 2）}$$

将 p_i 和 e_i 代入 π_M，并且求 π_M 对 A 的一阶导数，得到：

$$A^\circ = \frac{1}{2} w\beta(1 - w\delta) \qquad \text{（附 6 - 3）}$$

运用上述结果求 π_M 对 ϕ_1 和 ϕ_2 的一阶导数，有：

$$\phi_i^\circ = (5w\delta - 1)/(1 + 3w\delta) \qquad \text{（附 6 - 4）}$$

将（附 6 - 3）代入 e_i°，π_M° 和 π_R°，可以得到命题附 6 - 1 所示的最优解。

命题附 6 - 2： 可以通过求解 A° 和 e_i° 的一阶导数得到：

$$\frac{\partial A^\circ}{\partial w} = -\frac{1}{2}\beta(-1 + 2w\delta) = 0 \qquad \text{（附 6 - 5）}$$

求解式（附 6 - 2）和式（附 6 - 3），可以得到命题附 6 - 2 所示的最优解。

命题附 6 - 3： 运用逆向归纳法和求解 π_R 的一阶导数，得到：

$$p_2^t = \frac{1 + w\delta}{2\delta}, \quad e_2^t = -\frac{(-1 + w\delta)^2 \theta\lambda}{4\delta(-1 + \phi_2^\circ)} \qquad \text{（附 6 - 6）}$$

将 p_2 和 e_2 代入 π_r，并且求解 π_R 的一阶导数，有：

$$p_1^t = \frac{1 + w\delta}{2\delta}, \quad e_1^t = -\frac{(-1 + w\delta)^2 \lambda}{4\delta(-1 + \phi_1^\circ)} \qquad \text{（附 6 - 7）}$$

将 p_i 和 e_i 代入 π_M，并且求解 π_M 对 A 的一阶导数，得到：

$$A^t = \frac{w\beta(-1 + w\delta)}{2(-1 + \psi)} \qquad \text{（附 6 - 8）}$$

运用上述结果求 π_M 对 ϕ_1 和 ϕ_2 的一阶导数，有：

$$\phi_i^t = (5w\delta - 1)/(1 + 3w\delta) \qquad \text{（附 6 - 9）}$$

利用上述结果，求 π_R 对 ψ 的一阶导数，得到：

$$\psi = 1 - 2w\delta \qquad\qquad (\text{附}6-10)$$

将式（附6-9）和式（附6-10）代入 e_i^o，A^t，π_M^o 和 π_R^o，得到命题附6-3所示的最优解。

命题附6-4：命题附6-4的证明与命题附6-1相似，故省略。

命题附6-5：为了证明这一点，需要比较不同策略下的平台广告补贴率：

$$\phi_i^o = \phi_i^t = (5w\delta - 1)/(1 + 3w\delta) \qquad (\text{附}6-11)$$

$$\phi_i^r - \phi_i^t = \frac{4(-1+\eta)(-w\delta + w^2\delta^2 - \eta - w\delta\eta)}{(1+3w\delta)(2w\delta + 2\eta + w\delta\eta - \eta^2)} > 0 \quad (\text{附}6-12)$$

命题附6-6：为了证明这点，需要比较不同策略下的全国广告水平：

$$A^o = \frac{1}{2}w\beta(1 - w\delta) \qquad\qquad (\text{附}6-13)$$

$$A^t = \frac{w\beta(-1 + w\delta)}{2(-1 + \psi)} \qquad\qquad (\text{附}6-14)$$

$$A^r = -\frac{\beta(w\delta - \eta)(w\delta + \eta + w\delta\eta - \eta^2)}{4\delta\eta^2} \qquad (\text{附}6-15)$$

$$A^r - A^o = \frac{\beta(-1+\eta)(w^2\delta^2 + 2w^2\delta^2\eta - \eta^2)}{4\delta\eta^2} > 0 \qquad (\text{附}6-16)$$

$$A^t - A^o = \frac{\beta(-1 + w\delta)(-1 + 2w\delta)}{4\delta} > 0 \qquad (\text{附}6-17)$$

当 $A^r = A^t$ 满足时，得到 $w = \dfrac{\eta^{3/2}(3\sqrt{\eta} - \sqrt{-4 + 5\eta})}{2(1 + \eta)\delta}$ 或 $w = \dfrac{\eta^{3/2}(3\sqrt{\eta} + \sqrt{-4 + 5\eta})}{2(1+\eta)\delta}$。因为有 $0 < w < \dfrac{1}{2\delta}$ 的条件，可以得到命题附6-6的结论。

命题附6-7：为了证明这一点，需要比较不同策略下的平台广告水平：

$$e_i^o = -\frac{(-1 + w\delta)(1 + 3w\delta)\lambda}{8\delta} \qquad (\text{附}6-18)$$

$$e_i^t = -\frac{(-1 + w\delta)(1 + 3w\delta)\lambda}{8\delta} \qquad (\text{附}6-19)$$

$$e_i^r = -\frac{(w\delta - \eta)(2w\delta + 2\eta + w\delta\eta - \eta^2)\lambda}{8\delta\eta^2} \qquad (\text{附}6-20)$$

可以得到 $e_i^o = e_i^t$。当 $e_i^r = e_i^t$ 满足时，有 $w = -\dfrac{\sqrt{1-\eta}}{\delta\sqrt{\dfrac{2+\eta-3\eta^2}{\eta^2}}}$ 或 $w =$

$\dfrac{\sqrt{1-\eta}}{\delta\sqrt{\dfrac{2+\eta-3\eta^2}{\eta^2}}}$。因为 $w < \dfrac{1}{2\delta}$，可以得到命题附 $6-7$ 的结论。

命题附 6 - 8：为了证明这一点，需要比较不同策略下的零售价格：$p_i^o = (1+w\delta)/2\delta$。

$$p_i^t = (1+w\delta)/2\delta \qquad (附 6-21)$$

$$p_i^r = \frac{w\delta+\eta}{2\delta\eta} \qquad (附 6-22)$$

可以得到 $p_i^o = p_i^t$ 和 $p_i^r - p_i^t = -\dfrac{w(-1+\eta)}{2\eta} > 0$。得出命题附 $6-8$ 的结论。

命题附 6 - 9：可以通过求解一阶导数 $\dfrac{\partial\phi_i^r}{\partial\eta}$ 和 $\dfrac{\partial e_i^r}{\partial\eta}$ 得到：

$$\frac{\partial\phi_i^r}{\partial\eta} = \frac{4(w^2\delta^2 - 2w\delta\eta - \eta^2)}{(2w\delta + 2\eta + w\delta\eta - \eta^2)^2} \qquad (附 6-23)$$

$$\frac{\partial e_i^r}{\partial\eta} = \frac{(4w^2\delta^2 + w^2\delta^2\eta - \eta^3)\lambda}{8\delta^3} \qquad (附 6-24)$$

可以得出如果 $(w^2\delta^2 - 2w\delta\eta - \eta^2) > 0$，那么 $\dfrac{\partial\phi_i^r}{\partial\eta} > 0$；如果 $(4w^2\delta^2 + w^2\delta^2\eta - \eta^3) > 0$，则 $\dfrac{\partial e_i^r}{\partial\eta} > 0$。比较 $(w^2\delta^2 - 2w\delta\eta - \eta^2)$，$(4w^2\delta^2 + w^2\delta^2\eta - \eta^3)$ 和 0，得到附图 $6-1$。

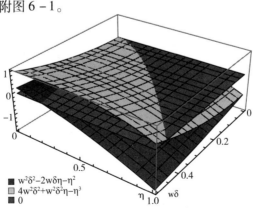

附图 6 - 1　比较关系

通过附图 6-1，可以得到命题附 6-9 的结果。

附录 7

命题附 7-1.

根据模型，$r_2^{2F} - r_1^{1F} = \dfrac{-\alpha + s\beta - \beta c_T}{2\beta} - \dfrac{-3\alpha + s\beta - \beta c_T}{4\beta} = \dfrac{\alpha + s\beta - \beta c_T}{4\beta}$，

因为 $s > c_T$，得到 $r_2^{2F} - r_1^{3F} = \dfrac{\alpha + s\beta - \beta c_T}{4\beta} > 0$。同样，可以得到 $r_2^{2F} - r_2^{3F} = $

$\dfrac{\alpha\lambda}{2\beta(\beta - \lambda)} > 0$ 和 $r_2^{2F} - r_1^{3F} = \dfrac{s(\beta - \lambda)^2 + \alpha(\beta + \lambda) - (\beta - \lambda)^2 c_T}{4\beta(\beta - \lambda)} > 0$。同

样的，有 $r_2^{2U} - r_1^{1U} = \dfrac{\alpha + s\beta - \beta c_T}{8\beta} > 0$，$r_2^{2U} - r_1^{3U} = \dfrac{s(\beta - \lambda)^2 + \alpha(\beta + 5\lambda) - (\beta - \lambda)^2 c_T}{8\beta(\beta - \lambda)} > 0$

和 $r_2^{2U} - r_2^{3U} = \dfrac{3\alpha\lambda}{4\beta(\beta - \lambda)} > 0$。

命题附 7-2.

$R^{1k} - R^{3k} = \dfrac{3\alpha\lambda}{4\beta(\beta - \lambda)}$，因为 $\beta - \lambda > 0$，得到 t $R^{1k} > R^{3k}$。

命题附 7-3.

根据计算结果，比较不同回收模式下的单位专利许可费用可得到 $f^3 - f^1 = f^3 - f^2 = \dfrac{\alpha + s\beta - s\lambda - \beta c_T + \lambda c_T}{2(\beta - \lambda)} - \dfrac{\alpha + s\beta - \beta c_T}{2\beta} = \dfrac{\alpha\lambda}{2\beta(\beta - \lambda)} > 0$。

命题附 7-4.

因为 $P_M^{ik} = \dfrac{-6a - 2c_M - s + 4a\theta + c_M\theta}{4(-2 + \theta)}$ 和 $P_T^{ik} = \dfrac{-4s - 10a\theta - 2c_M\theta + s\theta + 6a\theta^2 + c_M\theta^2}{8(-2 + \theta)}$，得

到 $P_M^{ik} - P_T^{ik} = \dfrac{1}{8}(6a + 2c_M - s - 6a\theta - c_M\theta)$；当 $s < 6a(1 - \theta) + c_M(2 - \theta)$，新产

品的零售价格高于再制造产品。由于 $w_M^{ik} = \dfrac{-2a - 2c_M - s + 2a\theta + c_M\theta}{2(-2 + \theta)}$ 和 $w_T^{ik} = $

$\dfrac{-4S - 2a\theta - 2c_M\theta + S\theta + 2a\theta^2 + c_M\theta^2}{4(-2 + \theta)}$，可以看出当 $s < 2a(1 - \theta) + c_M(2 - \theta)$

时，新产品的批发价高于再制造产品，因为 $6a(1-\theta)+c_M(2-\theta)>2a(1-\theta)+c_M(2-\theta)$，可以得出以下结论：

（1）当 $0<s<2a(1-\theta)+c_M(2-\theta)$，$P_M^{ik}>P_T^{ik}$ 和 $w_M^{ik}>w_T^{ik}$ 同时成立时；

（2）当 $2a(1-\theta)+c_M(2-\theta)<s<6a(1-\theta)+c_M(2-\theta)$，$P_M^{ik}>P_T^{ik}$ 和 $w_M^{ik}<w_T^{ik}$ 同时成立时；（3）当 $6a(1-\theta)+c_M(2-\theta)<s$，$P_M^{ik}<P_T^{ik}$ 和 $w_M^{ik}<w_T^{ik}$ 同时成立时。

命题附 7-5.

通过计算原厂商在不同废旧产品回收模式下的均衡利润，得到：

$$\pi_M^{1F}=\pi_M^{2F}=\pi_M^{3F}=\frac{\begin{aligned}&4a^2-8ac_M+4c_M^2+32K+4as-4c_Ms+s^2-8a^2\theta+12ac_M\theta\\&-4c_M^2\theta-48K\theta-4as\theta+2c_Ms\theta+4a^2\theta^2\\&-4ac_M\theta^2+c_M^2\theta^2+16K\theta^2\end{aligned}}{16(\theta-2)(\theta+1)}$$

附录 8

（1）CCRL 模式下，π_m^{CCRL} 的海森矩阵如下所示：

$$H=\begin{pmatrix}\dfrac{\partial^2\pi_m^{CCRL}}{\partial q_m^2} & \dfrac{\partial^2\pi_m^{CCRL}}{\partial q_m\partial\tau_m}\\ \dfrac{\partial^2\pi_m^{CCRL}}{\partial\tau_m\partial q_m} & \dfrac{\partial^2\pi_m^{CCRL}}{\partial\tau_m^2}\end{pmatrix}=\begin{pmatrix}-2 & \Delta\\ \Delta & -1\end{pmatrix}$$，则有 $\dfrac{\partial^2\pi_m^{CCRL}}{\partial q_m^2}=-2<0$ 且 $2-$

$\Delta^2>0$，因此，π_m^{CCRL} 是关于 q_m 和 τ_m 的连续凹函数。

其他模式下，同理。

（2）CCRL 模式下，制造商参与回收且许可成本降低型专利技术时，再制造商最优化问题的 Lagrange 和 KKT 最优性条件为：

$$L(q_r,\tau_r,\lambda)=(\beta_r-\beta_rq_m-\beta_rq_r-c_{rl})q_r-\frac{1}{2}\tau_r^2-F+\lambda(\tau_rq_m^{NCNL*}-q_r)$$

$$\frac{\partial\pi_r^{CCRL}}{\partial q_r}=\beta_r-\beta_rq_m-2\beta_rq_r-c_{rl}-\lambda=0$$

$$\frac{\partial\pi_r^{CCRL}}{\partial\tau_r}=-\tau_r+\lambda q_m^{NCNL*}=0$$

$$\lambda(\tau_r q_m^{NCNL*} - q_r) = 0$$

$$\tau_r q_m^{NCNL*} \geqslant q_r$$

在 $\lambda \geqslant 0$ 下求解再制造商的优化问题，我们得到：

$$q_r^{CCRL*} = \frac{-\beta(1-\Delta)^2(1+\Delta-\Delta^2)}{\beta^2(1-\Delta)^2-4(2-\Delta^2)-2\beta(1-\Delta)^2(2-\Delta^2)}$$

$$\tau_r^{CCRL*} = \frac{-2\beta(1-\Delta)(1+\Delta-\Delta^2)}{\beta^2(1-\Delta)^2-4(2-\Delta^2)-2\beta(1-\Delta)^2(2-\Delta^2)}$$

其他模式下，同理。

（3）CCRL 模式下，均衡状态下制造商和再制造商的最优决策：

$$\max_{q_m,\tau_m,F} \pi_m^{CCRL} = (\beta_m - \beta_m q_m - \beta_r q_r - c_m)q_m + \Delta\tau_m q_m - \frac{1}{2}\tau_m^2 + F$$

$$\max_{q_r,\tau_r} \pi_r^{CCRL} = (\beta_r - \beta_r q_m - \beta_r q_r - c_r)q_r - \frac{1}{2}\tau_r^2 - F$$

$$\text{s. t. } \tau_r q_m^{NCNL*} - q_r \geqslant 0$$

根据逆推法，求解 $\dfrac{\partial \pi_m^{CCRL}}{\partial q_m} = 0$，$\dfrac{\partial \pi_m^{CCRL}}{\partial \tau_m} = 0$，可得 $(2-\Delta^2)q_m + \beta q_r = 1 - \Delta$；求解 $\dfrac{\partial \pi_r^{CCRL}}{\partial q_r} = 0$，$\dfrac{\partial \pi_r^{CCRL}}{\partial \tau_r} = 0$，根据约束条件 $\tau_r q_m^{NLNC*} - q_r \geqslant 0$ 可得 $\tau_r = \dfrac{2q_r}{1-\Delta}$；代入计算可得，$\beta q_m + \dfrac{2(2+\beta(1-\Delta)^2)q_r}{(1-\Delta)^2} = \beta$；

$$A = \begin{vmatrix} (2-\Delta^2) & \beta \\ \beta & \dfrac{2(2+\beta(1-\Delta)^2)}{(1-\Delta)^2} \end{vmatrix} = -\beta^2 + 2\beta(2-\Delta^2) + \dfrac{4(2-\Delta^2)}{(1-\Delta)^2}$$

$$A_1 = \begin{vmatrix} 1-\Delta & \beta \\ \beta & \dfrac{2(2+\beta(1-\Delta)^2)}{(1-\Delta)^2} \end{vmatrix} = -\beta^2 + \dfrac{4}{1-\Delta} + 2\beta(1-\Delta)$$

$$A_2 = \begin{vmatrix} (2-\Delta^2) & 1-\Delta \\ \beta & \beta \end{vmatrix} = \beta(1+\Delta-\Delta^2)$$

于是，解得：

$$q_m^{CCRL*} = \frac{A_1}{A} = -\frac{[4 - \beta^2(1 - \Delta) + 2\beta(1 - \Delta)^2](1 - \Delta)}{\beta^2(1 - \Delta)^2 - 4(2 - \Delta^2) - 2\beta(1 - \Delta)^2(2 - \Delta^2)}$$

$$q_r^{CCRL*} = \frac{A_2}{A} = -\frac{\beta(1 - \Delta)^2(1 + \Delta - \Delta^2)}{\beta^2(1 - \Delta)^2 - 4(2 - \Delta^2) - 2\beta(1 - \Delta)^2(2 - \Delta^2)}$$

$$\tau_m^{CCRL*} = \Delta q_m^{CCRL*} = -\frac{[4 - \beta^2(1 - \Delta) + 2\beta(-1 + \Delta)^2](1 - \Delta)\Delta}{\beta^2(1 - \Delta)^2 - 4(2 - \Delta^2) - 2\beta(1 - \Delta)^2(2 - \Delta^2)}$$

$$\tau_r^{CCRL*} = \frac{2}{1 - \Delta} q_r^{CCRL*} = -\frac{2\beta(1 - \Delta)(1 + \Delta - \Delta^2)}{\beta^2(1 - \Delta)^2 - 4(2 - \Delta^2) - 2\beta(1 - \Delta)^2(2 - \Delta^2)}$$

其他模式下，同理。

附

录